黄宾虹是一位艺术的集大成者，在画学、金石学、文字学、文献学、艺术史学、书画鉴赏学及诗书画印创作等领域皆成就卓著，他的艺术之根与博大精深的徽文化血脉相连，徽州是他的故乡，也是他的精神家园。

黄晓红 黄雨杉 著

黄山山中人

黄宾虹与徽文化

全国百佳图书出版单位
时代出版传媒股份有限公司
安徽人民出版社

图书在版编目（CIP）数据

黄山山中人：黄宾虹与徽文化 / 黄晓红，黄雨杉著. 合肥：安徽人民出版社，

2024. 12. -- ISBN 978-7-212-11801-3

Ⅰ. K825.72

中国国家版本馆 CIP 数据核字第 202471XY60 号

黄山山中人
黄宾虹与徽文化

HUANGSHAN SHANZHONGREN

黄晓红　　著
黄雨杉

责任编辑：汪双琴　刘书锋　　　　　　　装帧设计：宋文岚
责任印制：董　亮

出版发行：安徽人民出版社 http://www.ahpeople.com

地　　址：合肥市蜀山区翡翠路 1118 号出版传媒广场 8 楼

邮　　编：230071

电　　话：0551-63533259

印　　刷：合肥创新印务有限公司

开本：710 mm × 1010 mm　1/16　　　印张：14.75　　　字数：205 千

版次：2024 年 12 月第 1 版　　　　　2024 年 12 月第 1 次印刷

ISBN 978-7-212-11801-3　　　　　　　　　　　　定价：48.00 元

引言
徽文化中长出的参天大树

　　黄宾虹是 20 世纪中国艺术史上一位里程碑式的人物，但长期以来，他仅以画名行于世。2017 年，他的绝笔巨制《黄山汤口》在中国嘉德艺术品拍卖会上以 3.45 亿元的天价成交，由此更掀起一股"黄宾虹热"。

　　作为一位画家，黄宾虹一直在被人们解读，但真正懂他的人不多。有人看不懂他的画，就说他不会画画；有人看不懂他的画，则称他的画冠绝天下。黄宾虹知己好友傅雷称其画"集历代各家之精华之大成，而构成自己面目""在综合前人方面，石涛以后，宾翁一人而已"。潘天寿则以孟子"五百年，其间必有名世者"来代言黄宾虹的画学地位。或许他们真的读懂了黄宾虹，又或许黄宾虹的画学造诣远远超越了这个时代，还需我们以更新的视角去探索解读。

　　比如，我们可以从黄宾虹的画外之功来探其画艺之深浅。画家身份之外的黄宾虹，其实在多个学术领域都造诣非凡，只是一直被他的画名盖住了。学者汪世清先生说，仅以画家或画学大师称誉宾老，是不符实际的，希望人们真正认识黄宾虹是"画学大师、杰出的书法家、独具风格的诗人、卓有成就的文字学家和金石学家、开辟新路的文献学家、具有独特见解的艺术史家和艺术理论家，还是金石书画的鉴赏和收藏家"[1]。从黄宾虹一

---

[1]　《汪世清书简》，安徽省徽学学会 2009 年印，第 33 页。

生的建树来看，此评不虚也！可以说，在金石学、美术史学、文字学和书画鉴赏等领域，如果有人能于其中之一达到黄宾虹那样的造诣，都堪称大师级人物。那么，学术成就高深而广阔的黄宾虹，当然可被视作艺术界的一棵参天大树。以他博古通今的国学和美术史学学养，以他出类拔萃的文字学和金石学功底，以他遍览历代书画名迹的鉴赏家慧眼，如果这一切都是为成就他的画名所作的铺垫，再加之80余年从未间断的笔墨探索，其作品所能达到的高度至少可以让我们有更多想象的空间。

黄宾虹如此深厚的学术和艺术底蕴，又是源自何处呢？若是循着他众多领域的学术路径追溯，我们不难发现，其一枝一叶之根系都与他故乡徽州的文化息息相关，是博大精深的徽文化供给他源源不断的学术和艺术养分。比如，潭渡黄氏家族一脉相承的经学、诗学、文字学等家学积淀就给他提供了一个相当高的学术起点；浩如烟海的徽州文献史料、书画古物更助他拓出文献学研究的新天地，他也是以此出发梳理中国美术史；熠熠生辉的新安画派、徽派篆刻艺术又吸引着他从鉴藏到研究直至登上画学和金石学的巅峰……可以说，黄宾虹这棵枝繁叶茂的参天大树就是从徽文化土壤中长出来的，他的学术架构也是以徽州的文化为根基的。因此，若要读懂黄宾虹，就不能绕开徽文化！

先来讲讲徽州，徽州到底在哪里？

徽州位于安徽省南部，地处安徽、浙江、江西三省交界处，古称新安、歙州，北宋宣和三年（1121年），歙州改为徽州，州治设于歙县，此为徽州得名之始。元至正二十四年（1364年）改为徽州府，府治仍在歙县（今歙县徽城镇），形成古徽州一府六县行政格局，即徽州府，下辖歙县、黟县、休宁县、祁门县、绩溪县、婺源县。清康熙六年（1667年），清政府取"安庆""徽州"两府首字建立安徽省，徽州府属安徽省。1934年徽州婺源县划属江西省，1947年又划回安徽省，1949年再归江西省。中华人民共和国成立后，先后设立徽州专区、徽州地区，1987 年撤销徽州地区，成立地级黄山市，辖屯溪、徽州、黄山（原太平县）3 区和歙县、黟县、休宁、祁门 4 县，古徽州的绩溪县今属安徽省宣城市，婺源县今属江西省上饶市。

"徽州"作为一个行政区域现已不复存在（当然，黄山市还保留了"徽州区"这个地名），但因这一地域所积淀的历史文化太过厚重，徽州作为一个文化区域概念，其知名度却有增无减，且因为徽州一府（州）六县格局延续了 800 余年，因此，一说到徽州，人们通常都指古徽州一府六县。2019 年，国家级徽州文化生态保护区设立，保护范围为安徽省黄山市、宣城市绩溪县和江西省婺源县，原一府六县均涵盖其中。

地处皖南、坐拥黄山白岳的徽州，山川秀美、人杰地灵。自唐宋以来，历经上千年的深厚积淀，加之明清时期徽商对文化艺术的推波助澜，徽州在哲学、经学、文学、训诂学、文字学、金石学、医学等学术领域，以及在书画、篆刻、版画、戏剧、建筑、园林、盆景等众多艺术门类上异彩纷呈，名家辈出，甚而独领风骚，自成一派，形成了独树一帜的徽文化。但徽文化不是囿于徽州狭隘一地的文化，自两晋南北朝和唐末两次大规模人口南迁，大批中原士族迁入徽州，先进的中原文化渐成徽文化的主基调。南宋定都临安后，徽州因地缘优势，更是华夏正统文化覆盖的势力范围。宋代之后，程朱理学成为元明清三代的官方哲学，作为程朱阙里的徽州，其思想文化受理学影响最为深远。明清两代，不断崛起的徽商以雄厚的财力扶持文化艺术，大大促进了徽州与各地的文化交流，使徽文化吸收各地各类文化的精华，终成开放包容、蔚为大观的文化。从徽文化发展轨迹可以看到，它传承了中华传统文化并保存完整，可谓中华传统文化最具代表性的范本之一。

陶行知（1891—1946）

洪　谦（1909—1992）
（洪啸吟提供）

　　徽文化源远流长、博大精深，滋养了一代又一代学界俊彦。仅20世纪的中国文化舞台，就有一大批从徽州走出来的风云人物，如享誉世界的文化大家胡适、人民教育家陶行知、人民音乐家张曙、著名哲学家洪谦（维也纳学派中唯一的中国人）以及与黄侃齐名的经学大师吴承仕等。这些文化名人自小浸润于徽文化环境，但弱冠之年大多已离开徽州在外发展，徽文化之于他们的影响应是一种潜移默化的文化基因遗传、学术品格养成和文化精神传承。

　　而徽文化对黄宾虹的影响则更加全面而深刻，他23岁在徽州成家定居，直到46岁才离开故乡。这20多年正值他人生的青壮年时期，也是他在学术上从起步走向成熟的重要阶段。斯时斯地的文化洗礼，不独造就了他徽州文人的风骨和笃实严谨的治学精神，更促成他主动沉浸式汲取徽文化各方面营养，并在徽文化背景下，构建起自己的治学体系。之后，他以对徽文化价值的识见，最早提出现代学科意义的徽学概念，终其毕生之力挖掘与弘扬徽文化。他从徽州出发，又将徽派汇入海派，以海纳百川的胸襟和视野贯通古今，融汇中西，终成艺术的集大成者。

　　如今，以徽文化为研究对象的徽学已成为一门国际性显学。同时，学界对黄宾虹的研究也在步步深入，大有形成"黄学"之势。本书试以笔者掌握的史料为依据，以黄宾虹人生经历和治学轨迹为线索，梳理黄宾虹之学术、艺术及其与徽文化的渊源，为黄宾虹研究提供另一个视角，也期待更多专家学者通过黄宾虹这个窗口，来感知徽文化的丰富内涵和独特魅力。

第一章
徽式教育栽培的天才少年

　　良好的成长环境对一个
人的影响究竟有多重要？历
史上"孟母三迁"的故事就诠
释了一切。如果说两千多年前
的孟子能成为亚圣，得益于幼

潭渡村的"江夏名宗"牌匾（潭渡黄氏郡望江夏，鲍义来提供）

年时代有个硬核妈妈给了他良好的家教环境，那么，两千多年后的黄宾虹
则更加幸运：他的故乡就是文风鼎盛、崇文重教并有"东南邹鲁"之誉的
徽州，他的家族是世代书香、英才辈出的名门望族潭渡黄氏，他的家庭又
是贾而好儒、诗书传家的徽商之家。这样深厚的文化背景，使黄宾虹从小
所受的教育就深深地打上了徽式教育的烙印。

　　黄宾虹（1865—1955），初名元吉，后改名质，
谱名懋质，字朴存，号宾虹、黄山山中人，别署予
向。他出生于浙江省金华市，祖籍安徽歙县潭渡村，
13 岁之前生活在金华，13 岁至 23 岁因科举考试往
返于金华和歙县之间，23 岁至 46 岁定居歙县潭渡
村，其间曾多次出新安江至南京、扬州等地游学和
谋生，46 岁至 74 岁寓居上海，74 岁至 85 岁困居

黄宾虹（鲍义来提供）

北平，85岁至92岁移居杭州，任杭州国立艺专（现中国美院）教授，卒葬杭州西子湖畔。他一生娶过两位妻子，原配夫人洪四果为歙县洪坑名门闺秀，侧室宋若婴为安徽无为人。

黄宾虹父亲黄定华在浙江金华经商，母亲方氏乃金华当地富家女，生有四子三女，黄宾虹为长子。徽州家庭对长子的教育尤为重视，他一出生，父母就给他营造了一个"书香盈楼藏古今，谈笑往来有鸿儒"的成长环境。自从有了他，经商的父亲从此就将教育孩子当成这个家庭的第一要务。

一个商贾之家，不是应该把做生意赚钱放在首位吗？何以却是以教育子女为第一要务？这，就是徽商的特别之处了！

贾而好儒　最数徽商

徽商是中国商界一支劲旅，以"贾而好儒"著称于商界，是典型的儒商。

"贾而好儒"既是徽商的特色，也是徽商大获成功的秘诀所在。他们学识高，见识广，知识储备丰富，在商业活动中更易于把握机遇，顺势而上。他们深受儒家文化浸润，重义守信，以义取利，当义利不可兼得时，会选择舍利取义，留下良好的口碑，因此在商业交往中更加能够左右逢源。他们有家国情怀，肯为国纾难，扶危济困，勇于担当社会责任，会主动为政府分忧解难，因此也更容易得到来自官方的无形资源。

徽州儒商多饱学儒雅之士，"虽为贾者，咸近士风"（戴震语）。他们中的很多人更是亦贾亦儒，身在商海却钟情儒学，一手做生意，一手做学问、著诗文。如休宁商人汪应浩是位藏镪百万的盐商，他天性酷爱读书，"雅善诗史，治《通鉴纲目》《家言》《性理大全》诸书，莫不综究其要，小暇披阅辄竟日"。每逢地方考试，那些宿士才人茫然不知论题始末，纷纷前来请教于他，他能当即指出某题出于某书某行，并且不会出错。① 歙县盐商程晋芳，虽人在商场，心中却不忘学习，罄其资购书 5 万多卷，经常邀请有学问的人讨论求教，即使耽误生意也在所不惜。由于他的孜孜以求，终于在40多岁时考中进士，改吏部文选主事，不久还荣任翰林院编修，参加修纂《四库全书》。② 黄宾虹有位族祖叫黄长寿，先经商于齐鲁间，后移业维扬，以业盐发家致富。他生性豪爽，急公好义，于周人缓急之事十分热心。明嘉靖九年（1530 年），秦地旱蝗，边陲饥馑，流民载道，当时正旅寓榆林的黄长寿立即输粟五百石以助赈，当地官员奏报朝廷要赐他四品爵，他坚辞不受，并称以钱财而换功名，不是他的初心。他一生性喜吟咏，所交皆海内名公，相与往来赓和。有一次，他登泰山见白云东南飞，就想念白云之下的父母，为不能侍亲于侧而涕泪不已，其文友因作《望云诗》以赠，当地士大夫竞相和之，并名其堂曰"望云"。黄长寿还嗜考古迹，藏妙墨，善刻书，著有《望云遗稿》《壬辰集》《壬辰续集》，刻《文公家礼》《诗文玉屑》《雪州文集》《望云集》等行于世。③ 潭渡黄氏家族还有一位叫黄筏的木商，"博览群籍，好文学，左（传）、国（语）、庄（子）、（离）骚、史（记）、汉（书）诸书，讽诵如流，兼通天官、堪舆、六壬、演禽、奇门诸术"，堪称奇才。著有《虚船诗集》2 卷。④

　　徽州儒商对文化艺术的钟情，也促成他们自觉将经商所得雄厚财力扶持文化事业。徽文化在明清时期得以大放异彩，离不开广大有文化情怀的徽商作出的突出贡献。可以说，徽文化每个闪光的领域，都凝聚着徽商资本的助力之功。

---

① 庞利民：《晋商与徽商》上卷，安徽人民出版社 2017 年版，第 188 页。
② 庞利民：《晋商与徽商》上卷，安徽人民出版社 2017 年版，第 186 页。
③ 上海书画出版社、浙江省博物馆编：《黄宾虹文集·杂著编》，上海书画出版社 1999 年版，第 434 页。
④ 许承尧：《歙事闲谭》上，黄山书社 2001 年版，第 77 页。

在学术领域，如清代乾嘉时期以江永、戴震为代表的皖派朴学，最初就是发源于歙县西溪一徽商的私家园林。徽商汪泰安在家乡建不疏园，购置大批图书，邀请四方名士如江永、戴震、郑牧、程瑶田、金榜、汪肇龙等"日夜诵习讲贯其中"，"饮食供具惟所欲"。江永在不疏园讲学著书7年，戴震两次坐馆不疏园，士子们业成散去，学播四方，后来形成一个全国性的著名学派，其影响力绵延至今。①

徽商喜读书、爱藏书刻书，也大大地推动了徽州刻书业的发展。徽派刻书始于南宋，兴于明清，是中国古代出版史上最为辉煌的一页，在我国雕版印刷史上有着重要的地位。据不完全统计，明清时期徽州参与官私刻书的各类刻书人超过2000人，时称"时人有刻，必求歙工"②。刻书业是一项需要高投入的行业，尤其是刻一部大书或丛书，无异于一项浩大的工程，要雇请大批刻工，加之印刷、装帧、校订等，耗资巨大，没有雄厚的财力，很难成事，而徽商恰恰最热衷于这一文雅的行业。明代万历以后，商人刻书越来越多，家族刻书、书院刻书、文会刻书等，其刻书资金绝大多数来源于徽商。尤其是清代中期以后，徽商和出身于徽商家庭的刻家成为徽州家刻队伍中的主力军。③可以说有徽商的地方就有徽商家刻。据刘尚恒统计，清代徽州家刻计有32姓，所刻图书有300余种④，实际情况更要超出此数字。徽商刻书往往不惜巨资，延请学界名流和著名刻工合作校刻，为后世留下了大量徽版书籍善本珍品，如清乾隆年间歙县盐商鲍廷博的"知不足斋"所刻之书，深为乾隆帝所赏识，清末藏书家丁丙称其"所刊丛书多人间秘本"。

刻书业的发达，使徽州雕版印刷走向兴盛，由此又成就了在中国美术

① 汪世清：《汪世清艺苑查疑补证散考》下卷，河北教育出版社2009年版，第154页。
② 庞利民：《晋商与徽商》上卷，安徽人民出版社2017年版，第219页。
③ 周晓光主编：《徽州文化史·明清卷》，安徽人民出版社2004年版，第497页。
④ 刘尚恒：《徽州刻书与藏书》，广陵书社2003年版，第103页。

史上独树一帜的徽派版画。徽派版画由刻书中的插图派生而出,兴于南宋,在明万历至崇祯年间达到极盛,郑振铎称此时期是中国版画"光芒万丈"的时代,这一时代正是以徽派版画的崛起为标志,他们创新运用饾版、拱花等版画印制技艺,对世界版画艺术产生了深远影响。

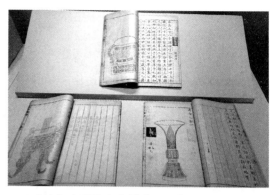

《泊如斋重修宣和博古图录》（明万历十六年刻本，丁云鹏、吴廷羽绘图，黄德时刻，安徽博物院藏）

徽派版画的辉煌,同样离不开徽商的贡献。徽州出版商将画家、刻工、印工独立完成的绘、刻、印三者有机协调,通力合作,使得"绘必求其细,工必求其精",直至完成一幅风格统一的

《十竹斋书画谱》清刻本（胡正言编印，安徽博物院藏）

版画作品,他们是整个创作过程中的核心人物。如休宁人胡正言就是一位著名的出版商,他所刻图书有30多种,尤以水印彩色套版画集《十竹斋书画谱》《十竹斋笺谱》最为著名。清初版画的巅峰之作《太平山水图》,也是徽州刻工镌刻,此为画家萧云从所绘43幅太平州所属地区山水,幅幅皆精,刻工所刻线条流畅,保持了原画精神。

刻书和版画创作,也为徽州造就了一大批优秀的刻工人才,其中最有影响的是歙县虬村的黄氏刻工,队伍有300余人,名工辈出。他们技艺精

《环翠堂园景图》局部（明代环翠堂书坊刊刻，钱贡绘图，黄应组镌刻）

湛，经验丰富，既能刻印出优质图书，又能雕镌出精美版画，他们发明的套印技术，使绘、刻、印三者完美融合，将中国版画艺术推向巅峰，被誉为中国古代版画史上的"天之骄子"。明代版画巨制《环翠堂园景图》，就是由虬村名刻工黄应组所刻。整幅作品全长1486厘米，高24厘米，以明代戏剧家、休宁人汪廷讷所建"坐隐园"主厅"环翠堂"为中心，描绘了整个"坐隐园"的景色，图中记载的有名称的游览点120余处，画面描绘的各阶层人物约320人，山石近200处，还有众多的路亭、古树、溪泊、盆景、桥舆、舟船、飞禽走兽、道具摆设等，展示了封建庄园中丰富的生活场景。黄应组在与画家的默契配合中，运刀流畅而毫不滞涩，刚劲与柔丽相结合，一点一线，严谨不苟，处处显示着镌刻者的功力和艺术匠心，成为明代版画的代表作。此外，与黄应组同辈的虬村黄氏刻工黄应济、黄应泰所刻《女范编》，黄应瑞所刻《状元图考》，黄应光所刻《徐文长批评北西厢》，黄应孝所刻《帝鉴图说》，都是徽派版画中的精品。虬村与潭渡相邻，两村的黄氏始迁祖还是同胞兄弟。虬村出刻工，而潭渡则以盐商最为著名。

在徽州历史文化长河中，新安画派的兴盛、新安医学的辉煌以及徽剧艺术的繁荣，也无不闪动着徽商竭力扶持的身影。

新安画派是明末清初崛起于中国画坛的一个著名绘画流派，以徽州区域画家群和当时寓居外地的徽州籍画家为主体，他们善用笔墨貌写家山，借景抒情，表达心中逸气，画风枯淡幽冷，具鲜明的士人逸品格调，在当时中国画坛独放异彩。新安画家们的成功，很大程度上得益于徽商的富有和对书画艺术的雅好。徽商喜结交文人雅士，又好收藏，对于成名和未成名的画家都乐于资助，家藏的大量古今名迹既供画家寓目甚至临摹，帮助其打开视野，提高技艺；又促成了书画交易市场的活跃，使新安画家队伍不断壮大，名家辈出，自成一派，名垂画史。

　　起源于北宋的新安医学，在明清时期人才济济，著作丰富，学术繁荣，造就了众多名医，在中医学理论、药物学、方剂学、临床医学和传染病学等方面都取得了令人瞩目的成就，医学界素有"北华佗、南新安"之说，新安医学的地位和影响力可想而知。徽州名儒宿学多兼通医术药理，仕途不顺的儒生怀着"不为良相，便为良医"的儒家济世思想，悬壶为业，产生了很多传承有序的世医家族，其中张一帖内科疗法和西园喉科均入选国家级非物质文化遗产代表性项目名录。据统计，明清时期，徽州名医共 545 人，占全省三分之一强，医学著作 400 余种，占全省三分之二强。

郑村西园老宅

　　徽州名医既要有济世良方，也要有货真价实的良药。而经营药材的徽商们把徽字号药店开设到全国各地，打造出一个个响当当的金字招牌，成为徽州医家悬壶济世的底气。如胡雪岩创办的胡庆余堂，历经 150 余年，仍金光闪闪，成为著名中药老字号品牌。徽商对新安医学的另一大贡献，是刻印了大量医学典籍，包括医家整理编辑的古代医学典籍和新安医家宏富的医学专著，为医籍传世提供了有利条件。据黄宾虹记载，潭渡族中有位在扬州经商的祖族黄履暹，他将苏州名医叶天士（祖籍歙县蓝田）请

到他扬州的家中，与王晋山、杨天池、黄瑞云等名医一起考订药性，并帮助叶天士刻印了《叶氏指南》10 卷，还刻印了 200 卷的古代医学名著《圣济总录》。他还于倚山旁开青芝堂药铺，城中病患者赖此得以救治。

入选国家级非物质文化遗产代表性项目名录的徽剧艺术，也是于明清之际风行海内。徽剧最具里程碑意义的事件是 200 多年前的徽班进京。从进京为乾隆帝祝寿献演的庆升班名震京城之后，又有众多徽班进京演出，最著名的四大徽班是三庆班、四喜班、春台班、和春班。他们在京都戏曲舞台上各展技艺，各擅胜场，吸收了昆曲、弋阳腔、秦腔等部分曲调，后又与汉调合流，孕育诞生了后来被誉为中国四大国粹之一的京剧。可以说，是徽班进京奏响了京剧诞生的前奏，而徽班正是徽商蓄养和扶持的家班。如四大徽班之一的春台班即为当时任扬州盐商总商的歙县人江春组建的戏班。江春为扶持自家戏班，不惜重金延揽名优，他花在演员行头、舞台布景道具等方面的钱也动辄千金。除了财力上的不惜代价，江春也是戏曲的行家，他向当时的戏曲家蒋士铨建议，将白居易的《琵琶行》故事改为《四弦秋》杂剧。蒋士铨住在他家改编完成后，江春又将之刊刻，并撰写序言和咏剧诗，随即让家班名伶演出，请来袁枚等名流观演，再即兴赋诗一首。据藏于上海博物馆的《乾隆三十九年春台班戏目》手抄本所记，其正文收有戏目 734 种。[1] 由此不难看到，徽班就是徽商的银子和雅好垒成的。

徽商对徽文化的另一个重要贡献是不遗余力支持家乡的教育事业，兴学助教之举不胜枚举。不过，准确地说，徽商与徽州教育是一种互相成就的关系。徽州是程朱阙里，南宋以来，随着朱熹理学思想在故乡徽州的广泛传播，新安理学应运而生，一大批笃信朱子的理学名儒除著书立说之外，更热衷训蒙教育，从此徽州大地儒风习习，出现了"十户之村，不废诵读"的景象，"择师教子"成为徽州人家的一种传统，崇文重教之风一

① 庞利民：《晋商与徽商》上卷，安徽人民出版社 2017 年版，第 224 页。

直延续至今。"几百年人家无非积善，第一等好事只是读书""孝悌传家根本，诗书经世文章"，从现今徽州各乡村古建筑的楹联中，仍然能看到带着浓厚理学教化意味的劝学箴言。崛起于明清之际的徽商正是在这种文化环境长期浸润下成长起来的，他们在外出经商之前普遍接受了良好的基础教育，这也是他们之所以能成为儒商的关键所在。因此，在他们经商大获成功后，大力反哺家乡的教育事业，便是顺理成章之事了。他们支持官府修府学县学，常常是一掷千金，如嘉庆十二年（1807 年），歙县盐商鲍漱芳重修徽州府学学宫，花费白银多达 14000 两[①]。同时，徽商还支持官办和民办书院建设，并广设义学塾学，使宗族和乡里贫困子弟普遍有接受基础教育的机会。

在徽商雄厚资本的持续助力下，到清代中叶，徽州的教育进入鼎盛期，尤其是徽州官学成为当时全国教育的典范，义学、塾学、书屋等民间教育更是异常繁荣。据康熙《徽州府志》记载，当时徽州一府六县所办义学达 462 所。教育的发展也使徽州的科第之盛几乎甲于天下，据有关文献资料综合考证得到的数据，清代安徽文进士总数为 1634 人，其中徽州一府就多达 684 人，占全省总数 41.86%，占全国总数

位于歙县中学内的古紫阳书院遗址

2.55%。在清代 112 科状元中，徽州本籍和寄籍状元就有 19 名，占状元总数的 17%。[②]徽商钟情教育，更体现在对族中子弟和子女培养教育的高度重视，"富而教不可缓也，徒积资财何益乎？"这可视为致富后的徽商一

① 周晓光主编：《徽州文化史·明清卷》，安徽人民出版社 2004 年版，第 436 页。
② 周晓光主编：《徽州文化史·明清卷》，安徽人民出版社 2004 年版，第 443—444 页。

种普遍心态。在这种价值观驱动下,他们把延师课子、设置家塾列为头等大事。

当我们站在徽州儒商文化的大背景下,重新把目光收回到黄宾虹父亲黄定华身上,对这位徽商为何把教育孩子作为家庭的首要任务,应当比较容易理解了吧。

黄定华虽是一名普通的徽商,但他背后的潭渡黄氏宗族曾经是盛极一时的富商巨室。复旦大学王振忠教授称,明代中叶至清代乾隆以前,潭渡黄氏势力最盛。清康雍年间,潭渡黄以正、黄以祚兄弟在扬州以业盐起家,资本雄厚,为当时歙县各淮扬总商之首。之后,黄以正之子黄晟、黄履暹、黄履昊、黄履昂成为乾隆时期扬州盐商巨擘,有"扬州四元宝"之称。四兄弟在扬州大建园林,扬州的"四桥烟雨"原来就是黄氏私家园林,乾隆帝多次光临,并将之改名"趣园"。此外还有水云胜概、易园、容园、别圃、十间房花园,都是黄氏所建(另,中国四大名园之一的扬州个园,园主黄至筠之先祖也来自潭渡,其堂侄黄锡均乡试朱卷上的世系源流可以为证)。

这些黄氏富豪不忘乡梓,出资为家乡修桥开路,捐学田置义馆,建宗祠筑广宇。当年潭渡村落之美,祠宇楼室之精,十里八乡少有出其右者。清初潭渡新安派著名画家黄吕曾绘有一幅《潭渡村闾里全图》,从中可见其当年之气象。黄宾虹在

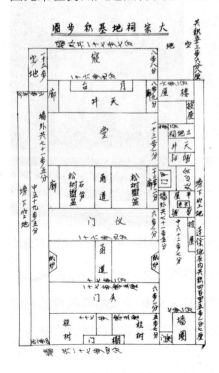

潭渡大宗祠地基积步图(黄映泉绘)

《叙村居》一文中也借明代戏剧家潘之恒赞语这样描述："昔潘山史叙潭滨形胜,比于歙之中原,以其山水之辉媚,土地之沃衍,栋宇之壮丽,而又有人文之蔚斐,风俗之粹美也。"当地流传着这样一句话:潭渡黄氏好人家,七个祠堂八个厅。"好人家"是指潭渡黄氏祖先历史上救民于危难和造福乡里的义举,其中最令人称道的是潭渡黄氏17世祖黄孝则。在元至元十七年(1280年),歙县松源、潜口一带发生暴动,监郡马思忽欲发兵征剿,黄孝则以为"玉石俱焚为兵家大忌",擒匪首凌六一后,他遂单车前往招降余党3200余人,连其妻子万余人免于被杀。[1]明万历年间族人构德庵祠以祀,潜口一带村人每年元旦也前往祭拜。"七个祠堂八个厅"说的是潭渡那些恢宏的建筑,其中最有名的是"大宗祠"和"壶德祠",大宗祠之规模在徽州首屈一指,壶德祠是文献记载中徽州最早的女祠,其用料之考究,雕镂之精细,比之大宗祠更胜一筹。只可惜这些建筑现已荡然无存,不过,在大宗祠和壶德祠地基之上,如今耸立的是一所规模很大的公立潭渡中学,这也算是成就了黄氏祖先对家乡教育的一份功德。

黄氏富商们对宗族教育事业的襄助由来已久,助长了潭渡文风之盛,荫及数代黄氏子孙,黄定华就是其中的受益者。他幼时家境艰难,年方14就到金华学做生意,正应了那句徽州谚语:"前世不修,生在徽州,十三四岁,往外一丢。"但在"往外一丢"之前,黄定华已在家乡潭渡接受了完整的塾学教育,后成为满腹经纶的太学生。在村中任教的塾师汪篆扶先生见他志气不凡,还将女儿许配给他,只可叹汪夫人离世早,并未留下子嗣。

黄定华在很多方面都拥有徽州儒商的特质,除了在商场上多才善断,重义守信,他还好读书赋诗,喜结交文人雅士,喜收藏书籍字画,擅书法绘画,晚年尤爱画竹写梅。不知他可有画作留存于世,但这不重要,因为

① 张艳红辑纂:《孝行里潭渡》,2019年印,第122页。

他全身心培养出的艺术大师黄宾虹，才是他留给这个世界最好的作品。

徽商之家　教子有方

1865年1月27日（农历正月初一），子夜时分，浙江金华城西铁岭头，伴随着农历新年辞旧迎新的第一阵爆竹声，徽商黄定华家一个新的生命顺利降生，似乎这满世界的隆隆炮声都是在庆贺他的到来，他就是日后名满天下的一代宗师黄宾虹。

徽州家庭重教育，尤其重视对长子的栽培，黄定华也不例外，更何况他35岁才初为人父，那份欢喜和期许之情藏都藏不住。不用说了，长子的第一位老师必须是他自己，他要亲自督教，亲自为他择良师授业，让他得到最好的教育。

这位望子成龙的父亲，又是如何实施他的育人计划的？

"幼雇乳媪，长延经师，历聘邵赋清、程健行、赵经田、应芷宾、李咏棠、李芍仙诸先生来家授读，又遣余同业于黄芸阁、汪仲伊师者数年，悉多一时耆宿。"[1]

从黄宾虹这段回忆文字中，我们可以看出，他幼年时期家境殷实富足，父亲为他提供了相当优渥的成长环境，雇请了奶妈照料他的生活，还在家里开设私塾，聘请的塾师有金华当地德高望重的饱学之士，还有专门从老家歙县请来的名儒。另据夏承焘《天风阁学词日记》记载，黄父还延请了当地名流黄济川（号梅溪）做黄宾虹的业师。另外，又命他拜倪谦甫、倪逸甫、陈春帆等学书画。仅黄宾虹在金华生活期间，父亲就给他请了10位老师，且都非等闲之辈，而是"悉多一时耆宿"，如：启蒙老师邵赋清工

---

① 上海书画出版社、浙江省博物馆编：《黄宾虹文集·杂著编》，上海书画出版社1999年版，第463页。

诗善书；李芍仙师为晚清金华地方名士，善画山水，其弟李咏棠师是廪生；赵经田师是黄济川的高足，精于书法，在金华声誉极高，曾参与清光绪《金华县志》的编纂；倪谦甫师是位书法家，其弟倪逸甫师善画，兼擅篆刻，黄父对其极称赏；陈春帆师是有名的人物画家，黄宾虹后来在《虹庐画谈》中称其写真不让曾鲸（明代人物画家）、禹之鼎（清代人物画家）；黄秉均（号芸阁）师是贡生，为桃李盈门的名师，爱画梅，善隶汉碑唐帖；黄济川师是黄秉钧之兄，博学工文，善书画，尤以墨梅著名，早年家贫授徒，当地名士皆出其门，后考中进士，入仕后以廉能著称，有"黄青天"之誉。

可以说黄定华为儿子请的这些老师，阵容是相当豪华的。看得出来，为了培养孩子，黄定华不仅舍得花本钱，而且什么阶段聘请哪些老师任教，都是经过深思熟虑的。

根据黄宾虹自述稿并综合王中秀所编《黄宾虹年谱》及骆风、黄晓刚等人的一些文字，对黄宾虹在金华期间的从学经历，大致可以理出这样一个头绪——

5—8岁，在家塾从邵赋清师习《字汇》及"四书"（《大学》《中庸》《论语》《孟子》），7岁已识得千余字。6岁那年，为躲避战乱，他们一家暂时迁居到了金华山的罗店，在那里延请李芍仙、李咏棠兄弟继续授其学业。

9—13岁，家塾请了歙县老家的经师程健行师来坐馆，继续授其"四书"，并开始学习"五经"（《诗经》《尚书》《礼记》《周易》《春秋》）。此期间，在他10岁时，父亲带他去杭州游览写生，在杭时从应芹生问学。

12岁时，家塾中又先后请来赵经田师、应芹生师教习"五经"至课程毕业，同时增加了诗文词及书画课程，同年又请李咏棠、李芍仙师来家任教。

13岁之后，因科举应试要求返原籍赴考，于是之后数年他频频往返于金华和歙县之间；16岁考入金华丽正书院学习4年；17岁始，在

书院学习的同时又从黄芸阁习举业，之后他的生活重心渐渐转到了故乡歙县。

从黄宾虹的求学履历来看，在13岁参加科举考试之前，他接受了非常正规且扎实的塾学教育。邵赋清是他的蒙师（童子师），程健行、赵经田、应芹生、李芍仙、李咏棠都是他的经师，黄芸阁则是他习举业的业师。从以上还可以看出，父亲对黄宾虹学业抓得特别紧，哪怕在外避难，或者带他出游，都会给他延师授业，从不轻易中断他的学业，而且为了他学业的长进，专门请了黄济川这样的名家硕儒长期给予辅导。黄济川是桃李满门的地方名流，中举后到考上进士之前，还在当地政府部门任职，不会是黄家私塾坐馆的先生，但多年来他一直对黄宾虹悉心教诲，循循善诱，还给他的绘画以启蒙，使黄宾虹打下了坚实的国学功底和绘画基础。

黄宾虹父亲黄定华能请到黄济川这样的名家，首先可能因为他们是书画圈的朋友，还有一个因素是他们有宗亲关系。黄济川的先祖黄芯和潭渡黄氏先祖都是新安太守黄积的后代，有这层血缘的纽带，黄济川对黄宾虹的教育自然更为上心。但更为关键的是黄定华对文化人士的那份虔诚之心，"诸凡能文之士，宦游名公，恒相过访，亦莫不礼接之，书问往来无虚日"。有这样的一份诚意，恐怕帮助黄宾虹长学问的名家，一定不止黄济川一人了。

在黄宾虹成长成才的道路上，黄定华可谓煞费苦心。黄宾虹日后说起自己拜师求教之事，常常用"父命余……""父遣余……"这样的字眼来描述，可见他早期的教育都是父亲一手帮他规划的。

在教育孩子方面，黄定华的确称得上是个出色的导师，他善于发现孩子的特长并及时加以引导，注重孩子全面素质的培养。黄宾虹给我们描述了这样一个温馨的画面："当粗识之无，欲以'掌'字请，府君笑曰：此字点画繁，汝所难明。余对曰：意其字必从手。府君喜曰：当为汝言六书之学。

余读许氏《说文》，庭训也。"在这愉悦的一问一答中，我们看到了一个天真可爱又天资过人的孩子，还看到了一个和蔼可亲又循循善诱的慈父。当这个父亲惊喜地发现孩子对汉字的超强悟性，就开始亲自以许慎的《说文解字》为教材，传授他六书之学。黄宾虹后来成为著名的文字学家，这就是最初播下的一颗种子吧。这颗种子是几时播下去的呢？黄宾虹自述是"余年三岁，受庭诏"，但这个3岁到底是多大，还值得推算一番。

黄宾虹出生的1865年，是农历乙丑年，如果以正月初一为年的界线，他诞生的子时正是甲子年和乙丑年之交的时辰，按照旧时风俗，年龄都以虚岁计，他的生辰跨了两个年份，因此刚一堕地就算两岁了。若以立春为年的分界，那年立春日为正月初九，也即意味着他出生刚过8天就是两岁。黄宾虹有诗曰："吾生乙丑年，虋算犹甲子。受天知春迟，堕地得岁始。"另外，他还有两方自用印的印文，一为"甲子年乙丑元旦生"，一为"生于甲子"，都是对自己这个特殊生辰的诠释。他于1955年3月离世，按现在实岁年龄计算，终年应该是90岁，但他离世前那幅绝笔名作《黄山汤口》的题款写的却是"九十二叟宾虹"，黄宾虹自述自书的年龄，都是照这样的算法来的。因此，他说3岁接受父亲的家教，实际上只有1周岁多一点。"曩余秉庭诏，爪掌识会意。赐赉褓负中，嬉笑得饼饵。"他这《识字一首》诗，也可证实在被大人用褓褓负在背上时，他就懂得汉字的以形会意了，其天赋确实非一般人可比。

但比之天赋，兴趣才是最好的老师，黄定华在培养孩子兴趣上早早就下足了功夫。"先君喜古今书籍书画，侍侧常听之，记之心目，辄为仿效涂抹。"[1] 黄宾虹4岁时，有一天他抓支画笔正跃跃欲试，父亲就过来捉着他的小手腕，教他画梅花的枝干和竹叶，看他画得满纸淋漓的样子，父亲乐呵呵地对亲朋好友们说，这个孩子有悟性，可以让他学画画。由此可

---

[1] 上海书画出版社、浙江省博物馆编：《黄宾虹文集·杂著编》，上海书画出版社1999年版，第560页。

见，黄宾虹爱上绘画，也是父亲不断引导的结果。从他给黄宾虹延请的塾师来看，基本都有书画功底或本身就是书画家，这应该是他刻意安排的。黄宾虹在私塾课读之暇，见有图画，必细意观览，说明这种安排起到了效果。从7岁开始，黄宾虹每天习画两小时，这个习惯竟保持了一辈子。

金华名画家倪逸甫是黄定华的好朋友，常带着儿子倪淦来黄家走动，这个小倪淦比黄宾虹长1岁，7岁就能画人物和花鸟，在一来二往中，两个小孩子也成了知己好友。在倪淦帮助下，黄宾虹偷偷从倪家抄得《逸甫论画》一大帙，还和大弟黄仲芳上门去倪家讨教画法，一次两次，倪逸甫都笑而不理，但架不住求知心切的兄弟俩多次苦苦相求，便把自己的绘画心得倾囊相授："当如作字法，笔笔宜分明，方不至为画匠也。"① 黄宾虹再求作书之法，这老先生就让他在纸上写个"大"字，然后把纸翻过来，看到背面重笔处只三四个点，于是对他说，横竖撇捺，点点都要落在实纸上，就像读书要字字清楚、作文章要字字推敲，不可有一挑半剔、轻薄浮滑气象，才是大家风度。接着又跟他讲解古人运笔用力之法，分析唐宋画家笔墨特点，传授"书要熟中熟，画须熟中生"等理法。对这些高深的理论，年幼的黄宾虹虽明昧参半，但还是老老实实按照先生指点的方法去习画，不敢有丝毫懈怠。父亲收藏的古书画，他也一件件拿出来对着观赏琢磨，其中有一本明代画家沈周的山水册页，每幅都笔笔分明，与倪翁所言相合，于是他一遍又一遍对着这本册页临摹，学了多年都不间断。他家还藏有倪逸甫的一幅得意之作《松菊图》，父亲也命他临摹了很多遍。

习画不仅要摹古，更要师法自然，素喜绘事的黄定华深谙此理，因此他一有机会就带着儿子游览金华名胜。儿子长到10岁，绘画天赋日显，黄定华尽管生意繁忙，也挤出时间带儿子去杭州游览写生，并安排儿子住下来，一边于真山水中体悟画之真韵，一边访求古画名迹以供临摹。黄宾

① 上海书画出版社、浙江省博物馆编：《黄宾虹文集·杂著编》，上海书画出版社1999年版，第560页。

虹印象最深的是见到王蒙的山水画，对着临摹了很长时间。此外，舅舅方景和也带他到永康等地游览写生，开阔了他的视野，也提高了他对大自然的感悟力。

除了习山水，黄定华还帮儿子物色教授人物画的老师。黄定华50岁那年，请来义乌画师陈春帆为他们家画了一幅全家福《家庆图》。这幅画纯粹以中国画勾勒笔法，设色浓厚，人物形貌逼真，黄定华非常满意，于是命儿子跟着陈春帆去义乌习画人物，顺便游览了义乌山水。后来，黄宾虹在颠沛流离中一直把《家庆图》带在身边，每年春节前都要拿出来悬挂一次，可见其宝爱之深。黄宾虹一生所绘人物画罕见，许礼平先生（香港翰墨轩出版有限公司总编辑）收藏有一幅宾翁所绘《财神图》，其人物造型独特，线条拙韧，一若其山水画用笔。据他回忆，20世纪80年代，他陪启功先生在香港初遇此画，认为画作题俗而意雅，写得精绝，的确是大家。当时启老一见就盛赞不已，称宾翁"真山人也"，并即兴在画上题诗一首。

以山水画著称的黄宾虹，偶写人物，便惊艳世人，其山水中的点景人物，更是以极简的线条就写活人物神韵，这样的功力，与其父早年的栽培不无关系。

黄定华在伴随儿子成长的过程中，不断发现并激活黄宾虹身上的天赋异禀。他是位望子成才的父亲，但对孩子的教育从来不是急功近利的棍棒加压和严词紧逼，而是和颜悦色地因势利导。比如，倪逸甫刚开始在他家讲作画，说要先把纸挂在壁上，对着那张纸连续看上3天才能落笔作画。黄宾虹听后就笑这老翁道气太重，好欺人。父亲适时点拨道：儿知王勃腹稿乎？就这简单的一句话，让黄宾虹马上理解了古人不管作文作画，都贵胸有成竹，不可枝枝节节为之的道理，于是才有后来他紧追着倪逸甫请教的事由。倪逸甫起初对他的不搭理，恐怕使的是欲擒故纵之计。

黄定华只要跟儿子在一起，他的教育就无时不在，天地山川都是他随

时取用的教材。黄宾虹 13 岁第一次回故乡赶考，是黄定华亲自陪着去的。他们乘船沿新安江逆流而上，看到岸上一老翁张大渔网，临流起落，不一会儿，一尾大鱼在网里活蹦乱跳。见此情景，黄宾虹惊叫起来。父亲看他早把功课丢到了脑后，于是对他说："临渊羡鱼，不如退而结网。"他听后刚要进舱看书，又听那渔翁高声大叫，说网到了一条鲥鱼。为了讨个好彩头，黄定华买下了那条鱼，一算账，要一块多钱，黄宾虹脱口说道："这么贵！"父亲又接过话头对他说："鲥鱼价值贵，诗书价值更贵。"这句话让黄宾虹陷入了沉思。不一会儿，船到急水滩头，船夫们全体上岸，用长绳系在船桅上，将船向急流上背。船长一人在船上用长篙向上撑，用力之苦，喊声之急，黄宾虹看得胆战心惊。父亲见此，牵着他的手坐到船板上，轻声对他说："学如逆水行舟，不进则退，现在，你有所领会了吧？"[1]父亲这种借景喻理的启发式教育，让黄宾虹受益终身。正是这些坚定而温情的鞭策，激励着他从来不敢懈怠，一生勤勉向学。直至生命的最后一刻，他还在呻吟中断续念出："何物羡人，二月杏花八月桂；有谁催我，三更灯火五更鸡。"

徽式教育　不拘一格

来自徽州的黄父为何会引导黄宾虹走上艺术之路，有人对此很是不解，认为徽州教育最大的特色和成就是培养造就科举人才，徽州又是程朱理学的故乡，元以后的科举考试都是以朱子之书为本，所以徽州读书人的人生目标就是读圣贤之书，求科举功名，佐治国安邦，这样的文化环境不太支持士子"游于艺"。黄宾虹自小就走上艺术之路，应该主要是受金华婺学"兼容并包""经世致用"思想的影响。对此，笔者试作探讨。

---

① 黄映泉主编：《歙县潭渡黄氏族谱》，2022 年印，第 251 页。

其一，黄宾虹从小长在金华，其业师大部分又是金华当地文人，其父长期在金华经商，他的文化底色和其父的教育理念都会深深烙下当地文化的印记，这是不容置疑的。只是徽州人经商、出仕、游学遍及各地，文化上兼得五方之风气，兼容并包也是徽文化的特色。再加之金华与徽州地缘相近，人缘相亲，且金华又是徽商从事商业活动的重镇，两地文化交融互通本来就十分紧密。金华吕祖谦调和朱（熹）陆（九渊），创立了理学的婺州学派，其"兼容并包""经世致用"思想与徽州的新安理学就有相通之处。新安理学的重要支派师山学派就是"和会朱陆"，与吕祖谦一样也都更偏向于朱熹之说，在教育上提倡耕读结合。师山学派宗师郑玉就是与潭渡紧邻的郑村人，他的教育思想对后世学人有深刻影响。如明代潭渡学者黄华，曾师从三元及第、后成为明代首辅的淳安学者商辂，学习之余，还帮助老师家引水车溉田，师生二人虽贵为士人，却不废躬稼。[①] 其次，虽然徽州科举兴盛，徽州士子重科举功名，但如果就此认为徽州读书人一辈子追求的目标只是读书仕进，显然是对徽州学人的严重误读。如西溪不疏园主人汪泰安，当儿子汪梧凤整天备科举之学时，他一言不发。直到后来汪梧凤放弃举业，随从方朴山、江慎修两位大学者游学，研究学术，他才面露喜色。纵观徽州历史上艺术、科技和百工人才的灿若繁星以及徽商的崛起，也都是最有力的反证。

其二，徽州人向来是很务实的。他们看得很清楚，科举取士那个独木桥只有少数人走得通，如果让孩子只习举业而不问稼穑，若举业不成，岂不成了废人？他们会先让孩子读书明理，接受基础教育，再因材施教，能考上状元进士当然皆大欢喜，但有个一技之长也不赖，三百六十行，行行都出得了状元。徽州人就是凭着这份信念，加上勤奋和才智，把各自领域的学问做到了教科书级别。如程大位是明代一位徽商，因为做生意算账的

---

① 黄映泉主编：《歙县潭渡黄氏族谱》，2022 年印，第 214 页。

需要，他发明了珠算算法，并以其数学巨著《算法统宗》，成为集成计算的鼻祖。休宁约山的黄汴也是位商人，因为外出行商要了解各地商业信息及水陆路线、道路安全、风土人情等信息，他花27年时间，编了一部《天下水陆路程》，成为天下商人的经商宝典。再如，徽州的黄成是位技艺高超的漆器师，因为要给徒弟传授手艺，他写了部《髹饰录》，现已成为全世界唯一存世的古代漆器髹饰工艺经典著作。清代的汪昂是位老中医，他为中医常用方剂好记好用，编了部《汤头歌诀》，也成为后世中医学者必修必读的经典。如此等等，在徽州各行各业不胜枚举。

其三，徽州作为理学之邦，在教育上最注重的是对人的道德的培养，把立德树人作为教育的首要任务。潭渡黄氏家训有言："子孙为学，须以孝悌礼义为本。""必延聘明师教以孝悌、忠信为主。"孝悌礼义忠信，是儒家基本的道德准则，而孝悌更是潭渡黄氏的传家宝训。潭渡黄氏源自湖北江夏，是汉代孝子黄香的后代，黄香九世孙黄积在东晋时任新安郡太守，"以洁己克勤，褒善纠邪，民咸德之"。黄积死于任上，葬郡西30里之姚家墩，其子黄寻为守父墓迁家于此，时人称其"守贞先生"，村名后改为黄墩，明代又被程敏政改为"篁墩"。因篁墩是徽州多氏族的始居地和程朱理学的哲学根源地，又被称为"程朱阙里"。黄积十三世孙黄璋后迁居歙县黄潭源，十六世孙黄光卒葬潭渡，其子黄芮庐墓于此，子孙遂居于潭渡。黄芮因感天动地的孝心受到唐代朝廷旌表，是入祀徽州乡贤祠的大孝子，所以潭渡村亦名"孝行里"，行孝积善之风代代相袭。

《篁墩图》（图片来源：清乾隆年间《篁墩程朱阙里祠志》）

　　黄定华给儿子黄宾虹上的人生第一课，其实正是以他的身教示范来传递黄氏家风。黄定华兄弟5人，他排行老三，14岁时，长兄带着他和四弟一起到浙江经商。成年后，黄定华自立门户，在金华和苏州之间做贩布生意，由于诚实守信，生意做得风生水起。咸丰八年（1858年），在太平军和清军激战杭州时，金华和徽州老家音讯隔绝。当时他父亲和自己的妻子汪氏都早已去世，老母亲潘氏以及大哥两个年幼的孩子在老家，他实在放心不下，于是在兵荒马乱中花了重金把母亲和两个侄儿接到金华。母亲去世后，他独自将两个侄儿抚养成人，多年后才继娶了金华的方氏，长子黄宾虹出生时，他已35岁。黄宾虹在《歙潭渡黄氏先德录》中这样评价父亲："府君生平多才善断，性伉直，重交与，心口如一，居无私蓄。凡于义举，及周人缓急，无不慷慨。如捐金助兴金陵歙馆，独力建贻安堂祖龛，倡修春晖堂，昭昭在人耳目。里中三元桥兵燹残坏，曾倡输百金，重加修葺。惜当日无董其成者，事中止……"[1]

　　父亲的美德，在黄宾虹及其众姊妹身上得到了发扬光大。黄宾虹临终前嘱其家人将毕生收藏和自作书画共1万多件悉数献给国家，其道德人品可见一斑。他留在金华的弟弟黄晋新及妹妹黄乃耐生前都热心公益，捐资建桥修路，扶贫济困。抗战期间，黄晋新将年收1700多担稻谷的田产捐给浙江省立医院，资助抗战中的伤兵救治。黄乃耐在大哥黄宾虹支持下，用一生省吃俭用之积蓄在本村盖校舍办小学，请教师上课，对学生免收学费，现今这所学校名为金华市乃耐小学。黄宾虹的后代也承继了家族遗风，为人低调，忠厚

1934年，黄用明、罗时敏夫妇与子女黄高勤、黄高谦、黄高勋在香港（此时幼女黄高劭尚未出生）（黄高勤提供）

①　上海书画出版社、浙江省博物馆编：《黄宾虹文集·杂著编》，上海书画出版社1999年版，第463页。

勤勉。其子黄用明一直在商务印书馆任职，为中国出版事业勤勤恳恳奉献60年，去世后还将遗体捐献。黄用明之妻罗时敏活到111岁，是当年上海市最长寿的老人，2017年离世当天，子女也遵其遗愿悄无声息地捐献了她的遗体。黄用明之子黄高谦生前曾担任中国革命博物馆馆长，一生鞠躬尽瘁，治学严谨，谦虚谨慎，为近现代党史类博物馆事业的发展作出了突出贡献，但他周围的人始终不知大名鼎鼎的画家黄宾虹是他祖父。①

其四，在儒家的教育体系里，从来不排斥技能教育，反而非常重视学生综合素质的培养。孔子之谓"志于道，据于德，依于仁，游于艺"，其中"游于艺"才是具体实在的行动，是直抵"大道"的工具和手段。这个"道"包含着"齐家治国平天下"的政治理想，所以"六艺"之学也是古之圣贤的必修课。我们在黄宾虹身上也是能感受到这种大气磅礴之道的，他一生醉心书画，但从来不以书画家自称，因为他的人生境界早已超越了书画艺术本身，而是借助书画来探索艺术救国之路，用艺术拯救世态人心，这也正是中国传统士大夫身上所具有的家国情怀。由此视角，我们再来重新审视徽式教育之于人才培养的理念，似乎能够品味出更多不一般的意义了。

族党之望　太史劝学

黄宾虹生在金华，长在金华，虽然有一个从骨子里都透着徽州气息的父亲在用徽式教育培养他，但徽文化于他只是一种潜意识的熏陶，他对故乡是没有一点感性认识的。直到他8岁那年，也就是清同治辛未年，老家潭渡来了一位贵客，是新授翰林院庶吉士的辛未科进士黄崇惺。

徽州进士多，潭渡黄氏历史上也出过七八个进士，这都并不稀奇，但

---

① 黄映泉主编：《歙县潭渡黄氏族谱》，2022年印，第133页。

黄崇惺考中进士时，他的名字在当地却人尽皆知，倒不是他这个进士有什么特别之处，而是当年与他同科考上进士并授翰林的还有邻村西溪的汪运铨、郑村的郑成章及岩寺的洪镔。潭渡、西溪、郑村这3个村紧挨在一起，和岩寺同处丰乐河沿岸，最远距离不过10里地，所以"十里四翰林"之美誉就传开了，这也从一个侧面反映了此地文风之盛。

潭渡黄氏是当地旺族，子孙开枝散叶分为八门九堂，分别是思养堂、永思堂、敦睦堂、贻安堂、存诚堂、春晖堂、思诚堂、蓼莪堂，思诚堂后又分出一支为燕翼堂。黄崇惺是潭渡黄氏蓼莪堂38世，黄宾虹是春晖堂37世，按族中辈分，黄崇惺比黄宾虹还小一辈，黄定华则是他叔祖。

黄崇惺当年被分发福建归化任知县，赴任途中，他特意绕道来金华拜望叔祖一家。黄定华命黄宾虹和弟弟们出来拜见，并陪着一起登临金华名胜八咏楼。对这次陪同游览，黄宾虹是这样记录的："（黄崇惺）指问林中红叶，余举唐人诗以对，又问草虫，余称蚱蜢。君笑曰：子知蚱蜢为舴艋之谐声乎？余因曰：小舟也，亦象形也。乃大噱。"一个8岁的孩子如此反应敏捷、对答如流，引得翰林开怀大笑，他非常看好这个小族叔。当时黄宾虹蒙学阶段的课业即将学完，于是黄崇惺就住到塾馆，亲自为其制订下一阶段的课程，第二年又请来老家歙县名儒程健行，担任黄宾虹的经师。

关于程健行先生的详细履历，笔者尚未查到相关史料，从黄宾虹后来写给家在金华的同乡汪达川的信中，可知当年程健行和其弟都在金华当私塾先生。程健行被黄家聘用，其弟则坐馆于汪家。黄汪两家当年都是金华的富室，他们请的塾师应该是有丰富教育经验的名师，何况程健行还是被进士黄崇惺挑中的，老家哪位老师水平高，黄崇惺不会不清楚。

从这里，我们又看到一个现象，就是徽商在外经商，却不惮劳烦从老家延请老师来教育子弟，这说明徽州塾师在徽商中口碑甚好。从清初以来，徽州塾师队伍从业人数不断增多，为使他们能明"教人为学之方、进德之

序"，康熙十二年（1673年），歙县人施璜等发起创立了以塾师为主体的塾讲组织——塾师培训制度，并制定了严密的《塾讲规约》，订立《塾讲事宜》。从培训内容来看，并非"专以诗文相砥砺，以科举相期待"，而是"一意从事圣贤之学，以仁为己任，以明道相砥砺、以进德相期待"，"既明义理、励德行，又当兼习六艺时务以适于用"，要求塾师在执教中"皆当以教育英才为己任"，"悉遵小学、大学之法教训童蒙、培植后进"，对塾师执业过程中的教育目标、教学内容、教育方法和职业操守等都作了具体严格的规定。[①]塾师培训制度的形成，表明徽州人对塾师素质的高度重视，也表明徽州塾学教育已非常规范。徽州教育之发达，很大程度上也得益于这支高素质的塾师队伍，是他们夯实了徽州教育的基石，成就了一代代儒商。当经商成功的儒商需延师课子时，当然首先会想到他们。

黄崇惺为黄宾虹延请徽州塾师，一定是受黄定华委托的。我们甚至可以作这样的猜测——黄崇惺就是被黄定华专门请到金华来的！他得知老家潭渡族孙黄崇惺中了进士，不久正要往南方就职，就正好请他绕个道，来给儿子的禀赋和学业进展作个综合评估，并对今后的学业规划和发展方向点拨一二。他知道黄崇惺定能当好这个高参。

黄定华没有看错，这个新科翰林不仅在仕途上走得正，更有一肚子真才实学。据民国版《歙县志》："黄崇惺，原名崇姓，字次荪……历任福建归化、福清知县，署汀州同知，所至有政声。诗文皆雅健，著述甚富。多有关吾乡掌故之作，其《凤山笔记》专记太平军入徽始末甚详。同治中议修府志，崇惺作《郡志辩证》，订道光志之失凡数十事，皆精确。又著有《劝学赘言》《集虚斋赋存》《文存》《二江草堂诗集》《草心楼读画诗》。"

正是这个博学多才的次荪太史，成了黄宾虹学术人生的引路人，他不仅为黄宾虹订课程，请塾师，还频频云中传书关注其学业，将自己的著作

① 周晓光主编：《徽州文化史·明清卷》，安徽人民出版社2015年版，第324页。

《劝学赘言》和他重刻的《潭滨杂志》寄赠。黄宾虹读了这些著作，眼界为之大开，尤其是潭渡画家黄吕所著《潭滨杂志》，书中对潭渡村的人文掌故、风土人情、历史遗迹、山川形胜、名人逸事和奇事异闻等都作了详细而生动的记录。在那一篇篇灵动的文字里，黄宾虹第一次认识了自己的故乡，知道了自己从何而来，又该去往何处。从此，便对故乡心生向往，一路寻迹走进了徽文化的大门。

第二章

黄氏家学涵养的宾虹学人

　　黄宾虹走进徽文化，最初是从认识自己的家族开始的。黄吕的《潭滨杂志》使他"知种族自江夏来，始于东晋……"这种认识对他有非同寻常的意义。就像一片飘零的树叶，落在金华这片土地，原以为家的一切都在这里了。蓦然回首，却发现这个家的背后竟是一个显赫的世家大族，举族之人世居徽州潭渡——一个美丽的所在，那里才是他的根！基于对家族的强烈认同感和归属感，当他再读到族之先贤黄生、黄承吉的著作时，第一感受一定是亲切，继而崇拜，继而从心底涌出一股自豪感，情不自禁地沉浸于先贤构建的学术世界。如果要对黄宾虹的学术进行溯源，最初的缘起应是这种带有强烈情感色彩的文化认祖，这也是我们今天寻根问祖、尊祖敬宗更深层次的意义。

　　从江夏黄氏始祖黄香溯至黄宾虹，其世系源流是：

　　香（江夏黄氏始祖）—琼—亮—琬—松寿—远—长文—期—积（新安始祖）—寻—原奕—奇远—达道—伯随—昌—章靖—邈—仲繁—碧璇—璋（迁黄潭源，为潭渡一世祖）—亮—光—芮—文瓒—超—任霸—德宝—元吉—从宪—瑜—邦俊—庆长—渊—大受—孝则—天麟—儒寿—塈—福佑—兴寿（春晖堂始祖）—禛祉—玄芳—天伟—记—允契—循尹—世瑄—家周—景逊—克偲—修钦—其梅—德涵—定华—懋质（宾虹）。

孝里经书　子孙是教

黄氏家族以孝立家，以诗书传家。在潭渡黄氏先人的逻辑中，孝与书就是一体的。家族原有一藏书楼，所藏经书都钤有这样一方藏书印，印文是"孝里经书 子孙是教 鬻及遗毁 是为不孝"，这 16 字写进了黄氏家训。

孝为百善之首，不爱书就是不孝，把对书的敬意上升到孝道的高度，这似乎让人很难理解，但站在宗族的角度，这又是非常符合逻辑的。尊祖敬宗是为孝，敬宗则要亢宗，亢宗不仅仅是子孙满堂，更要让宗族世代保持望族地位，或代有官宦，或儒学传家，或为素封之家，而这些都要靠多读书、读好书才能获得，所以对待书籍的态度自然也就关乎孝道。

徽州是个典型的宗族社会，各世家望族为了宗族的世代兴旺，都把培养宗族子弟成才当成头等大事来抓，族中人人有责，各尽其力。潭渡黄氏家训就有这样的规定："子姓十五以上资质颖敏、苦志读书者，众加奖劝，量佐其笔札膏火之费。另设义学，以教宗党贫乏子弟。""苟有一材一艺与可以造就之子弟，则培植推荐之，务俾成立。"[1] 在这种宗族文化氛围中，提携本族优秀子弟也就成了宗族贤德之士的文化自觉，黄崇惺对黄宾虹的帮助即属此例。他与黄宾虹同宗不同门，但给予黄宾虹的关爱则发自内心。他逝于汀州知州任所，临终之际，黄宾虹前往探望，他取自己收藏的数幅名画和个人诗集以赠。他的临终遗言令黄宾虹感念终生。

宗族对读书的大力倡导，营造了良好的崇文尚学氛围。元代至顺年间，潭渡黄氏 19 世祖黄儒寿熟读儒家经典，以明经科中举，历任乌程县教谕、镇江路学录和诸暨州学正。从他开始，潭渡儒学之风渐盛，子弟好学蔚然

---

[1] 张艳红辑纂：《孝行里潭渡》，2019 年印，第 74 页。

成风,里巷诵读之声不绝于耳。遇有不爱学习的,族中长老都会严加管教。有位叫黄庆寿的宗长尤其严厉,见到有孩子在外面游荡,他就会把他们逮到自家的花园里,叫来族中有学问的士子给他们讲授北宋理学家陈古灵的语录,逼着他们学习。到明代,潭渡黄氏家族因商业致富,在雄厚经济实力支撑下,族中不仅多私塾、书屋供子弟读书,还兴起了拜四方名儒执经问学之风。黄华师从于浙江淳安的商辂,黄果斋问业于江苏丹徒的靳贵,黄习轩师从于江西乐平的程楷等。这些老师都是名满天下的大学者,如:三元及第的商辂,为明代第一学霸,后成为内阁首辅;乡试第一、会试第二、殿试第三的靳贵,从翰林院编修一路升至文渊阁大学士;会试第一的程楷为翰林院编修,也是道德文章称著当世的经学大师。

潭渡济美祠与黄山楼(黄映泉摹绘)

在这些硕儒名公指导下,潭渡士子的治学水平在当地颇为士林所称道,且各门学问皆渊源有自,一脉相承。如明代成化年间考中进士的黄华,入仕前从商辂门下治《尚书》之学,致仕还乡后,在潭渡建了一个后乐轩,轩西有楼,登楼可远眺黄山,因名"黄山楼"。这座黄山楼在后世被改为宗族的藏书楼,数百年中缕缕书香浸润了一代又一代黄氏学子。黄华在世时,在黄山楼著书立说,族孙黄训从其学《尚书》,后也考中进士。黄训博雅道古,才噪当时,所撰载道之文被户部尚书胡富(胡宗宪之兄)看到后,称"以为韩愈复出"。黄训在乡期间,又把《尚书》之学传授于同族的黄祚和黄记,黄祚比黄训辈分高好几辈,但他折行辈师事黄训,恭敬问学。黄祚两次参加乡试均未考中,于是放弃科考一心做学问,积十年之功编纂《史鉴会要》64 卷、《通鉴外纪》5 卷,另编有《性理便览》18 卷、《读易抄》3 卷、《春秋传略》2 卷、《四书备忘》14 卷，著《蛟峰文集》4 卷。后受徽州知府之请，在紫阳书院讲授《尚书》，他述《尚书》大意作备忘，郡教授将之刊刻成册以作教程，这也是歙县士人治《尚书》之源流所自。

潭渡黄氏家族在习习儒风吹拂下，英才辈出。明清两代，族中出了 8 位进士和 15 位举人，诸生（秀才）尤多。在明代隆庆、万历年间，当地就流传这样一句谚语：进士桂林方，秀才潭滨黄。"桂林方"指的是安徽桐城方氏，曾有一门 5 兄弟相继考中进士，折桂登科如林，因名"桂林方"；"潭滨黄"即指潭渡黄氏，族中秀才盈门，可见当时潭渡人的整体文化素质在当地是较为突出的。

在学术领域，潭渡黄氏尤多才俊，如明末清初汉学先驱黄生，对皖派朴学治学体系影响深远。学者黄华、黄训、黄祚、黄宗夏、黄承吉、黄宗羲、黄筏、黄崇惺、黄衡等，都留下了不少传世之作，黄训、黄生的著作分别被收入《四库全书》和《四库全书总目·别集类存目》。据可见到的文献，自元代以来，潭渡黄氏著书立说者有 40 多人，所著之书可考的书目有 100 余种，计 400 余卷。这些黄氏前辈不仅以卓著的学术成果享誉当时，学术影响更波及子孙后世，"喜治经"的风气从 24 世黄华开始，一直延续到 37 世黄宾虹，渊源有自，递代传承，没有中断。

黄宾虹从 13 岁开始频频回到故乡，最初的人生目标当然也是跟莘莘学子一样，是为求取科举功名，至少得考个秀才吧。秀才考试需要过 3 道关，即县考、府考、院考。通过院考，即取得府学生员即秀才资格，但还有 3 年后"秀才还债"一关的岁考①。

黄宾虹在这一次次考试中成绩是非常突出的，不是"获隽"就是"文列高等"，但他却比别人多考了一次，麻烦就出在他的名字上。他农历正

---

① 王中秀主编：《黄宾虹年谱长编》上，荣宝斋出版社 2021 年版，第 25 页。

月初一出生，所以起名"黄元吉"，"黄裳元吉，文在中也"，多好的名字啊。回到老家之后才知道，潭渡黄氏十世祖就叫元吉，后人起名应避祖讳。因他家的族谱战乱时被毁，当时远在金华无以参照，才犯了这个忌。去衙门改名时又遇到吏役索费重，没有办成，他只好仍以"元吉"之名参加科考。但族人不断拿他这名字说事，3年后他改名质，再次参加岁考，以优异成绩晋为廪生。"先生初名元吉，童子试获隽，族人以先生名与一世祖（应为十世祖）元吉犯忌，啧有烦言，故有改名应试之举。"[1]

通过改名一事，黄宾虹也第一次领教了潭渡黄氏家族的规矩。这要是在金华，就算不上什么大不了的事，比如他的恩师黄济川家族，其20世祖名"元吉"，54世又有名"元吉"者中了举人，看来元吉真是个好名。

5次回乡赴考，再加之复习备考，黄宾虹在老家住的时间越来越长，对故乡的感情也与日俱增，尤其在接触到大量的乡邦文物、领略了先贤的学术光芒之后，他发现了一个比科举考试更丰富、更让他着迷的世界。他开始不断从家学中汲取丰富营养，接续黄氏文脉，开启了自己的学术人生，他艺术的种子也附着在了家乡的这片土地上。

引领着黄宾虹走进黄氏家学的黄崇惺，临终之际曾向黄宾虹吐露过自己的未了之愿：一是原打算辑录清代嘉庆、道光以来潭渡村的逸事，为《潭滨杂志》续上后编；二是将潭渡先贤事迹收集整理，编一部《思源录》。可叹天不假年，有志未果，只能抱憾而终。黄宾虹将恩师临终遗愿谨记于心，回到潭渡老家后，他就倾注大量心血和财力，广为搜访历朝历代潭渡黄氏先贤的事迹遗著，梳爬考证，集腋成裘，积数年之功撰成《歙潭渡黄氏先德录》，刊行于世。汪世清先生说："宾老撰此文，所花心血不少，真是可传千古之作。微斯文，黄氏历代先德的言行恐将永远不为人知了。"

这部年代横跨近两千年的家族史，记载了近180位黄氏先贤的事迹，

---

① 王中秀主编：《黄宾虹年谱长编》上，荣宝斋出版社2021年版，第32页。

林散之题写匾额的宾虹故居门楼

他们当中有孝子、义士、廉官、儒商、贞妇，有学者、诗人、书画家、篆刻家等，字里行间饱含了他对这些祖先的景仰之情，也为后继研究者提供了丰富翔实的史料。在该书后记中，黄宾虹还表示将继续搜集先贤所著之书，将他们的诗文汇集再编一部《潭上集》，同时也表达了续写《潭滨杂志》的打算。此后多年，他一直不遗余力收集相关史料，还著了《族谱考》，但这些著作笔者至今未曾得见。为了让子孙后代在沧海桑田的历史变迁中还能记起故乡的模样，他另撰写了《叙村居》一文，于1908年连载于《国粹学报》第42、43期。该文详细记述当时潭渡村的山川形胜及亭台楼阁、田园屋舍之处，以及村中的里闻逸事，也算是为先祖的《潭滨杂志》接上了续篇。他甚至对他典居的怀德堂历史及堂主生平也进行了详细的考证，让我们对如今已辟为黄宾虹故居纪念馆的这幢历史建筑的前世今生有了更深入的了解。当然，黄宾虹对故乡的深情更多融在了他的画作和诗篇中，他的诗画故乡永远是草木华滋，人文蔚斐。是的，

还有"宾虹"这个名字，原来是故乡潭渡桥头一个桥亭之名，每当夕阳西下之时，于此亭瞻望潭渡村，但见暮烟霭杳，树色苍茫，绛气丹霞，水天一色，返照之景此为最佳。黄宾虹中年离开故乡后，也始终抹不去对故乡那深情的回眸，因取"宾虹"

潭渡"四大元宝"之一黄晟捐建的潭渡桥（三元桥）

潭渡桥头原滨虹亭（黄映泉绘）

为己号。他这样向世人介绍："宾虹学人，原名质，字朴存，江南歙县籍，祖居潭渡村，有滨虹亭最胜，在黄山之丰乐溪上。国变后改今名。"[1] 如今，100 多年过去了，潭渡桥依然静静横卧于丰溪之上，滨虹亭早已无影无踪，"宾虹"之名则天下皆知，这就是黄宾虹对故乡最深情的回馈吧。

一个有如此故乡情结的人，故乡对他的影响之深也是显而易见的，仅黄氏家学输送给他的养分就成就了他多方面的业绩，这从他那些有关家族的诗文和著作中便能找到答案。

读书治经　家学以传

黄宾虹 8 岁开始通过黄崇惺接触到先祖的文字，13 岁回乡后更有机会读到大量先贤著作，自谓影响至深。"弱岁应试返歙，读乡先生江、戴遗书，由族祖白山公《字诂》《义府》，春谷公《梦陔堂文说》《经说》，因喜治经。"[2] 这应该可以视为黄宾虹治学的起点。江永与戴震两位先贤待后再叙，黄宾虹所称的族祖白山公即潭渡黄氏 31 世祖黄生，春谷公即 35 世祖黄承吉。

黄生，字扶孟，号白山，是明末清初著名学者、诗人，一生著述颇丰，

① 上海书画出版社、浙江省博物馆编：《黄宾虹文集·杂著编》，上海书画出版社 1999 年版，第 560 页。
② 上海书画出版社、浙江省博物馆编：《黄宾虹文集·杂著编》，上海书画出版社 1999 年版，第 552 页。

他的《字诂》《义府》被收入《四库全书》。《四库全书总目》称其"致力汉学，而于六书训诂尤为专长"；赞其《字诂》"于六书多所发明，每字皆有新义，而根据博奥，与古穿凿者有殊"；称其《义府》"集金石于古音古训，皆考究淹通……为清一代朴学之先"。章太炎称，其言精确，或出近世诸师之上，唯小学，亦自黄氏发之。虽篇帙无多，其可取者，不在方以智《通雅》之下。[①]可见其在汉学尤其是文字学上的造诣。

　　黄生治经由训诂入手，穷研文字声义相应之奥，详细考论经史子集，开清代朴学重考据、重史实的治学之风。从黄宾虹的学术轨迹中，我们可以明显看到黄生这种治学精神和治学方法的延续。黄宾虹由喜治经而派生出对古文字的研究兴趣，在古陶文字、先秦六国文字考证方面有开创性贡献，他的识字癖也是直接来自黄生著作的影响，有其好友许承尧赠诗为证："宾虹今画师，画笔雄如椽。识字承白山，古籀爰毕宣。崇冈一家学，谈笑践祖筵。我来游海滨，发箧窥其全。"[②] 黄宾虹视黄生墨迹为"潭渡黄氏家宝"，36 岁作山水图，自题"写家白山公黄山诗意"。直至晚年，仍宝藏有黄生所著《杜诗说》4 册、旧印本《载酒园诗话评》1 册及《一木堂诗尘》1 册，可见黄生对其治学之重要意义。

　　黄承吉，字谦牧，号春谷，寄籍江都，34 岁登进士第，他精于汉儒之学，得其精微。深研六书，工诗古文，自出机杼，不屑世俗，且通历算，能辨中西异同之处。为乾嘉汉学扬州学派巨子，是嘉道时期儒宗阮元的高足，与当时著名学者江藩、焦循、李锐友善，日以经义相切磨，世称"江焦黄李四友"。他对族中前辈黄生的学问十分仰慕，但黄生的著作在清初多遭禁毁，很难寻访，他就从镇江文宗阁收藏的《四库全书》中，将黄生《字诂》《义府》逐字抄出并详加按语，为《字诂提要》《义府提要》，考究淹通，

---

① 周晓光主编：《徽州文化史·明清卷》，安徽人民出版社 2005 年版，第 94—96 页。
② 王中秀主编：《黄宾虹年谱长编》上，荣宝斋出版社 2021 年版，第 468 页。

与方以智《通雅》相伯仲，其所倡"声中有义、义起于声"，以至"以声为纲之说浸以大昌"，被刘师培衍为《字义源于字音说》。黄承吉著有《梦陔堂文集》10 卷、《梦陔堂诗集》50 卷、《周官析疑》20 卷及《梦陔堂文说》《读毛诗记》《经说》等，近代学者谭献（仲修）赞其学问为古今绝学。[1]黄宾虹也称"仲修师激赏之"（黄宾虹在故乡时曾应紫阳、问政诸书院课，受知于当时兼任山长的谭献，故称其为师）。可以说，黄氏的文脉能一直延续至黄宾虹，黄生和黄承吉这两位先祖的影响力是不可或缺的。

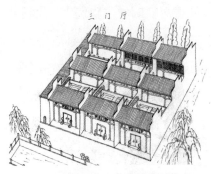

潭渡三门厅（黄映泉绘）

黄生与黄承吉都是潭渡黄氏春晖堂人，为黄宾虹同门之祖。春晖堂这一门在文化艺术方面出的人才非常多，黄宾虹多受其惠，常怀感恩之心。

"春晖堂"之意取自孟郊"谁言寸草心，报得三春晖"，原是黄氏 20 世祖黄暨为奉养老母所建的堂屋之名。后来，其孙有兄弟三人，派分三门，三门各建一祠连成一排，称为三门厅。长兄居中为春晖堂，次居东为思诚堂，小弟居西为蓼莪堂。三门厅开间加起来有 50 米，深 40 米，每个堂都分为三进，整栋建筑蔚为壮观，中华人民共和国成立之初被定为省重点文物保护单位，20 世纪 50 年代末因扩建潭渡小学而被拆除，现正在被打造为黄宾虹艺术研学中心。

春晖堂从 31 世起，所用排行字为"泰玉修其德，崧懋映高怀，传道斯达本"。黄宾虹谱名懋质，即春晖堂的"懋"字辈，为潭渡黄氏 37 世。

1917 年，春晖堂后人准备对祠堂进行维修，当时，黄宾虹已从潭渡迁居上海多年，但他对修祠之事极为上心。他依照春晖堂中殿两壁尺寸，绘

---

[1] 张艳红辑纂：《孝行里潭渡》，2019 年印，第 117 页。

制了4幅春晖堂山水条屏（这些画尺幅太大，他考虑装裱要花不少钱，又多画一幅作为装裱之资，即一共画了5幅），并在每一幅上都题了一段很长的画跋，这些文字记述了春晖堂名贤黄生、黄承吉、黄宗夏的逸事和他自己的心得，字里行间充满了他对家乡和家族的深厚情感。尤以第四幅上的题跋最妙：

黄宾虹绘春晖堂山水条屏之四（安徽博物院藏）

> 眼前光景口头诗，凑泊吟成绝妙辞。寂寞水流心不竞，悠悠云在意俱迟。泉声撼户山逾静，树影笼窗日正长。读罢《黄庭》无一事，篆烟闲袅午帘香。小桥流水对柴门，三两人家自一村。翻恨经年无客到，白云青霭锁朝昏。道人本性爱山居，选得青峰下结庐。终日对山看不厌，还将素茧写山图。一溪流水到门前，绿染波光净可怜。却被沙鸥惊起去，苍茫点破水中天。蓬门草屋称幽栖，阁上青山阁下溪。闭户未尝轻一出，不须兴咏去来兮。野性爱山兼爱泉，常来扫石坐还眠。有时风递泉声响，好是幽人抚七弦。龙有深渊鹤有巢，幽居还有小蓬茅。野桥山径无人到，高卧全将世事抛。此余高叔祖白山先生题自画诗八截句，画今不可得见，诗已镌入一木堂稿中，版毁且久矣。生平著作等身，声名籍籍大江南北间，乾隆时以马秋玉氏缮其遗书进呈，收入四库，如《字诂》《义府》等书，直开有清一代汉学之先，论者称其精确不在方以智《通雅》之下。

这些题跋文字看起来似与画作没什么相干，其实此中深有含义。春晖堂是黄氏尊祖敬宗的祠堂，子孙们定期于此举行祭祖仪式。4幅山水图悬

于祠堂四壁，他就是要借助这个平台，"述先德俾众观览焉"，将先祖诗文和事迹记于其上，以激励子孙后代每每观览即见贤思齐，把黄氏习习儒风代代传承下去。如今，这4幅春晖堂山水图藏于安徽博物院。

黄宾虹为春晖堂作山水图时，正值国家内忧外患之际，社会动荡，民生凋敝，潭渡村也不无例外地渐显衰败之象。他十分担心宗族子弟在这礼崩乐坏的乱世中不学无术、沾染恶习。他在给族董黄昂青的信中就多次流露出这份隐忧，他说，"村中无富贵之人非衰，而无道德之人乃真衰也"，希望黄昂青能引导子弟以道德、学问、知识来处世律身，特别强调"教育一层，为当今之必要"。为教育族人师法先贤，不忘祖德，他以族之名贤黄生之号"白山"命名其在家乡创办的小学。在提笔作春晖堂图时，又特意为族人了解先贤打开一个窗口，意在鞭策族人尚德尚文，延续文脉，振兴乡里，再现潭渡"人文之蔚斐，风俗之粹美"之盛境。"幼承宗族贤，修业父母喜。楹书保世守，图画稽众史。"黄宾虹的这首诗，正是他汲取家学营养并致力于传承弘扬家族优秀文化的真实写照。

喜事吟咏　风雅相袭

潭渡黄氏的众多学者，有个共同的雅好，就是喜事吟咏，其中不少人都是著名的诗人。黄生9岁会吟诗，年十四五时即以诗人自期，并志存高远："不愿恩星守财帛，但愿诗名蔽天壤。"他终生不废吟哦，其诗不论是记事、状物，还是写景、抒情，无不出自胸臆，情真意切，诗名在当时广为人识。清初邓汉仪称其诗气雄识高，笔力豪放，"皆落落远俗而风格自尊"。乾隆时，其诗集《一木堂诗稿》12卷因有反清内容而遭禁毁，海内外藏本极稀，他的诗名渐渐被湮没。21世纪初，安徽博物院发现该书藏本，为歙县籍学者许承尧后人捐献。而据许承尧《歙事闲谭》中记载，该书及黄生的《杜诗说》，都是从黄宾虹处借得的。由此可见，黄宾虹为搜求这位先贤的遗著，所费之心何其深也。后来，安徽大学教授诸伟奇先生将该诗集收入他主编的《黄生全集》并在前言中专章介绍了黄生诗歌的内容。他告诉笔者，安徽师范大学中国诗学研究中心主任余恕诚先生看到他写的前言，专门给他写了一封信，说黄生这么好的诗，他们以前竟一点都不知道，颇有随珠荆玉之叹。

潭渡本就是一块诗意的土地，地处平畴沃野，四面远山拱卫，丰乐溪水如练，楼台绿影婆娑。山水交相辉映之下如诗亦如画，面对这诗意画卷，怎能没有诗情的喷发？

村中古有潭滨八景，景景皆有诗有画——

《水殿寒香》：琼枝玉蕊傍瑶台，卅树垂垂次第开；月影花香清入梦，春风一度几徘徊。

《高桥新柳》：垂杨二月色初妍，嫩碧长条拂曙烟；婀娜最宜遮水馆，竹窗开处听啼鹃。

《湖涨争渔》：梅雨绵绵水涨湖，平田路断浪花浮；渔人缚网争桥脊，细脍银鳞上酒垆。

《临皋待月》：何处清光号最浓，临皋石几可乘风；纷纷明月人鱼玩，可爱空中爱水中。

《土岭耕云》：细雨如酥候早耕，犁边冉冉垄云生；家风久惯同沮溺，何处能来宠辱惊。

《村西夕照》：烟岚汊汊树苍苍，极目西山遍夕阳；流水小桥间曳杖，几多村径下牛羊。

《潭渚霜林》：红似猩猩黄似鹅，沙田一带柏林多；却劳青女工渲染，漫藉青苔醉巨罗。

《斜山踏雪》：积雪荒村噪乱鸦，琼枝玉树斗尖叉；冲风踏尽斜山路，喜有寒梅已着花。

潭滨八景之"斜山踏雪"（清黄吕作，上有文伯仁款，浙江省博物馆藏）

这八景诗与画，出自潭渡画家黄吕之手。在黄吕的诗画故乡中，处处都留有潭渡诗人的足迹，他在《潭滨杂志》中就记载了其祖父黄家俨的行迹。他说祖父性耽幽洁，常蓄名香、佳茗以待客，曾率众诗友来潭渡结社赋诗。"或集枕流之亭，或酌后乐之轩，或登函成之台，或访青莲之刹，坐花邀月，嘲雪绘风，极尽陶写性情之乐。"① 他所列这些亭台轩刹，皆为村中之景。黄吕之父黄生村居时，也常常与村中同好结诗社，还与高阳、西溪、双桥、屏山、傅溪诸君联"素心社"。

在黄宾虹记录的文字里，潭渡黄氏的风雅之士也俯拾皆是，他们不管是治学还是为官，无论是从商还是从艺，都不失真性情。如 25 世祖黄廷皓，黄宾虹称其"性喜吟眺，游历所至，辄与词人墨士相唱和。晚得城阳山，就许宣平旧隐处，筑室数橼，杂植花树，游息其间，自号南山老人。尝萃生平游历之处，命以十景，士夫和之，久而成帙，曰《南山纪乐》"②。许宣平是唐代徽州著名的隐士，诗仙李白在长安读到他的诗，惊叹为仙诗，千里迢迢来歙访许宣平，终未得见。黄廷皓身虽居隐士之地，但心仍系苍生，他最崇拜的人是范仲淹，晚年也仿照范的《义田记》，捐出义田 100 多亩，又建义仓 1 所，用于助学济困等公益之事。

黄廷皓是黄氏 25 世祖，为思诚堂支。这一门从政者较多，为官皆以

① 黄映泉主编：《歙县潭渡黄氏族谱》，2022 年印，第 220 页。

② 上海书画出版社、浙江省博物馆编：《黄宾虹文集·杂著编》，上海书画出版社 1999 年版，第 433 页。

清廉谨慎著称。如 31 世祖黄文炜，在广东任职时，从高州知府一路升至广东按察使，任职期间，礼士爱民，留心教育，捐养廉银重修广州府学、乡贤祠、名宦祠，当地人比之"黄颍州"。后调至甘肃任职，又捐俸银 2000余两建广济院，疏浚酒泉，撰《酒泉记》，还主持编纂了《重修肃州新志》30 卷，死后入祀肃州三公祠。黄廷皓之孙黄正秋，官山东布政司经历，民赋不敷，他捐出俸禄以偿，百姓有难，他则倾其所有以助。虽口碑遍一邑，但因生性耿直得罪同僚，最终辞职还乡，和兄弟们以下棋为乐。与他兄弟辈的黄正冬，曾为湖广布政司都事，后来也与正秋同样遭遇。回到老家的黄正冬建课耕楼以培养子弟读书，并作楹联于其上，其联曰："教子眠迟，数卷读残窗外月；呼童早起，一犁耕破垄头云。"[1] 这座课耕楼多年以后仍为潭渡一景，登楼可眺对岸屏峰列翠之景，有人置酒垆于其上，凡春舒翠浪，秋割黄云，皆足眺览，但今已不存。

如此风雅的所在，使诗人的诗性恣意飞扬，仕途拘不了，贫穷折不弯，深闺也锁不住。诗人黄瑜因病家贫，但终身不废笔耕，其诗文后被族人辑成《栗斋存稿》，其中有"贫穷到死心犹壮，不向豪门一曳裾"之句，足见其傲骨。黄克巽是黄家的才女，在家刺绣之余，时时拈笔为诗，可惜因婚后难产只活到 20 岁。江都象州知府杨以牧为其遗著《绣余集》作序，称其诗"格高而隽，句炼而新，非能言之士所能及，非直一洗脂粉之陋而已"[2]。

诗人天性爱山水，黄生也说过"天下之名山大川，不可不尽游"。他曾历钱塘，渡大江，与诗人屈大均相遇于淮海之间，典裘沽酒，高咏唱和，旁若无人，这份洒脱何等畅快！黄氏诗人中如此性情者大有人在，最有代表性的是黄砚旅和黄宾虹。

黄砚旅，名又，字燕思，寓居江都，性喜聚书蓄砚，家藏万卷，一一强

---

① 黄映泉主编：《歙县潭渡黄氏族谱》，2022 年印，第 115 页。
② 张艳红辑纂：《孝行里潭渡》，2019 年印，第 114 页。

石涛《黄砚旅纪游诗意》之一（香港至乐楼藏，图片来源：《汪世清艺苑查疑补证散考》）

记，能于诗歌发之。尤其好游，且游必有诗，自燕齐秦陇蜀楚豫闽以及雁门普陀皆有纪游，汪洪度赠诗有"万里山川题咏遍"之句，其足迹几乎遍及神州大地，交游也很广，且笃于友谊。他是画家石涛晚年的知己好友，两人同居扬州，相与往来，或载酒竹西，或泛舟红桥。石涛为他作了很多画，其中最有名的是《黄砚旅纪游诗意册》，共 32 册，石涛花了 3 年时间绘成赠给黄砚旅。现香港至乐楼藏有 22 册，故宫博物院藏有 4 册，黄宾虹曾收藏了其中《自榕城之莆田册》。黄砚旅所著《自疏草》已不存，人们只能从石涛的这些画上才能读到他的诗作。后世对他生平所知甚少，黄宾虹多方搜求文献，考证他曾任过赵州知州。黄宾虹还将自己在石涛题画中所见 24 首黄砚旅诗之诗名一一抄下，录于《歙潭渡黄氏先德录》中。

《歙潭渡黄氏先德录》还收集了多位黄氏诗人的生平史料，如被诗人唐祖命誉为可与黄生并称"二阮"的黄宗羲（号印斋），著有《印斋近体诗》；好与方外人游的诗人黄暨，著有《覆瓿集》；淹通经史古文和奇门术数的诗人黄筏，著有《虚船诗文集》；久客江都而名闻淮海间的诗人黄晖，著有《晨村诗文集》；为黄山楼贮书数万卷、淹通经史的学者诗人黄修溥，著有《寄亭诗集》《黄山楼诗文》；少时有神童之目的诗人黄衡，著有《梅龙阁诗集》《碧云秋露词》；同其二子被乡人目为"三苏"的诗人黄琏，著有《茶仙乐府》；还有一生好苦吟的诗人黄琳；与石涛、李骥等名流交好的诗人黄吉遄等。

黄宾虹如此苦心追逐先辈诗人足迹，也是一种同声相应吧，因为故乡的钟灵毓秀也同样激活了他的诗情，前辈的风雅皆融进了他的诗魂，他其实是个被绘画盛名所掩的真诗人。

黄宾虹与其族祖黄砚旅一样，也是遍游海内名山大川，也同样每游必有诗。黄砚旅的纪游诗皆可入画，黄宾虹的纪游诗则携画入诗，以诗写画，诗画一体。"此山深处我曾游，游罢归来楼上头。泼墨零星写烟树，波光峦影画中收。"[1] 这是一位画家的纪游，同时又是一位诗人的心驰神游。他要在游览中观察山水景物的四时阴晴变化，以画笔师造化变幻之奇，以诗心补画笔难状之妙，令游踪所至化作"笔底峰峦千点墨，胸中丘壑万行诗"[2]，因此他特别着力于访名胜读山川，他的诗作也是纪游之作最多。黄山、九华、川蜀、粤西及雁宕、虞山、武夷、新安江、太湖等所历各处均有纪游、咏唱之作，还创作了众多题画诗，辑成《宾虹诗草》及补遗，共计6卷。以诗名著称的末代翰林许承尧见了黄宾虹的诗也"目眙心骇"，深感"喘汗莫追"，称："其诗状难状之景如在目前，肖物之工已为画笔所不能到，而选词妍雅，浸淫六朝，其率易者，亦足与唐人争席。灿然古色，渊乎古声，求之近今，可谓独为其难，卓自树立者矣。"[3]

黄宾虹的诗最能打动人之处是那份剪不断的思乡之情。故乡是他的根，是他情之所系，但他一生漂泊异乡，最终亦不能归老故土，他的诗中常常流露出飘零异地、故乡难回的惆怅，如在沪时写下的《题画寿乡人》中，有"而我飘零东海滨，朔风猎猎衣淄尘。故山遥望归不得，图画寄君寿松石"之句。再如"乡心愁绝关河迥，况听城头鼓角哀""旧垒乡心惊唤雁，孤篷客梦稳眠鸥"等旅途中的触景生情之句，传递的都是结在心头化也化不开的乡愁。晚年他迁居杭州，生活安稳了，但面对西湖宜人的湖光山色，他还是吟出了"黄山归客滞西湖，通德为邻兴不孤"，只一个"滞"

---

① 《安徽近百年诗词名家丛书》编委会编：《宾虹诗草》，黄山书社 2013 年版，第 170 页。
② 《安徽近百年诗词名家丛书》编委会编：《宾虹诗草》，黄山书社 2013 年版，第 186 页。
③ 《安徽近百年诗词名家丛书》编委会编：《宾虹诗草》，黄山书社 2013 年版，序。

字，就把他深藏心底那份渴望回归故里的愿望表达得淋漓尽致。

黄宾虹对故乡的真挚情感更多体现在他大量赞美故乡山水和忆旧诗作中，这方面除了对徽州故土的回忆，还有他儿时生活的金华给他留下的美好记忆，如《题金华雅岩村华藏寺图》《题家庆图》《题岚影叠嶂图》等诗作，这一方面反映出金华对他艺术人生也产生了深刻影响，另一方面可见他是位特别重感情的艺术家。

在黄宾虹的诗作中，最有特色的是他那些论画论艺术的诗篇，可以说他是最擅长用诗歌来表达艺术主张的诗人，如："江山本如画，内美静中参。人巧夺天工，剪裁青出蓝。""我从何处得粉本？雨淋墙头月移壁。""沿皴作点三千点，点到山头气韵来。七十客中知此事，嘉陵东下不虚回。""最是南宗画，无如北苑深。此中堪避暑，翘足听松音。"在这类诗作中，他晚年所作的《画学篇》长歌是为其扛鼎之作。全诗600余字，以最凝练的文字将中华文明几千年的美术发展历程作了高度概括，对历代绘画艺术的特点和代表性画家的风格作了精到的点评，并旗帜鲜明地表达了自己的画学主张。通篇纵横捭阖，大气磅礴，可谓前无古人，堪称中国画学的巅峰之作！同时，这部史诗级的巨制也为中国诗歌艺术打开了一片新的天地，该诗的手稿更被视为书法艺术的经典之作。

画苑传奇　潭渡黄氏

在中国美术界，黄宾虹创作的山水画代表了中国现代山水画的一个高峰，时至今日仍无人能够超越。他能取得如此成就，在他故乡人看来并不感到意外，因为他就是从"画家的摇篮"里走出来的。

潭渡黄氏家族，历史上出过众多杰出的书画家，潭渡因此有"画家摇篮"之美誉。在潭渡生活了 20 余年的黄宾虹，对族中前辈的绘画成就也早有关注，不惜代价遍搜潭渡书画家作品及史料进行研究，还准备编一部《潭渡画家》加以弘扬。他在研究之后得出了一个惊人论断："潭渡自明以来，书画名家均在江浙以上，惜后世提倡之者无人，可叹可叹。"①

以一个村子的画家比肩江浙两省，不管黄宾虹是从画家数量还是从书画家群体的整体艺术水平来作比较，恐怕都令人难以置信。但黄宾虹一定是看到了潭渡书画家群体真实的艺术水准，更感叹于他们的艺术成就淹没在历史长河之中，所以在他早年撰写的《歙潭渡黄氏先德录》中，就对他已掌握的前辈书画家作了简略介绍。之所以简略，应该是考虑有些资料还须补充完善，留待将来写专著时再论。遗憾的是，他千辛万苦搜集的史料很多我们未能看到，不过，在他 1926 年发表于《艺观》第一期的《黄山画苑论略》中，不仅专章介绍了潭渡黄生、黄吕父子画家，还辟《歙西黄氏诸画士》一章，介绍了潭渡黄氏 15 位画家的事略。

他两部著作中的记述共给后人留下了 30 多位潭渡书画家的名字，不仅让我们知道了他们的艺术造诣，还帮我们廓清了一些历史记载之误，如清代山水画家黄溱，《扬州画舫录》记载他是江苏扬州人，黄宾虹把他录进了潭渡黄氏先贤名册，笔者从潭渡黄氏族谱中查到，黄溱正是潭渡黄氏燕翼堂 35 世祖黄正川。后人在黄宾虹基础上进一步搜罗考证，竟找出了近 60 位潭渡书画家的名字。

潭渡黄氏书画家群体为何鲜为世人所知？这既有历史原因，也有他们自身的缘故。

这些书画家主要生活在明清两代，但在清代后期的咸丰兵燹中，潭渡因地处徽州府城近郊，受到战争创伤尤为严重，尤其是村庄西北部分，大片的房屋祠宇被烧毁。如今 100 多年过去了，这片废墟早已变成村民的菜

---

① 上海书画出版社、浙江省博物馆编：《黄宾虹文集·书信编》，上海书画出版社 1999 年版，第 289 页。

地，笔者在菜畦间随手一翻捡，就捡出一堆古瓷片，可以想见当时财物被毁的情形。据村中老人介绍，那一片废墟原来大多是黄氏蓼莪堂这一门的房产。蓼莪堂多巨商，所建屋宇雕梁画栋，异常精美，家中所藏也多宝物。战乱过后，蓼莪堂有子孙曾回到故乡，见到自己家园已成焦土，便伤心离去，此后再也无人还乡。潭渡也正因这场战火，大批文物和书画卷轴或化为灰烬，或被劫被盗不知所终，潭渡书画家的作品也就很少能留存于世。

黄宾虹《江山胜景图》
（图片来源：《黄宾虹山水册》，
人民美术出版社 1983 年版）

还有一种情况是，在这批书画家中，有些并不以书法绘画为业，如学者黄生，既精篆刻，又善书画，但他的画名早已被他的学术成就所掩盖。黄宾虹在给同乡好友汪己文的信中说到这样的现象："古之文人，往往不屑以艺传，儒林、文苑诸传中，有能书画者且不言及。以是知以画为事，果无文行足以矜式乡里，湮没无闻，不可胜数矣。"[1] 如此说来，因没有其他事迹而未载入史书的潭渡画家也是不少的。

另外，潭渡黄氏多高人逸士，他们性情孤傲，淡泊自持，只追求闲适诗意的人生。结社赋诗、寄情山水、写字作画，都只是他们的生活方式而已，他们并不关心自己作品的最终结局。黄宾虹在整理先贤们的资料时，也叹惜有些族祖"不自收拾"作品，以致后人难以一睹其真面目。他在给族人黄文彩作的《江山胜景图》题跋中写道："我族潭滨之上，襟江枕山，颇饶胜景，高人逸士，寄情缋事，自碧峰公后，如凤六、柳溪诸贤，尤其卓卓表著，近今真迹亦罕觏矣，写此不禁兴怀仰止之诚。"此跋提到的碧峰、凤六、柳溪，

---

① 上海书画出版社、浙江省博物馆编：《黄宾虹文集·书信编》，上海书画出版社 1999 年版，第 36 页。

分别是黄氏 33 世祖黄柱, 32 世祖黄吕、黄琦(椅), 皆为春晖堂人。

也许, 这些"不自收拾"的先辈画家, 压根就没想过要在画史留名, 他们只管在潭渡这块土地上默默耕种, 自娱自乐, 并不问收成。可喜的是, 这块土地里终于"长"出了黄宾虹这棵"参天大树", 足矣!

我们先来认识一下黄宾虹提到的这 3 位画家:

黄柱, 字子立, 号碧峰, 生于 1557 年。据黄宾虹的记载, 他善音律, 工梓刻, 于丹青尤精。翎毛花卉以及人物佛像, 皆入妙品。山水出自吴门, 又得大痴松秀, 凝练苍润, 平和自然。黄柱年纪轻轻即在当地享有画名, 年方 20 受圣僧庵住持之请, 为大殿后壁画了一幅观音壁画像, 这座宽 352 厘米、高 370 厘米的侧座观音像以水墨画就, 线条流畅, 看上去雍容慈和, 极富人情味。第二年, 黄柱又在圣僧庵大殿两侧墙壁画了十八罗汉图, 分别为《九尊罗汉渡海图》《九尊罗汉上五台》。壁画完成后, 时人啧啧称奇, 竟以"吴道子复生"誉之。

圣僧庵坐落于歙县古城西郊七里头的山间, 始建于唐武德年间, 它最初是因一治病救人的僧人而得名, 但其后却以黄柱留下的壁画而举世瞩目。20 世纪 60 年代初, 郭沫

安徽省重点文物保护单位圣僧庵

若先生来歙县参观圣僧庵, 看到黄柱的壁画后大为赞赏, 并说:采用这种水墨敷色大笔写意手法, 素壁巨幛, 一挥而就, 实属罕见。1961 年, 圣僧庵即被列入安徽省重点文物保护单位。

据潭渡民间口传, 圣僧庵壁画完成后, 当地知县老爷的母亲前来进香, 看到大殿壁上的观音像, 欢喜之情不能自已, 知县老爷于是请住持僧去求黄柱再为其母亲画一幅观音像, 不料却被黄柱一口回绝。碰了一鼻子灰的

知县又不想让母亲扫兴，于是使了一计，通过黄柱的舅母设了个局，骗黄柱画了一幅观音大士像。黄柱得知真相后，立誓从此不再在纸绢上作画。

不管这个传说真实与否，但黄柱的纸本、绢本画确实存世极少，就连一生收藏无数历代古画的黄宾虹也以未得族祖黄柱之画为憾。至今，市面上曾经出现过的黄柱纸本画，有据可查的，一件是黄崇惺于1863年在武昌市摊中见过黄柱画的《白鹊图》，另一件是汪己文收藏的黄柱所绘扇面，经黄宾虹鉴定确认为黄柱真迹。另有他83岁创作的《林壑高阁图》，现藏于安徽博物院。

黄柱还有一个施展才情之处就是在灯屏上作画。在那个时代，潭渡黄氏家族是远近闻名的富室旺族，族中每年上元之日都要举办盛大的社火活动。社火之夕，黄氏八门九堂各门都要张灯，每只灯都做工考究，灯屏上皆绘有图画。春晖堂这一门的灯屏画出自黄柱之手。黄宾虹曾描述过黄柱所画的灯屏《番部射猎图》，称"人马驰驱，各呈其态"。而黄柱只为春晖堂画灯屏，那么由此不难推测，黄氏其他七门也都有各自的灯屏画手，而且因为作品都要在活动中展示比试，水平自然都不会差。

在黄柱之后，潭渡黄氏的书画家犹如群芳争艳，代有英才。黄柱之子黄守孝，孙黄明扬、黄明邦皆有画名。明扬工山水，明邦擅丹青、雕镂。明邦不仅遗传了祖父的艺术基因，其特立独行之性更甚于其祖。

在潭渡黄氏春晖堂，还有一位新安画派的重要画家黄吕。他辈分比黄柱长一辈，却比黄柱晚生100多年。在他离世108年后，春晖堂诞生了画坛巨擘黄宾虹。

黄吕，字次黄，号凤六，是学者黄生之子。幼承家学，工诗善书，精篆刻，刻印遒劲苍秀，有秦汉遗风，与藏印大家汪启淑交好，尤以绘事名世。人物、山水、花鸟、草虫，纵笔所如，皆臻妙境。书法宗晋人，晚年益朴茂。他所作之画，皆自赋诗，自题款，钤自刻印章，人称"四美"。

　　黄吕是对黄宾虹艺术人生有重要影响的族祖，按春晖堂世系，黄吕为 32 世，黄宾虹为 37 世，中间隔了 5 世。黄宾虹却能以孜孜矻矻之精神，承先祖之遗泽，成就了辉煌的艺术人生。

　　1880 年，年方 16 的黄宾虹从金华返歙县应院试，这已是他第三次回祖籍，乡里的亲戚好友都知道他喜爱书画，于是都把家藏的名画拿出来供他临摹学习。雄村曹家收藏有黄吕的《黟山奇卉》图册，黄宾虹借回家玩赏了数日，并将图册上的数十首题咏诗一一抄出。

　　《黟山奇卉》是黄吕临雪庄的《黄海山花图》之临本（黟山、黄海皆是"黄山"之别称），雪庄是与渐江齐名的新安画派名家，他幽居黄山 30 余年，作《黄山图》43 帧，并绘山中奇花 120 种。雪庄的《黄海山花图》被后人誉为艺苑精华，当年，黄吕的族叔黄宗夏从雪庄手上借来图册，让黄吕临摹，后黄吕与宗夏游黄山，实地考察了雪庄所画的山花一二十种，于是决定从雪庄画册中选出数十种山外没有的奇花进行临写。黄吕之作名为临，实则是以雪庄原图为借鉴的自我创作，其画风与雪庄有很大区别。黄宾虹也曾见过并反复临过雪庄的真迹，且一生多次登临黄山，对黄山的一草一木非常熟悉。他认为雪庄原

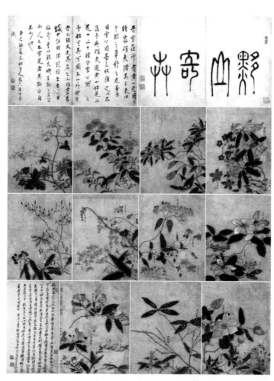

黄宾虹题跋的黄吕《黟山奇卉》图（图片为杨润徽提供）

画的山花是"不脱其形，不遗其神"，而黄吕的临本则"不袭其貌而得其意"。黄吕的画册一出，曾轰动一时，文人雅士为之题诗者达 68 首之多。

1942 年，有友人将黄吕的《黟山奇卉》携来请黄宾虹题跋，黄宾虹于是又将此册一一临写近半月，其面目与黄吕之临本又有大变化。如果我们能将雪庄、黄吕和黄宾虹所画的《黟山奇卉》放在一起比较，应该能从这几位艺术大师的笔墨变化中看到他们师法自然、传承借鉴与创新求变的路径。

黄宾虹对黄吕的作品如此看重并认真临写，除了研习这位画坛前辈的笔墨精髓，更多则是出于对这位先祖的仰慕。黄吕及其父黄生皆才华出众且人品高洁，黄宾虹赞誉二人为"吾里第一等人"。这对父子曾耗多年心力编纂《潭渡黄氏族谱》，又将潭渡的山川名胜、古迹人文、奇闻逸事等汇集，著成《潭滨杂志》一书。黄宾虹正是读了这本书，才对祖籍地潭渡产生了向往之情。

黄吕在编纂族谱时，还绘制了《潭渡村闾里全图》和《潭渡村居山水册》，闾里全图刻入黄氏族谱，但黄家后人却一直无缘见到这些画的真迹。1928 年，黄宾虹应邀赴广西桂林讲学，归途中路过广州，竟在广州文德路的画肆中见到黄吕的村居图册，他大喜过望，当即买下。这本画册是黄吕在康熙年间创作的，不知何年流入广东，画册上还被粗鄙之徒加上了文伯仁的款，所幸黄吕自题诗款并未被割去。文伯仁是明代吴门画派代表人物文徵明的侄子，也是吴派的继承者。造假者在黄吕的画上加文伯仁的款，是期望借重吴门画派的名气卖上好价钱。但在黄宾虹看来，吴门画派之甜，比不上新安画派之辣。

时隔两百多年，地隔千余公里，黄宾虹竟于无意之中得此家珍，冥冥之中似有神助。面对纸面发黄的画册，黄宾虹万千感慨涌上心头，回到上海家中，即提笔在画册上写下一段长长的跋语，介绍了黄生、黄吕父子生平事迹成就及他奇遇此册的经过，并题七律两首，广征方家赐和，当时不少名流和诗题咏。第二年，黄宾虹即将此册交由神州国光社印行，在画册的介绍文字中写道："凤六山人工诗善书，精篆刻，山水极类文五峰，花卉兼沈石田周服卿之长。斯册写潭渡八景，即其皖歙所居村图，垂阳遮水，瓦屋傍山，最饶佳趣，晚近画人，多好写生，真不可不得斯册以为参考。"

曹熙宇为黄宾虹藏黄吕《潭渡村图》册页题诗(郑文锋藏)

潭渡黄氏春晖堂的黄椅是新安画派后期代表性画家，字守愚，号柳溪，约活动于嘉庆道光年间。画初学王原祁，中年得赵松雪意，绘画风格也由"秀逸苍浑"渐次转向"清旷疏朗"，晚年又学弘仁、程邃的技法，画新安山水静格，但仍不离宋元诸家古法；从笔性和设色来看，有出自黄大痴（公望）的特征，在用墨上，不仅有米家山水，还有吴镇那股水墨淋漓的氤氲之气。黄宾虹在《新安派论略》中，将黄柳溪列为新安变派画家的代表人物。

潭渡还有一位黄山画派重要代表画家黄笋庵，与画僧雪庄亦交情深厚。黄笋庵，名镇，字麓亭，工山水，画石尤有名，《扬州画舫录》有记载，其弟黄钲亦有画名。黄笋庵曾大量临摹过丁云鹏、渐江、萧尺木、石涛、梅清、雪庄等的画稿，吸收其优点，形成了自己独特的艺术风格。康熙年间，黄笋庵以黄山为题材，绘制了《黄海真形图》画稿42幅，另有雪庄画的3幅合为一册。这42幅黄山图，采用细线精描，顿使黄山神韵自现，雪庄为他的每幅图都题有评跋，如《石门潭》一图跋云："雄壮妙绝，非真知山水人不得写出。"在《破石松》中评跋："好到极处，雄壮有力，真黄山，

真黄山。"雪庄还对黄筠庵画稿添加笔墨，使之更加完美。在其所画《云》图中题道："此种最难画，却被先生画出。衲添松两株，以取树之神气，添云皴云点数笔，以代染法，此衲之愚见，可用则用之，如不可不妨删去。"从雪庄评语，可知两位画家非同寻常的笔墨情谊。

《黄海真形图》是黄山绘画作品中的佼佼者，汇集了黄山画派两位重要代表人物的作品，其笔墨和造型风格对后世影响深远，此图册现藏歙县博物馆，原为歙县郑村郑韶九藏品，当年许承尧曾从郑家借观，上有许承尧两次题款，从题款内容看，第一次题款时不知筠庵为何人，第二次题款时已考证出筠庵为潭渡人黄镇，并请教了好友黄宾虹，而黄宾虹当时对黄镇情况却也一无所知。

像黄镇这样鲜为人知的优秀画家，潭渡还有很多，正如黄宾虹所说，他们"不自收拾"作品，渐渐就被历史尘埃所遮蔽。所幸随着信息传播的发达，藏于国内外各大博物馆的作品及私人藏品时能得见，潭渡黄氏画家的作品被再次发现，其成就受到世人瞩目。笔者仅从上海尚敷精舍拍卖公司杨润辉先生收集整理的资料中摘录几位作个介绍。

黄照，字昫堂，号晓斋、东谷、但衣、晓斋老人等，寓居扬州。笔墨师摹多家，主要出自倪云林，也有黄公望的披麻皴，还有郭熙的蟹爪皴、吴镇的点苔等，树叶和竹林的画法，也有吴门沈周和文徵明的笔墨。其画作中水渚岸石上的点苔，为枯笔渴墨，有程邃的"润含春雨，干裂秋风"。其凭借全面的笔墨造型，表现出与众不同的风格，别具疏秀之致。

黄继祖，字弓良，号秋山、秋屏山人，迁居嘉兴魏塘，经营盐业。营商之余，工诗善画，花鸟在青藤、白阳之间。山水近黄大痴、吴镇，意味渊懋，气格浑成。其性怡闲静，晚年筑清旷楼，隐居魏塘。从其存世作品中，可见明显受到吴镇的湿墨影响，画面有清淡似水而又空蒙湿润的艺术效果。其弟黄圻，字文石，工钩染花草，画菊笔情幽秀，冷香可掬。

黄埙，字振武，号丙塘，一作西塘、松月逸史等，出身盐商世家，诸生，占籍杭州。善画墨菊、兰竹，写菊颇饶幽致，竹则双管交飞，解悟昔人怒喜行笔之旨。工大小篆、八分书，复寄兴铁笔；亦擅刻印。秉性聪颖潇洒，为人胸中不设町畦。《飞鸿堂印谱》收录有黄埙16枚印文。

黄熙，字真民，号钟陵。山水宗法丁云鹏，不拘法度，古雅高逸；花鸟崇新罗，以气韵胜，有平淡天真稚趣；亦擅刻铜、刻竹，能刻鸡卵壳，称之绝艺。为画幅以自娱，"所画松，辄如雾雨欲滴，纸障犹湿；所画石，如池冰初裂，纹理四出"。其高旷清逸、拙中带秀的风格有明末清初文人画遗韵。

黄文吉，字小舲，号父祥，主要活动在嘉道年间。工诗，花卉得宋人法，有宋人笔墨，具有一股静谧幽邃和富贵天香的气息。人物师吴伟泼墨写意，笔墨酣畅淋漓，粗放纵逸。其父黄遐龄，工书，师法王梦楼，与汪竹坪（乾、嘉年间画家）齐名。

另外，黄宾虹在《黄山画苑论略》中，提到的画家还有：

黄思诚，字维一，能诗，善书画，师文衡山。尝绘《瓯括吟踪》，写其游屐所历，册旧为其族中黄白山所藏。

黄崇健，字笃孙，贡生，能诗善画，有题山水画诗。其兄黄崇惺善书，从弟崇玖，亦工山水。

黄时，字雨笠，客江都，以诗画名。

另据张艳红《孝行里潭渡》一书，寓居杭州的苦吟诗人黄琳亦善书工画，自题小影有"人间传小笔"之句，并注"昔人谓画为小笔"，又有《题自画诗》存集中，清初与里中许楚、郑旼皆以诗文书画名一世。

潭渡以书法著称的黄氏人才有：黄华之孙黄锦，工诗善书，尤长颜体；黄日升，真书学《醴泉铭》，尝以小行草抄卷帙浩繁的《天中记》，绝少败笔；黄观，善《九成宫》《圣教序》及怀素《千字文》诸体，黄宾虹藏有其手迹，称"笔法古秀，可宝也"；黄宗绎，工八分，隶学汉《张迁碑》，篆学秦李斯泰山、琅琊诸碣；黄溶，工篆隶，精铁笔，得秦汉遗意；黄大笙，能左手临孙过庭《书谱》，作反字，背观毫发无异，又自出新意，白描《水浒传》人物；黄仁杰，初学米芾而参以近代诸家之笔，榜书结构完密；黄以铨，工行草，晚亦喜榜书，笔姿俊爽；黄以键，善八分，有郑谷口遗意；黄芹生，从黄生学书，能得晋人书法古淡俊逸之笔意，晚年作榜书。

　　黄氏一门在明清两代涌现出如此多的书画人才，虽然历史的尘埃遮住了他们的光芒，但他们最终不会被遗忘，因为家族后人黄宾虹一生都在锲而不舍地追寻着他们的足印，最终为黄氏世家丹青添上了最傲人的一笔。

清代黄柳溪《秋山渔隐图》（安徽博物院藏）

清代黄吕《溪山晴霁图》（安徽博物院藏）

第三章
皖派朴学浸润的国学传灯

　　学术界普遍认为，黄宾虹是一位学识广博的学者型艺术家，他自己曾说过："学术如树之根本，图画犹学艺之华。"他之所以在绘画上能取得超乎常人的成就，也正是因为他是从学术这个根本上发力的。

　　他深厚的国学功底，首先得益于金华家塾阶段的理学教育，而真正开始治学，走的则是朴学这一路径。他在给柳亚子的信中说："仆近知诗文之难，拟稍稍研求前哲朴学涯涘……"前哲之学，就是他最先接触到的族祖黄生、黄承吉和乡先生江永、戴震的著作，还有他"与乡父老游"时读到的汪中、洪亮吉的著作。他从研求这几位先贤的学问起步，开始了他的学术生涯，而这几位先贤，或为朴学的先驱，或为清代经学的代表人物，我们不妨先来梳理一下朴学发展的脉络。

朴学之兴　　徽人先导

　　朴学即古朴笃实之学，兴起于明末清初理学走向穷途末路之际。程朱理学经历数百年的发展和演变，到明代中后期，因一些理学末流的"空谈义理、穿凿附会"而逐渐衰落，于是一批有怀疑与批判精神的学者提倡回

归经典，复兴古学，倡导经世致用，力矫理学空疏之弊，形成了学问重史实依据，解经由文字入手，以音韵通训诂、以训诂通义理的考据学风，歙县潭渡学者黄生是明代考据学风的领军人物。到了清代乾嘉时期，考据学达到鼎盛，因称"乾嘉朴学"。乾嘉朴学有两个重要流派，一个是以戴震为代表的皖派朴学，另一个是以惠栋为代表的吴派朴学。

黄生在学术上的突出成就是开创了以声音通训诂的方法，对皖派朴学体系产生了积极和深远的影响，他因此成为乾嘉朴学的先驱之一。他在训诂实践中自觉运用因声求义方法考释字词本义、辨明假借、推衍词义关系。更难能可贵的是，他还开创了俗语研究的先河。安徽大学文学院原院长鲍恒教授称他"学古而不泥古，独立更兼包容，学术极富创新性"。

据民国《歙县志》等记载，黄生著有小学著作 4 部，但存世的只有《字诂》《义府》两部。纪晓岚主编的《四库全书提要》称其"致力汉学，而于六书训诂尤为专长"。清代刘文淇《字诂义府跋》云："是书博大精深，所解释者皆实事求是，不为凿空之谈。夫声音训诂之学，于今日称为极盛，而先生实先发之。"清末民国初年《清儒学案》专门为黄生立了个"白山学案"，由此足见黄生在学术上的地位。

黄生提出的注重因声求义、辨析古今音变、阐明音转原理、考证字词语源等观点，在以后的戴震、段玉裁等人著作中也常常出现，从中可窥他们与黄生学术上的渊源。安徽大学诸伟奇教授认为，在以声音训诂入手研究经学方面，徽州人有先天优势，这个优势就在于徽州方言。"三里不同音"的徽州方言非常复杂，保留了相当多的古音，有研究者认为，这些方言无论是词汇、语法还是语音上，都保存了许多自秦汉至明清时代的语言特点，不少与《说文解字》吻合，因此被语言学家称为古汉语的活化石。但令人担忧的是，徽州方言正面临消亡的危机，现在徽州不论是城里还是农村，年轻人都很少说方言了，小孩子基本都不懂当地方言。

　　黄生《字诂》《义府》原只有稿本留存，乾隆年间，参与编纂《四库全书》的戴震特意嘱托当事人采进收入《四库全书》。据黄宾虹说，此二书为马秋玉缮呈四库。马秋玉即扬州小玲珑山馆主人马曰琯，他与弟弟马曰璐并称"扬州二马"，为徽州祁门人，既是大盐商又是藏书家，四库全书馆设立，他家私人献书超 700 种，为全国之冠。

　　一代儒宗戴震是徽州休宁隆阜（今黄山市屯溪区）人，他是皖派朴学的集大成者，一生学兼多门，著述宏富。他构建和阐发了唯物主义哲学思想体系，并融会贯通于声韵训诂、典章制度、经籍考证、天算地理研究等方面。他的《声韵考》是一部有创见的音韵学著作，启迪了王念孙、阮元等后人的研究，近代章太炎、黄侃、王力更是从他的学说中汲取无限的智慧。经学著作《毛郑诗考正》的治诗方法，又催生了胡承珙《毛诗后笺》、马瑞辰《毛诗传笺通释》、陈奂《诗毛氏传疏》等著作的面世。他测算方面的著作《原象》8 篇，用古天文理论以解决经史，借经史材料以讲明天文，还以其特有的方式系统推演了平面三角形和球面三角形的原理，使传统勾股弦之术达到了同时代平面三角和球面三角函数的水平，成为数学史上弘扬民族文化的一件盛事。他还对古典算书进行整理校勘，辑成《算经十书》，使乾嘉时期掀起了研究中国古代数学的高潮。在科学应用方面，他所著《考工记》记述古代百工之事，并绘图详加注释；《雅经》记述动植物 400 多种，成为一部辞典式的生物学专著；《汾州府志》被时人尊为修志楷模。此外，他还撰有《金匮要略注》《气穴记》等医学著作。他将自然科学的世界观与训诂考据的方法论结合起来，作为治经闻道之本，成为百科全书式的学者。

　　戴震不仅在多个学科领域"为往圣继绝学"，还留给后世学者求真求是、兼容并包的学术精神。他在学术上不持门户之见，不以宗定派排斥异己，强调以实事求是为治学态度，这比之吴派惠栋主张的唯汉是尊似更

为理性科学，彰显了一位真正的学者应有的格局与胸襟。1757年，戴震在两淮盐运使府见到了他仰慕已久的大学者惠栋。惠栋对统领中国学界几百年之久的宋明理学发起挑战，他公开反对宋学的立场，为戴震打开了思想枷锁，戴震从此与亦师亦友的惠栋共同举起了恢复汉学的大旗，开创了有清一代学术界最有影响的乾嘉学派。但是，惠栋为反对宋学，提出"凡古必真，凡汉必好"，一切以汉代的学术为标准，这无形之中又为自己设置了学术壁垒。戴震于学术却无藩篱，虽然对理学"存天理灭人欲"进行了强烈批判，但作为一位汉学学者，他对汉学不迷信盲从，对宋学也不心存偏见，更不自以为是。"不以人蔽己，不以己自蔽"，在治学中广采汉代郑玄、宋代程颐、朱熹等先儒著作而择其优，以求获得"十分之见"。他还与一般乾嘉学者只重名物训诂不同，尤其强调义理之学，主张把训诂考证与义理结合起来，反对为考证而考证，从而使他的学术思想更有生命力，更臻于经世致用。他因此也被后世称为"汉宋兼备的大师"，吴皖两派的集大成者。刘师培称之"功迈郑、朱，亦儒亦师"，胡适先生赞誉他是朱子以后第一个大思想家、大哲学家。

戴震的学术思想对后世影响深远，他的学生王念孙、段玉裁、任大椿等在不同学术领域继承他的衣钵并加以弘扬，开创了扬州学派。该学派众多学者都深受戴震影响，或为其弟子和再传弟子，或为私淑其学术者。

在扬州，还有一位徽州学者对弘扬戴震的朴学思想发挥了重要作用，他就是歙县洪坑的洪梧。洪梧曾任扬州梅花书院山长，他任教期间大张汉学之帜，王念孙、汪中、刘台拱、孙星衍等知名学者都是书院生员，他的高足还有刘文淇以及后考中状元的洪坑同宗洪莹。

洪坑洪氏家族与戴震有很深渊源。1936年，黄宾虹参与《戴东原先生全集》的编纂工作，他在为《戴震书信手迹》写的跋文中讲述了洪坑的洪朴、洪榜和洪梧三兄弟与戴震的深厚交情，这三兄弟先后中举授内阁中书，时有"同胞三中书"之誉,并称"三凤"。当年戴震赴京,因租不起房,先在纪昀家暂住,后就住到了洪朴家。戴震去世后,洪榜为作《戴先生行状》,文末云:"先生郡人洪朴、洪榜兄弟,得交先生,从燕游久,凡先生之行事绪论,盖得其大略焉。"洪榜写的这篇行状,载于戴震代表作之一的《答彭尺木书》,但一代大儒朱筠认为戴震在学术上的贡献不在于此,不必录,是洪榜力争才使此著作广为流传。学者江藩见其书,感叹道:"洪君可谓卫道之儒也。"在学术上,洪氏三兄弟都深受戴震朴学思想的影响。

扬州学派代表人物汪中、黄承吉皆为寄籍扬州的徽州歙县人,汪中对戴震最为推崇,称其为汉学的集大成者,黄承吉则直接传承了族祖黄生的学术。

汪中,字容甫,少贫,后佣于书肆,得以饱览经史百家,遂成通儒,有"无书不读是汪中"之誉。他治经推重汉学,古文以汉魏六朝为宗,博征古说,慎重按断,最先揭示儒墨显学并称之实,一纠两千年来视墨学为异端的谬误,晚年校勘杭州文澜阁的《四库全书》。汪中是扬州学派的领袖人物,他与安徽老家学术交往比较频繁,与祖籍同为歙县的洪亮吉都曾入安徽学政朱筠幕府。朱筠在皖期间,广揽人才,培养了一大批安徽才俊。他特别重视文字训诂之学,一到安徽便重刊许慎的《说文解字》,广布学宫,命诸生学习。洪亮吉在《书朱学士遗事》中说:"先生去任后二十年中,安徽八府有能通声音、训诂及讲求经史实学者,类皆先生视学时所拔擢。"由此可以看出,朱筠对安徽良好学风的形成和于朴学的推动是作出了重要贡献的,也正是朱筠在主安徽学政期间奏请朝廷校办《永乐大典》,引出了编纂《四库全书》的浩大工程,才使戴震迎来了受诏担任《四库全书》编纂的高光时刻。而正是戴震在《四库全书》编纂任上,将乡先贤黄生的著作收入《四库全书》,并借纪昀之笔加以阐扬,终使黄生之学广为天下知。诸伟奇教授称,黄生的著作在后世是戴震最早发现并作了深入研

究的。

戴震熟知黄生，不仅仅因为是徽州同乡，戴震早年曾两次坐馆西溪不疏园，而西溪与黄生故里潭渡是衡宇相连的两个村庄。不疏园因江门七子研学期间，成为皖派朴学的发源地，后不疏园毁于咸丰兵燹，而不疏园的最后一位学子汪宗沂则成为黄宾虹的老师。

皖派朴学　源于"不疏"

在中国学术史上，不知还能不能找出一个像"不疏园"这样的案例：它是一座私家园林，却于此孕育出一个享誉全国、影响后世的著名学术流派——皖派朴学。

"不疏园"是歙县西溪的汪泰安为子孙打造的读书之所，取陶渊明"暂与园田疏"诗句，反其意而用之，意为警示后人不要为一意追逐功名利禄而疏远田园。

汪泰安是个酷爱读书之人，却被他父亲汪景晃"逼"成了一名富商。汪景晃早年在浙江兰溪做生意，到 50 岁时，积攒了一笔钱就回到老家，把家业交给儿子汪泰安打理，自己只做一件事，那就是施济行善。每年他都给族中生活困难家庭按月送粮救济，给来往行旅之人提供免

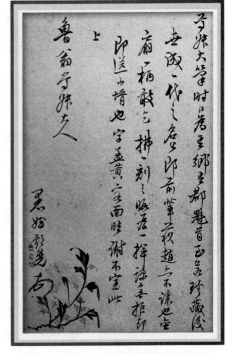

汪景晃书信手稿（郑文锋藏）

费茶汤，给冬天无衣者送衣御寒，给看不起病的穷人送医送药，给没钱读书的贫寒子弟设义馆就读，给无钱安葬的死者送棺材……这样的爱心义举他从50岁一直到96岁离世前从未有过间断，一生用于慈善的资金超过两万缗，这些钱当然都是由当家的儿子汪泰安支出。汪泰安是位孝子，他年复一年出资给父亲做善事，家中早已捉襟见肘，但他又怕父亲知道家底后扫了兴致，于是一方面拮据万方来满足父亲的善款需求，一方面和妻子商量长久之计。深明大义的妻子变卖了自己的全部陪嫁，得数千缗拿来投资兴业，经多年苦心经营，汪家终于成为当地富室。

有了余钱的汪泰安最关注的是儿孙的教育，为给儿孙营造理想的读书之所，不疏园在设计上巧夺天工，设有六宜亭、勤思楼、松溪书屋、半隐阁等12景，他还斥巨资购书数万卷置于园中。他的儿子汪梧凤中举后不应会试，继续在家攻读经史，看到大儒江永和学术上崭露头角的戴震等人缺书少食，处境都很困难，于是把他们都请到不疏园供以衣食，敬为上宾。

江永，字慎修，徽州婺源人，是清代杰出的经学家和音韵学家。他一生不求功名，蛰居乡里，坚持研学、著述和教授学生。他既博通汉学，又兼重宋代理学，既重考据又善推理，他在治学上博观群籍，广泛搜集资料，以"参互"所得资料为"据证"，从而明辨"古之制度、名物"的是非正误，这就是皖派朴学的基本精神，由黄生开其先路，而江永以之专治经，拓宽了在历算、律吕、音韵、考工、地理等方面探古穷经的新路。

江永执馆不疏园，四方好学之士纷然而来求学，在众多学子当中，

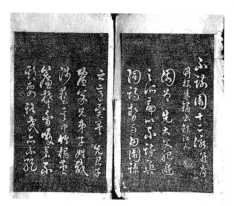

不疏园十二咏（郑文锋藏）

休宁的戴震、郑牧，歙县的汪肇龙、程瑶田、方矩、金榜及不疏园主人汪梧凤最为出名，这就是"江门七子"，他们将江永的学说继承并发扬光大，成为皖派朴学奠基阶段的主要代表人物。

江永馆于不疏园达7年之久，他与七子聚首一堂，有世所未见的图书可供查阅，有"同志旧友"可与参商，还可以在此刻书。师生们在这种优越的治学环境中相互辨疑解惑，订误求真，博览详稽，教学相长，开创了考明古之制度、名物以疏通经义的一代学风，师生的学术造诣在此期间都大步跃升。江永收入《四库全书》的著作14种，大都完成于执馆不疏园之后。戴震在不疏园至少住了3年，这期间，他"与东方日俱起，所读之书，五色灿然。终朝握管校礼经""六经秦汉之书无不读"（汪灼《四先生合传》）。且问业有良师，切磋有好友，使他的经学研究取得长足进步，他的学生、不疏园小主人汪灼说："先生名成于征聘，而学之成源于两馆余家。"

江门七子在学术上各有成就，经学方面，除戴震之外，以程瑶田和金榜为著。程瑶田博学多能，诗文、书法都极有造诣，但他一生用力最勤、成就最大的还在经学。他的《九谷考》，不仅"皆前人所未言"，而且考证方法的缜密也为前人所少见。《通艺录》一编，集中反映了他的学博而思深和治学之严谨，是皖派汉学中的一部重要著作。他的学术功绩在于开拓了一个新的学术领域，即名物训诂的拓新。王国维认为小学之中歙县程氏之于名物"足以上掩前哲"。

金榜18岁入不疏园，师从江永，后考上状元。他邃于经学，从文字学入手，对古书进行详细注疏和诠释。他精通"三礼"，著《礼笺》3卷。

汪肇龙于诸小学书及水经、地志、步算、音韵、名物、器数之学，无不博览涉猎，于"三礼"用功最甚，对字学研究精深。他还擅篆刻，为歙县四大篆刻名家之一。

郑牧和方矩也是当时学界精英，郑牧在宣传江永学术主张方面作了重要贡献,方矩著有《道古堂初刻》,但他们的生平事迹已难详考。

不疏园主人汪梧凤,在皖派朴学兴起和发展过程中起着组织和推动作用,功不可没。他从方朴山、江永读经史,从桐城刘大櫆习辞章之学,著有《松溪文集》《诗学女为》26卷,对律学、地理、人物、典制、音韵、鸟兽虫鱼之属等文献皆考核精审,学问高深,可惜英年早逝。其子汪灼幼从戴震学《说文》,及

汪梧凤《松溪文集》、汪灼《渔村文集》
（不疏园藏版）

长,性耽书史,工诗文,兼擅绘事。著有《渔村文集》8卷、《渔村诗集》22卷。他治经主要在诗和音韵方面。

江永与"江门七子"在不疏园的学术活动,使这里形成一个强大的学术阵营,吸引各地知名学者往来其间,竹树扶疏、亭轩掩映的不疏园留下了郑虎文、朱筠、刘大櫆、邓石如、汪中、黄仲则、戴震、程瑶田、巴慰祖等众多名流的题匾或题诗,一时间学者云集,造访游学不断,不疏园也变成当时长三角地区知名的学术中心。这里频繁的学术交流,多方的思想碰撞,使皖派朴学的思想体系更具开放性,生命力也更加持久。

虽然这处园林只存在了100多年,但它锻造的学术精神没有被摧毁,它携带的学术基因更没有被丢失。战火之后,不疏园的最后一位少年学子从废墟中昂首走出,走向更广阔的世界,终成一代大儒。200多年来,不疏园的汪氏后裔人才辈出,据不完全统计,有进士6人、贡生16人、举人13人、邑郡庠生55人、太学生83人,且大多数兼长于诗词书画。

韬庐后学　薪火相传

不疏园最后的学子叫汪宗沂，字仲伊，号韬庐，是汪泰安的 5 世孙。他生于 1837 年，不疏园被毁时还不到 20 岁。他是西溪汪氏家族的传奇人物，早年于不疏园传承家学，又为邻村槐塘名师程可山的门生，后拜仪征名师刘毓松治汉学，从桐城名师方宗诚治宋学。他是清廷名臣王茂荫的女婿，曾在曾国藩帐下忠义局任职，又于帝师翁同龢门下深造并考中进士，继入李鸿章直隶总督府为幕僚。先后执掌徽州紫阳、芜湖中江、安庆敬敷等书院。

晚年汪宗沂（图片来源：1995 年版《歙县志》）

汪宗沂一生无意于仕途，考中进士签放山西以知县用，他称病未去赴任。他的岳父王茂荫（货币理论家）是马克思《资本论》中言及的唯一的中国人，他的恩师翁同龢是光绪帝的老师，还有他曾服务过的曾国藩、李鸿章等都是朝廷重臣，他却未利用这些关系给自己谋过高官厚禄，一生所爱是做学问和办教育。他这种安贫乐道的性格，应是早年受到恩师程焜（可山）的影响。程可山曾为曾国藩幕僚，很受曾的赏识，曾国藩调任直隶时向他发出邀请，但他婉言谢绝，并告诫学生汪宗沂："食多无厌，老不知止，非中堂培植意也。"老师的进退之道，对汪宗沂无疑产生了潜移默化的影响，这份清流谦逊后被他传给了自己的学生。

汪宗沂受过多位名师栽培，在学术上不拘门户，兼采汉宋，于九流百家之学无不博涉。他一方面传承了发源于不疏园的皖派朴学，又继承了颜元、李塨的实用之学。为经世致用，他遍治群经，尤善治平之略，精研礼乐兵农。他一生编著数十种图书。于礼乐之学，费数十年之功，著成《管乐元音谱》《声谱》《汉魏三调乐府诗谱》《金元十五调南北曲谱》《律谱》《尺谱》《弦宫四十九调谱》。于经学，著有《周易学统》《诗经读本》《今古文辑逸》。此外，在兵家、道家、阴阳家、医术、书法、谱学、诗文、词曲、传奇小说等方面皆有著作，其博学多才于此可见一斑。黄宾虹誉他为近代国学巨子，新编《歙县志》则称他是"江南大儒"。

汪宗沂在李鸿章幕府期间，担纲了《续修庐州府志》百卷的编辑任务，但对于幕僚人生，汪宗沂并不如意，于是辞幕回乡，在西溪不疏园废墟旁边，建了一座精舍以授徒课子，名曰"韬庐"，并以"韬庐老人"自号。

黄宾虹26岁那年，父亲黄定华在金华的生意失败，举家迁回潭渡。当闻知汪宗沂于韬庐开经馆授徒，父亲马上遣黄宾虹前去拜师问业。又是一个"遣"字！我们再次看到这位父亲是多么有眼光，又是多么重视儿子的学业。于是，黄宾虹就成了这位"江南大儒"的学生。在韬庐问学3年，老师"博征群籍，以存已佚之经；集合众说之长，以释未佚之经"[1]的治经大旨给了黄宾虹很大的启示与引导，老师的博学多才更让他汲取

许承尧（1874—1946）
（图片来源：1995年版《歙县志》）

了多方面的学科营养，使之学术造诣日益精深，成为韬庐学子·中的佼佼者。汪宗沂曾自信满满地预言，他的学生中，将来潭渡的黄质（宾虹）和唐模的许际唐（承尧）必成大器。

事实果不出他所料，许承尧（字际唐，别署疑庵）于清光绪三十年（1904年）考中进士，为末代翰林，任翰林院编修兼国史馆协修。他是近

---

① 汪世清：《汪世清艺苑查疑补证散考》下卷，河北教育出版社2009年版，第161页。

代著名的爱国诗人、文献学家、方志学家、诗人、书法家、文物鉴赏家，同时又是收藏大家。他的诗集《疑庵诗》成就甚高，汪辟疆《光宣诗坛点将录》称为"风骨高秀，意境老澹，皖中高手"，钱仲联《论近代诗四十家》谓为"近代皖省之奇杰"。民国初，他历任甘肃省政府秘书长、甘凉道尹、兰州代理道尹、甘肃省政务厅厅长、渭州道尹，收藏了大量的敦煌写经，为敦煌文化的保护也作出了不可磨灭的贡献，其室名有"晋魏隋唐四十卷写经楼"。50岁辞官，旋归故里，倡议重修《歙县志》并被推为总纂。他和团队经过3年广泛搜集和精赅考订，共编16卷，纂成一部资料翔实、内容丰富、特色鲜明的地方志杰作，具有显著的史料价值、学术价值和文献价值，在安徽方志界和海内外徽学界都具有广泛的影响力。在韬庐学子中，除了黄宾虹和许承尧，汪宗沂儿子汪福熙、汪律本也非常出色。在韬庐期间，他们几位课余常一起作诗论画，弹琴习剑，相互情谊堪比手足。黄宾虹与许承尧之间的友情更成为艺林美谈，他们的交往始自同窗，至老弥深，皆因两人在文化担当上心灵高度契合。黄宾虹一生以保存国粹、振兴民族艺术为己任，认为古人真迹乃国家命脉，不遗余力搜藏整理古物，对乡邦文献和家族史料尤为珍爱。许承尧弃仕归里后，眼见大批徽州文化遗珍散佚各处，或将不存，也竭尽所能千寻万访，抢救整理，以期传播于久远。

于是，这两位有同样文化情怀的同窗好友为了文化传承的千秋大业而相互砥砺，相互成就，终成知己。他们后来虽身居两地，但书信往来频繁，信中所及大多是商量旧学，常就金石书画方面的学术问题沟通探讨，有些书信俨然是精彩的学术论文。双方往来更多的是对涉及的乡邦文献及先贤诗文书画，各就所知，互通信息，一俟搜到珍贵诗文史料，一方都会及时传抄给对方，书画藏品亦互通有无。

许承尧以占徽州之地利，帮助黄宾虹搜集并抄录了大量徽州金石书画名家资料和潭渡学者的诗文残章，为黄宾虹在这些方面的深入研究提

供了丰富的史料依据，另外，他收
藏的敦煌写经及其研究成果更丰
富了黄宾虹的见识。同样，黄宾虹
对许承尧事业上的影响和帮助也
弥足珍贵。

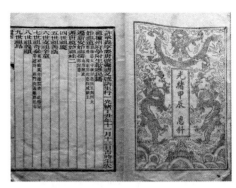

　　黄宾虹于 1909 年正式迁居沪
上，那时正值西学东渐，新旧文化
相互交锋，上海处于各种文化思

清光绪甲辰恩科许承尧会试墨卷一卷
（安徽中国徽州文化博物馆藏）

潮相互碰撞交汇的中心地带，黄宾虹因此得以从更为开阔的视域审视传
统文化的内在价值。他以其远见卓识，建议许承尧修编有关家乡的著论逸
事，以免因世事多变而致史料湮灭，后人想做都做不了。他在给许承尧信
中说："如公能编歙之氏族志及人物志两类，以为大好山水生色，亦一不
朽之业。"①1933 年，许承尧在家乡重修县志过程中，黄宾虹不仅从多种
渠道帮其搜罗史料、提供线索，还对修志工作提出了很多真知灼见，并担
纲"方技""隐逸"两条目的编纂任务。他建议许承尧在收藏徽州先哲书
画之外，有逸闻也当载入自己的笔记中。后来，许承尧将日积月累记下的
一邑之事整理成 31 卷的《歙事闲谭》，内容包罗万象，其中氏族志和人物
志资料占了相当大的分量。

　　《歙事闲谭》是一部令人瞩目的徽州文献著作，对徽歙文化的许多现
象进行了较为全面的整合和展示，为徽学研究提供了一系列重要资料和
线索。其遗稿一直藏于安徽博物院，2001 年才公开出版。付梓之前，书稿
内容就被很多学者抄录传播，现在该书已成为徽学研究者必备的参考书。
书稿中每一条批注都是许承尧好友汪律本费心考证所得，黄宾虹为之付
出的心血则被作者一一记录到相关条目之中，比如在"太函集"条目，作

者说他偶然在上海肆中见到该书书目，因为是孤本，该书已被一无锡人买走，巧在这人是黄宾虹的朋友，黄宾虹获知后专门跑到无锡帮他将此书买回来。至于黄宾虹提供的资料和黄宾虹考证的史实，作者在这本书中多处提及并引用。可以说，这部徽学研究的重要文献也是许承尧和黄宾虹、汪律本之间深厚友谊的见证。《歙事闲谭》原拟用书名为《歙故》，并由黄宾虹题写了书名。该书被誉为徽学研究的开山之作。而"徽学"这一学科概念则是由黄宾虹致许承尧的信中最早提出的："如见书画篆刻之人，能分类录存，亦徽学之关系于国粹者，祈公赞助之。至于经史著述，博大精奥，不易为力，可搜其节""歙学盛时，正以藏弆之富，磋磨者众。"晚年他在致段杖的信中写道："目前董理拙稿为亟，近从至简二种入手，一、歙故，搜辑歙中佚闻不著志乘者，因歙学为中国关系至大"黄宾虹提出的"徽学""歙学"，表达的是同一个意思，从给段杖的信中，我们还看到，他也同许承尧一样一直在做整理歙故的工作，而且他认为徽学研究对中国文化有至关重要的意义。可以说，黄宾虹与许承尧是徽学研究的开路先锋，他们同心协力，不懈董理，为徽学这一学科奠定了坚实的基础。如今，徽学研究如火如荼，方兴未艾，涌现出一大批成果斐然的徽学专家。

汪宗沂十分赏识黄宾虹的才学和人品，还亲手将自己的长孙汪采白交给黄宾虹启蒙。汪采白从 5 岁起师从黄宾虹习"四书五经"并丹青之法，直到 17 岁入县城的崇一学堂。此期间，汪采白之父汪福熙远在天津的北洋大学堂供职，只能通过书信关心儿子学业，汪采白幼时寄给父亲的拜年帖上这样写道："此帖是朴丞命写"（"朴存"为黄宾虹的字），可以说，黄宾虹与汪采白的关系是情同父子。入崇一学堂后，汪采白又与陶行知为同窗好友，陶也成了韬庐的常客。1910 年，汪采白从南京两江师范学堂毕业，先后执教于武昌高等师范学校、北京高等师范学校、南京中央大学并任国画系主任、北平艺专学校教授，还在南京金陵大学中国文化研究所任研究员，为中国近代美术教育事业作出了重要贡献。他还是一位国学功底深厚、文化修养全面的艺术家，在书画创作中，他在以传统青绿法表现黄山方面取得了重大成就，成为新安画派在近代的代表人物。胡适先生为其画集《黄海卧游集》所作的序中，称其"用青绿写他最熟悉的黄山山水，胆大而笔细，有剪裁而无夸张，是中国现代画史上的一种有意义的尝试"。他受老师黄宾虹影响，很早就开始了对新安画派的研究，收集新安画家作品，编辑出版《新安画派》画册，收入 28 位新安代表画家的 32 幅作品。

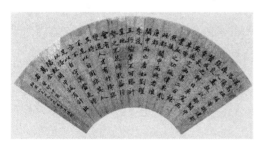

汪福熙书法（郑文锋藏）

黄宾虹致汪宗沂信札（安徽中国
徽州文化博物馆藏）

　　汪采白于黄宾虹终生执弟子礼，师生情谊深厚。1936 年秋，汪采白应邀北上，任北平艺术专科学校国画系教授，并接老师黄宾虹于同校任教，两家住所相距不远，几乎每日相见，汪采白按徽俗称黄宾虹为"先生"，执礼唯谨，一如童稚之时。卢沟桥事变后，汪采白在学生汪世清护送下举家南下，一个多月后回到家乡西溪。而黄宾虹因当时家属正在赴北平途中无法脱身，只好困居孤城。3 年后，汪采白因毒虫叮咬而逝，黄宾虹闻讯悲痛不已，书"云海英光"以表悼念，两年后又发起举办汪采白遗作展，并为其补画未完成之作，齐白石、陈半丁、萧谦中、瞿兑之、周养庵、吴镜汀、王雪涛、吴光宇、马伯逸、汪慎生等名家也各出其佳品相赠，所得画款悉数汇寄采白之父汪福熙以赡其家，这在当代中国艺坛可谓绝无仅有之举，

1937年北平艺术专科学校部分师生合影，前排左三起依次为汪采白、黄宾虹、溥儒

感人至深。

汪采白虽英年早逝，但他从黄宾虹身上传承的求实精神，又被他的学生汪世清于学术上发扬光大。

汪世清是歙县潜口村人，为物理学史研究者，但他治学兼跨自然科学与社会科学两大领域，在徽学和明清艺术史的研究上同样取得重要成就。他也算是黄宾虹的弟子，其文献学研究就是从追随黄宾虹搜集整理徽州文献开始的。1935年，他考入北京师范大学物理系，翌年，他的恩师汪采白和黄宾虹先后来京任教，他自此不断向黄宾虹求教，并成为黄宾虹整理乡邦文献的参与者。汪世清关于画史个案的第一部著述《渐江资料集》，就是在黄宾虹《渐江大师事迹佚闻》基础上发展而成的。汪世清先生在为黄警吾《黄宾虹在徽州》一书所作序言中，深情回忆了他与宾翁的交往，"他这种崇高的精神深深地感染着我，他严谨的治学态度也深深地教育着我。1948年我所写的《程春海先生诗谱》一文，便是在他的直接教诲下写成，又由他推荐给一份报纸的副刊发表的。至今我能在文献学方面做一些工作，都是得益于他的影响，而这些工作基本上也都是在他的工作的基础上进行的"。

　　汪世清是一位非常勤奋踏实的学者，平生所好就是跑图书馆读书抄书，有"京城第一读书人"之雅称。他遗存的美术史著述约200篇，但家中保存的手抄善本书籍及整理辑录的文献史料不下140种，一律恭楷誊录，多的有200多页。这种踏实的作风与黄宾虹颇为相似，黄宾虹一生酷爱读书，手不释卷，晚年在北平时，有一个图书馆所藏的善本书，他不仅全部读了个遍，还用毛笔在裁成大小一致的宣纸上为每部书都写了提要。从汪世清遗存的论著中，我们也能看到他在继承黄宾虹收集、辑录、编帙文献基础上精求考证之学的种种收获。中央美院教授薛永年说，汪先生考证之学，渊源于乾嘉的皖学，从他的《不疏园与皖派汉学》一文中不难概见。他颇为服膺江永、戴震等人"博观群籍，广泛收集资料以参互所得资料为证据，从而明辨古之制度、名物"的求实精神。作为物理学专业的汪世清，他的考证更融入了科学的态度和科学的思维，即科学地进行考证，可谓将皖派朴学"实事求是"的学风发挥到了极致。

　　从黄生到不疏园的江永、戴震，再传至汪宗沂而后黄宾虹、许承尧，及至汪采白、汪世清，我们看到了皖派朴学一脉相承、薪火相传的清晰路径，尽管他们的治学领域各有侧重，但严谨求实的治学精神则是一以贯之的。

国学之魂　风雅一灯

　　中国学术的发展源远流长，我国春秋战国时期，也正是人类文明的轴心时代，产生了一大批思想巨人，古希腊有阿基米德、苏格拉底、柏拉图、亚里士多德等智者，中国有孔子、孟子、老子、庄子、墨子、韩非子等诸子百家代表人物。战国时出现的百家争鸣，促进了我国学术文化的空前

繁荣。

这一时期涌现的诸子百家学术和思想，虽然不是中华文明史最初的"源"，却是早期的"流"，由于这个"流"的波澜壮阔，奠定了中国传统学术、思想和文化的基础。到了两汉，尤其是汉武帝"罢黜百家，独尊儒术"，立儒学五经博士之后，以经学为核心和主体的汉代学术所涉及的基本问题，成为中国传统文化、传统道德中最具代表性的东西，从此确定了中国学术发展的大势，成为后来历代学术研究的主体。①

经学的研究离不开对经书的传授和对经文经义的阐发解释。在汉代，经学研究领域出现了今古文之争，其根源要追溯到秦始皇时期的"焚书坑儒"，由于大批儒家经典著作被毁，儒士被坑杀，儒学受到重创。汉朝建立后，幸存的儒生凭记忆口述儒家经典，并被以当时通用的隶书记录整理成书，后世统称这些书籍为今文经书。同时，汉朝广开献书之路，收集了大量民间秘藏之书入秘府，后来，刘向、刘歆父子在对各种书籍整理过程中，发现了《左传》《毛诗》《古文尚书》《逸礼》等用先秦文字写成的经书，与流行的今文经书内容有明显差别，更接近儒经原意，故称古文经书。

在汉代，研究今文经与古文经的儒生形成了经学两大学派。今文经派斥古文经为伪作，古文经派则斥今文经书很难保证经文的完整性，双方皆认为己派才是经学正统，相互争论不休。今文经学家治学重视经籍中的所谓"微言大义"，主张"通经致用"。古文经学家注重校勘经书，文字训诂，解释名物、典章制度。东汉许慎《说文解字》集古文经学训诂之大成，马融以古文经学的观点遍注群经，其后郑玄以古文经为基础，超越古今家法，兼综诸家，和同今古，对儒家经典全面总结和阐释，使经今古文之争告一段落。

汉代经学主要以文字训诂为治经方法，被称作"汉学"，唐代仍沿袭

① 张国刚、乔治忠等：《中国学术史》，东方出版中心 2006 年版，第 110、119 页。

这一学风，到了宋代，经学家们摆脱汉学束缚，根据自己对儒经的理解，由我注经，阐释义理，这种"六经注我"、注重义理的治经学风被后世称为"宋学"。南宋的朱熹是宋代理学的集大成者，而明代王阳明以致良知标举的心学又扭转了明代理学的学术路向。到明末，理学因空谈义理而落入空疏，明末清初学者于是对传统学术进行反思，由理学向经学回归，兴起"实学"思潮，治学旨趣向考据转移，并形成盛极一时的乾嘉朴学。乾嘉朴学的吴派与皖派传承了古文经学的传统，承吴派与皖派的扬州学派更追求经学与诸子学及史学的融汇，常州学派则是以阐发今文《公羊传》微言大义为主的今文经学派。至道咸以后，今文经学成为主流，并由廖平、康有为而焕发新彩。康有为用今文经学以托古改制，作为其变法维新的理论依据，而也正因他的以学论政，最终使此学入末流。古文经学派的章太炎则以新知附益旧学，大倡"六经皆史"，并以其作为反清排满、民族救亡的理论武器。

近代，伴随着西学的输入，中国传统学术开始向现代学术转型，继往开来者当推王国维，他在学术态度和学术方法上会通中西，提倡学术独立，并身体力行，坚守独立之精神、自由之思想，展现了现代学人的风骨，也开创了中国学术的新境界。进入 20 世纪，由陈独秀、胡适等倡导的新文化运动，在民主和科学的旗帜下，掀起了一股思想解放的潮流，大力倡导学术自由和实事求是学风，为科学理性思维开拓了更大空间，促进了新思想的传播，推动了中国学术的进步。其后，章太炎三大弟子之一的歙县人吴承仕成为接受马克思主义思想并加入

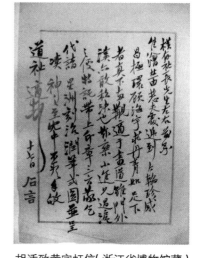

胡适致黄宾虹信（浙江省博物馆藏）

中国共产党的经学大师，他以新思想改造中国大学国学系，以辩证唯物论和历史唯物论观点讲授经学和中国古代历史，是第一位用马克思主义观点整理研究经学的学者，周恩来同志称赞他"重整国学，努力启蒙，足资后学楷模"。

纵观中国学术发展的历史，我们可以看到，自南宋以来，徽州学术的发展一直紧跟时代潮流，甚至很多时候引领了一代学术新风。从宋代理学的朱熹到清代乾嘉朴学的戴震，再到新文化运动的开路先锋胡适，都堪称中国学术史和思想史上里程碑式的人物，他们的业绩足以代表徽州这块土地对中国文化不可估量的贡献。那么，在这样一块深厚的文化沃土上，再生长出一位艺术巨擘黄宾虹，似乎也是水到渠成之事，黄宾虹对中国文化的贡献同样是难以估量的。

国学功底深厚的黄宾虹，其学术背景宽广而多元。在经学方面，少年在金华时期接受的是传统宋明理学的教育，回到故乡后，朴学先驱黄生和朴学集大成者戴震对他的影响无疑是十分深刻的，此外，来自不疏园后学汪宗沂的影响更为直接，汪宗沂学兼汉宋，在传承皖派传统治经手段外，又接受了来自扬州学派刘毓崧的汉学和桐城派方宗诚的宋学，并延至兵学、农学、医学、堪舆等实用之学，以及礼、易、术数等，这些学问对黄宾虹的人生和学术皆有裨益。中国美术学院丁筱博士称，黄宾虹晚年从周易易理、太极图理与画学之间进行技法义理勾连，以及用老庄为画学立法，实可见其对术数的形式表达层面的理解，渊源当来自汪氏。黄宾虹对族祖黄承吉和扬州学派代表人物汪中著作的研读，也使他在学术上与扬州学派有关联。他还通过对族祖黄宗夏学术轨迹的追踪，从颜李学派中汲取了实学的精髓，称颜元"负绝世之学，抱其救时济变之才，志存远大"。又从歙县紫阳、问政两书院学习骈体文，同时对寄籍常州的徽州人洪亮吉的学术产生了兴趣。洪亮吉是清代经学家，精于历史地理学的考证，同时也是近代人口学的先驱和清代八大骈文家之一，注重纵论实事，深虑民生，其学问和人格为黄宾虹所景仰，黄宾虹也收藏了他的书法作品。

在对这些乡贤学术的学习传承之外，黄宾虹又于更广阔的世界开拓视野。他年轻时有多年在南京、杭州、扬州等地游学的经历，这些地区也是当时学术和思想最为活跃之地。在此期间，黄宾虹结识了不同学派的硕儒俊彦，对颜元、李塨的实学以及盛行一时的今文经学都有接触，与杨仁山居士的交往，更开阔了他的学术视野。杨仁山不仅于音韵、历算、天文、舆地及黄老庄子列子之学无不领会，还曾两次随曾纪泽赴英法考求政教生业，至英国考察政治、制造诸学，其于西学的认识别具慧眼，谭嗣同、章太炎都是他的弟子，黄宾虹又与谭嗣同有彻夜长谈，所以西方文化和当时的革新思想对黄宾虹都是有一定影响的。由此可知，在黄宾虹的学术构成中，不仅杂糅了不同学派的传统旧学，也有最前沿的新学，这为他今后在艺术上融合古今、沟通中西打下了坚实的基础。

正如论画主张"广收博取，不宗一家一派"，黄宾虹对待学问也无门户之见，注重吸取各家之长为我所用，但其学问之本走的还是朴学这条路径。有学者认为黄宾虹在辛亥革命之后，更倾向于今文经派尚"微言大义"的主张。但我们似无必要将不同的学术流派孤立甚而割裂起来看待，事实上它们之间都有相互的交融，如皖派朴学大师戴震重考据，但他治学的最终目标还是由训诂以寻义理，学问最终落在哲学思想上，这比今文派末流不重考据而仅以己之需阐发义理甚而附会其说，不是更加符合科学的精神？其实，在不同学派中，只有末流学者才会将此派劣势发挥到极致。善于兼收并蓄的黄宾虹当然不会在学术和思想上自设藩篱，他有济世扶危之志，崇尚经世之用，但他更深知朴学实事求是精神之珍贵，坚信朴学从文字入手考据经义的治学方法是有生命力的，是治学之正轨，因此他的学问也发端于文字学研究，并为此倾一生之力。

　　黄宾虹的文字学研究，也包含着他竭力拯救中国文化的责任担当，"逊清之季，士夫谈新政，办报兴学。余游南京、芜湖，友招襄理安徽公学，又任各校教员。时议废弃中国文字，尝与力争之，由是而专意保存文艺之志愈笃"①。中国文字是承载中华文明的载体，文字消失了，文化也将失魂落魄。黄宾虹由文字之危而思及文化之危，因此选择从拯救中国文字出发以发扬国粹，增强国人的文化自信，唤醒国人的爱国之心。正因存此愿心，他在研究中力求追溯文字的最早源头，由古文字探求中华文明起源的密码，从文字的嬗变之迹追寻中国文化发展演变的轨迹。

　　在文字考证上，他比经学先贤更进一步。先贤因所见古物有限，考据古文字主要依据古代文献如许慎《说文解字》和郑玄对经书的注释。而在黄宾虹所处的时代，考古发现成果丰硕，大量古物出土，如古匋、封泥、龟甲、泉印等所刻古文字，为周秦两汉至乾嘉以前的学者所罕见，近代学者则得以运用这些出土新材料与古文献记载相互印证，来考量古代历史文化，此"二重证据法"的运用，使考据学频现新成果，如王国维与罗振玉合撰的《流沙坠简》。不过，在古文字研究上，王国维及当时众多学者侧重用力于甲骨文、金文、汉简等殷商及其后的文字，黄宾虹则紧盯三代以前的上古文字，他从古印蜡封的肖形画迹，疑其即为三代以前文字，认为在黄帝时代以前久有文字，黄帝史官仓颉"所造之文，多沿伏羲、神农之旧"②。他还认为，龟甲文字在殷商之前已存在。

　　中国是历史悠久的文明古国，从三皇五帝到如今。但在中国古代文献中，对三皇五帝的记述不少带有神话传说色彩，因此我国夏商周以前的历史，直至20世纪末仍受到国内外学术界一些人的怀疑。黄宾虹通过文字这一重要的文明元素考证上古文明，其实也是为中华文明探源所作的

　　① 上海书画出版社、浙江省博物馆编：《黄宾虹文集·杂著编》，上海书画出版社1999年版，第561页。
　　② 上海书画出版社、浙江省博物馆编：《黄宾虹文集·金石编》，上海书画出版社1999年版，第322页。

一份努力。进入 21 世纪，我国实施了"中华文明探源工程"，以现代科技为支撑，采取多学科交叉研究的方式，通过大量历史文献和考古发掘，实证了中华大地 5000 年的灿烂文明，并揭示了中华文明的起源和发展历程，让我们华夏儿女对自己民族的文化有了更加自信的底气。

　　黄宾虹从追溯文字之源，又找到了中国艺术的起源，看到"文字之先，始于象形，则图画兴焉"。书与画是一本同源，图画是文字之余绪，百工之始基。根据书画艺术形成的逻辑，他揭示出"艺之至者，多合乎自然"的真谛。他从古器物的刻印文字和图饰中探求各种笔法之美，由金石以通文字进而通画学。他所走的路径是沿着经学的根系进入文字这条枝干，又出人意料地于文字学上再发一枝，最终竟盛开出一朵绚丽的艺术之花，这何尝不是黄宾虹对传统经学的超越和贡献？

第四章
文献之邦成就的史家巨眼

皖派朴学在治学上最注重考据,而考据的先决条件是有大量可查可考的文献和实物证据。如江永在不疏园期间曾讲学于灵山(现属黄山市徽州区),意外见到了明代朱载堉的《乐律全书》,这部他梦寐以求的著作在他77岁时方得一见,读之"悚然惊,跃然喜",其"一语"之启发令他茅塞顿开,从而助他完成了被收入《四库全书》的重要著作《律吕阐微》,其作书大旨即以朱载堉为宗,对朱的著作进行疏通证明,并补朱书之不足。由此足见文献古籍对学者治学的重要意义。

黄宾虹在学术和艺术上的卓越成就,也得益并起始于对大量文献古物的研究。最值得庆幸的是,他的故乡徽州恰恰就是一个浩瀚的文献文物之海,他20多年畅游其间,凭借海量的文献,在文献学研究领域开疆拓土,一发而不可收。

文物之海　文献之邦

"徽州是文物之海、文献之邦,是没有屋顶的博物馆",这是当今学者对徽州现存巨量文献和文物资源的概叹。从当今上溯100年,这期间经历了多年战火，经历了各种形式的文物毁坏和流失……可以想象，在黄宾虹所处的那个年代，徽州的文献古物该是何等的丰富，而那时也早已不是徽州庋藏最鼎盛时代，而是咸丰兵燹劫后所余。

徽州的文献资源，包括民间藏书、方志、家谱、文人笔记、书信和品类繁多的徽州文书。

号称东南邹鲁的徽州，自古以来民间有购书藏书的传统，儒贾并重之家，藏书更富。如宋代歙县人吴豫建"延芬楼"藏书万卷，明代郑侠如"丛桂堂"多珍本藏书，明末思想家、学者黄宗羲曾临其堂查抄稀有书籍；清代西溪不疏园、潭渡黄山楼、棠樾安素轩皆是藏书万卷的徽州收藏富室。侨寓外地的徽州人藏书之富更是无与伦比，寓居淮安的程晋芳藏书 5 万卷，邀吴敬梓在家观书数月。清乾隆三十七年（1772 年），朝廷开四库馆诏征天下藏书，当时全国献书超过 500 种的"四大家"中就有 3 位是徽州人，寓居扬州的祁门人马曰琯"小玲珑山馆"后人献书 776 种，为全国之冠；另有寓居浙江桐乡的歙县人鲍廷博"知不足斋"献书 600 余种，寓居杭州的歙县人汪启淑"开万楼"献书 600 余种。

据王世华主编的《徽学概论》介绍，徽州迄今有名可考的府县乡镇志计 119 种（其中佚志 44 种，存志 75 种），若加上山水、古迹、书院、物产、人物、艺文（文献）、金石等各类专志，徽州志书数量蔚为大观。从现有书目所记载收录到的信息，馆藏的明清徽州家谱共有 1928 部，加之散于民间的大量收藏和许多收藏单位未加整理的家谱，其数量更为可观。安徽大学王开队教授称，徽州族谱与徽州其他文献一起构成了传统中国中后期一个极为丰富、系统、完整的地域史料体系，其彼此印证性极强。另外，徽州文人的著作文集，仅道光《徽州府志·艺文志》收录自唐至清道光年间徽人著作 3332 种 7 万余卷。另胡益民编著的《徽州文献综录》收录了从唐宋至清末徽州籍人士及与徽州有关的作者近 6000 人，著作 15000

余种。

　　最值得一提的是徽州文书，它是徽州人在其具体的社会生产生活与交往过程中为各自切身利益形成的原始凭据、字据、记录，是徽州社会、文化发展以及生产、劳动、社会交往、风俗习惯、宗教信仰等状况的最真实反映。20世纪50年代大规模被发现的有近10万件，后又有大量发掘并被收藏于国内外各博物馆、档案馆、图书馆以及私人住所。据估计，目前徽州文书遗存数量在100万件以上，举凡交易文契、合同文书、承继分书、产业簿册、私家账簿、官府册籍、政令公文、诉讼文案、会簿会书、乡规民约、日用类书、民俗歌谣、村落文书、尺牍书札等类型不一而足，其数量之多、研究价值之大，当之无愧为20世纪我国发现的民间文书之典型者和代表者，曾被誉为继甲骨文、汉晋简帛、敦煌文书、明清档案发现之后中国历史文化上的第五大发现，在学术界和文化界有极大影响。2024年5月，"徽州文书——徽州千年宗姓档案"入选世界记忆亚太地区名录。

　　徽州的文物资源包括徽州碑刻和地面物质文化遗存。徽州现存田野遗存和博物馆收藏的各类碑刻有1000余通（处），现有文化遗存中，古村

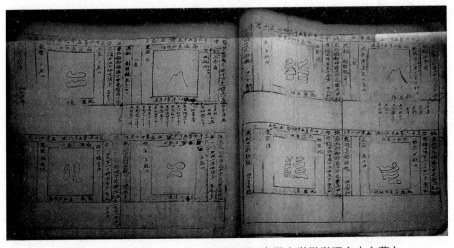

徽州文书（明万历年间休宁县鱼鳞图册，安徽大学徽学研究中心藏）

落 1000 余处，古民居 6000 余幢，古祠堂 300 余座，古牌坊 137 座，古戏台 25 处，古桥 1276 座，古书院、书屋、考棚、文昌阁和文庙等 130 余处，古塔 17 座，古亭阁 100 余处。[①] 其中世界文化遗产有黄山风景区和皖南古村落西递、宏村，全国重点文物保护单位有近 60 处。

这些浩如烟海的文献和文物资源，都有极其丰富的文化内涵，学术价值弥足珍贵。除此之外，徽州还有大量的非物质文化遗产，它们也是有助于学术研究的重要资源。截至 2020 年，徽州地域内入选四批国家级非物质文化遗产名录的项目涉及 7 大类，共计 20 项。据 2007 年开始的黄山市第一次非物质文化遗产普查，汇编记录了 14 大类 1305 个项目的非物质文化遗产项目，这个普查数据仅统计黄山市三区四县，并不包括原属古徽州的江西婺源县和安徽宣城市的绩溪县。[②]

徽州如此丰富的民间文献和古物，尤其是时跨千年的徽州文书，是研究中国历史文化珍贵的资料。主编《徽州民间珍稀文献集成》30 册的王振忠教授在《徽州文书的世界》一文中说，徽州文书是迄今所知南宋以来所有地域文书中学术质量最高的一类文书，为人们开启了明清以来中国史研究中的许多新课题，使得以往让人心余力绌的诸多领域，一时间平添了不少内容翔实且生动的新史料。王振忠又强调，最早认识到徽州民间文献重要性的是画家黄宾虹。

黄宾虹在故乡期间就致力于乡邦文献的搜集，对潭渡黄氏宗族文献寻访尤为勤力。清代乾隆年间，潭渡在扬州业盐的"四元宝"之一黄履昃捐银 10600 两，在歙县东乡梅渡滩和西乡莘墟等处置义田 880 余亩，以每年所收田租周济族中鳏寡孤独等"四穷"，另捐银 450 两在潭渡村置仁德义仓一所，以为出纳之处。义田租簿账目由族中推举专人管理，后在咸丰

---

① 王世华主编：《徽学概论》，安徽人民出版社 2020 年版，第 126 页。
② 王世华主编：《徽学概论》，安徽人民出版社 2020 年版，第 140 页。

战乱期间，管事族人避难时死在外地，义田文书全部散失，以致田产或被占或荒芜。黄宾虹因父去世读礼家居，期间，他遍询义田故实，四处搜访义田档案，将义田图、案卷、租簿、租批、各业主田数、佃户田亩等文书都搜集齐全，并撰写《仁德庄义田旧闻》一文，将义田前尘往事和文书情况作了详尽的记录，为义田建立了一份完备的档案，凭着这些证据，潭渡宗族义田权益得到了保障。

"睹乔木而思故家，考文献而爱旧邦。"乡邦文献是故乡的魂，黄宾虹在搜访家族文献和研究邑中贤哲事迹过程中，越来越意识到民间文献的多重价值。在他看来，搜集整理乡邦文献是刻不容缓之事，他在给同乡亲友许承尧、王任之、过旭初、汪聪、鲍君白、曹一尘、曹熙宇、黄昂青、郑初民、郑韶九等的信件中，都一而再地流露出他对此事的迫切之情。这些信件透露了这样的信息：

1. 黄宾虹一再强调宣歙文献卓绝寰宇，而且国外学者藏家早已意识到其价值，都在大肆收购，希望诸友拢集同志尤其是有志于此的青年加紧搜集整理。

2. 黄宾虹提出了在家乡建博物馆、文物展览馆的构想，所以他强调除志乘笔记诗文等文献及书画外，也要着意收集破旧茶担、杯盂、椅垫等文物。

3. 黄宾虹自己毕生都在竭尽全力搜集编撰乡邦故实，尤其重视搜辑徽州先哲诗文逸事，并不断向同乡好友征集相关资料。

4. 黄宾虹借力他任职的沪上出版单位，使一批乡邦文献著述得以刊行，如他主编的《美术丛书》，就收入了潭渡黄崇惺的《草心楼读画集》等乡邦文献。

5. 黄宾虹经常将他收集到的珍贵资料和文献目录抄寄好友，尤其与许承尧经常互抄互借所得珍稀文献。

6. 黄宾虹与许承尧相约同编《歙故》，许氏所集在其逝后以《歙事闲谭》书名出版，而黄宾虹所收集的元明清真迹及见闻所录，内容亦十分丰富，他最大的心愿就是将之整理付刊，却苦于抄工和刻印费用太高昂。他也请求友人与之合作完成此事，但终未能如愿。晚年他在与郑初民的信中谈及此事，仍"未尝一日去诸怀也"。

7. 黄宾虹一生淡泊名利，在他眼里，办个人画展、出版个人画册都不如刊印他编撰的文献著述重要。他80岁时，傅雷等好友主动为他办个展、出画册。他写信告诉傅雷，印画册"虽于私人可扩张浮名，不值识者一笑耳"。他认为，如果他的画有知音，自可保存下来，所以不想耗人资财作此无谓之事。而他心心念念则在传古，要让数百年来不见经传的珍贵史料不致湮灭，所以在他看来，印行著述更有价值。为刊印著述，他常以卖画所得投入其中，有时还忍痛卖掉自己收藏的古画古印以筹资。

黄宾虹对乡邦文献的热爱，其中也饱含了对黄氏先贤的景仰之情。潭渡黄氏文献始终是他搜集的重要方面，只要有相关线索，他都紧追不舍，他的好友得到有关文献，也都会寄予他抄录或刊印，如黄衡皋的《碧云秋露词》，黄莲坡《乡音集证》，黄崇惺《府志辨证》，黄生《唐诗刻选》《诗麈》以及黄桐谷自撰序，都是许承尧得到后抄送给他的。他搜集的黄氏资料包括宗族族谱、先德日记、先贤逸事、诗文著作抄本刻本数种及潭渡书画家作品，还有与宗族有关的文书档案等。黄宾虹收集这些文献，拟为赓续修谱系，虽然最后未能落实，但他所整理的这些资料为后人修谱提供了丰富的史料来源。2022年，潭渡黄氏38世春晖堂裔孙黄映泉主编的《歙县潭渡黄氏族谱》刊印，该谱在雍正版《潭渡黄氏族

黄映泉主编的《歙县潭渡黄氏族谱》

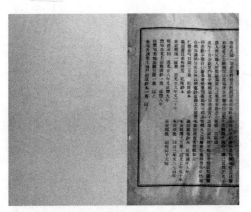

黄宾虹《丰堨垦复仁德庄义田始末》附载的文书目录（郑文锋提供）

谱》基础上增加了更多丰富史实，整理录入了240多位黄氏先贤和当代人物简介，为研究潭渡黄氏家族提供了较为全面的史迹。黄映泉先生表示，如果没有黄宾虹整理的黄氏先德资料和村居资料，很多先贤行迹难以追踪，尤其是雍正以后的内容很多方面可能都是空白，族谱续修工作也就根本无法完成，黄宾虹对这一族谱的续修功不可没。

黄宾虹不遗余力董理乡邦文献，更善于利用文献进行多领域的学术研究。他运用文献学方法所进行的学术研究，使其富于创见的学术观点论证有力，令人折服。如他从考证古文字的演化来证实书画同源、阐发笔墨精神，从清代金石考据学之崛起以证道咸画学中兴，从对中国美术的探源中寻找中国传统文化复兴的突破口。他睿智的识见和文化自信在当时那种全盘否定传统文化的声浪中不仅是一注清醒剂，对今天的美术史研究也有很高的借鉴价值，而他从文献学中衍生出的诸多学术课题，最初都是从徽学入手的。他从搜集考订徽州历史文献、艺术史料、玺印古物生发出对金石古文字及画学的研究，由对徽州地域画派的研究延伸至对中国美术史的研究。与此同时，徽州境内丰富的宝藏更为他在治印、书画创作、鉴藏等方面打下了深厚的底子，他离开故乡初入上海滩时，就是以治印藏印和古画鉴藏蜚声沪上。1907年他因革命党"罪名"逃亡沪上投奔国学保存会，就随身带着古书画、自钤印谱和文稿。当时，加入国学保存会有个附加条件：或乐助经费，或捐古今书品，或赠本人新著。黄宾虹捐了董小池画兰一帧，黄贞父墨遗迹一幅，并将自著《叙摹印》一稿交由邓实发表于《国粹学报》。

<h2 style="text-align:center">蓄物求知　为国收藏</h2>

黄宾虹酷爱收藏，凡是与他学术艺术相关的古物文献，他都不遗余力搜罗收藏，这也反映出他蓄物是为了求知。这种收藏理念与他做学问重实物和重史料考据的作风是高度一致的，带有浓厚的徽派朴学治学遗风。

作为画学大师的黄宾虹，特别强调名家真迹对于研究和创作的重要性，他毕生都热衷于书画收藏。他认为："宋元名家真迹，平时最宜多见，能收藏更佳。或临摹既多，心得有说不出之妙，在心领神会中，深者见深，浅者见浅。""鄙人生平留心古书画，凡名家无不参究，于大家力虽不能致，虽典质衣履而购之。"①

遍览名家真迹，说起来容易，做起来却要靠机缘巧合，而黄宾虹恰恰就能遇此好机缘，首先他的故乡徽州就是一个书画艺术藏品的宝库！

得益于富甲天下的徽商对文化艺术事业的偏爱，徽州在明清之际文化鼎盛，收藏之富名闻天下。在当时的徽州，商人、画家、官绅、平民等社会各个阶层人士都有收藏书画之雅好。"堂前无字画，不是旧人家。"直到今天，喜藏书画仍是徽州人家最具标识性的文化气质。

徽州鉴藏之风盛行，始于明代隆庆年间任兵部左侍郎的明代文学家汪道昆。汪道昆，字伯玉，号南溟，又号太函，歙县松明山村（今属黄山市徽州区西溪南镇）人，出身于徽商家庭。他不仅是一位叱咤风云的儒将，同时又是诗人、文学家、剧作家，与"后七子"之一王世贞齐名，有"南北两司马"之美誉，所著有《大雅堂乐府》杂剧 4 种，诗文集有《太函集》《南

---

① 上海书画出版社、浙江省博物馆编：《黄宾虹文集·书信编》，上海书画出版社 1999 年版，第 16 页。

汪道昆撰《大雅堂杂剧》（明万历大雅堂刻本，虬村刻工黄应瑞镌刻，国家图书馆藏）

溪副墨》《太函遗书》《春秋左传节文》等。汪道昆还以其显赫的声名推动徽州文学艺术与全国的融合，促进了徽州文学艺术的兴盛。他发起创立新安诗派，结丰干社、白榆社、肇林社，招邀本地区名士与全国各地名流如龙膺、屠隆、戚继光等入社，开展社团活动。在这些诗友中，不少人都好收藏，汪道昆及其弟汪道贯、从弟汪道会首开新安收藏之风，据徽州书画家詹景凤记载，汪家藏有无款细绢画《赵千里文皇幸蜀图》、赵承旨《夏木垂荫图》、宋仲温草书一卷、阎立本《扫象图》、李成山水画一幅，由此可以看出汪氏收藏品位之高。

丰干社的成员吴虎臣既是一位才华横溢的诗人，也是一位收藏名家，常携巨资豪游江淮、吴楚间，收藏彝鼎书画。吴虎臣是西溪南村人，西溪南吴氏又是徽州最著名的收藏巨族，继吴虎臣之后的收藏家还有吴希元、吴廷、吴治、吴新宇、吴康虞及其子吴士谔。据明清之际的古董商吴其贞在《书画记》中记载，他 1639 年曾到西溪南借观吴氏收藏，他如走马观花一般一家家一件件浏览，一连看了 12 天都应接不暇，而那时吴氏的藏物已有十分之六都流散在外了，可想而知其盛时之况。仅吴其贞在《书画记》中记下的吴氏所藏元代以前书画名迹就有 60 余件。此外，徽州的收藏大家还有丛睦坊汪氏、休宁朱氏、居安黄氏、榆村程氏，所得皆为海内名器。

西溪南最负盛名的收藏家当属余清斋主人吴廷。吴廷谱名国廷，字用卿，号江村，他博学好古，精于书画收藏。清廷大内所藏书画中的佳作，很多曾是他的旧藏，乾隆皇帝珍藏于"三希堂"的 3 件稀世之宝——王羲

明代收藏家吴廷画像（安徽
博物院藏）

西溪南吴廷的余清斋老宅

之的《快雪时晴帖》、王献之的《中秋帖》和王珣的《伯远帖》都钤有他的
鉴藏印识。

　　吴廷为人豪爽，喜以书画会友，因此士大夫从之游者甚众，当时的很
多文化名人都因收藏和鉴赏书画的共同爱好与他结为好友。其中，著名书
画家董其昌与吴廷关系至为密切，吴家的"余清斋"即由董其昌亲笔题写。
据汪世清先生推断，董吴二人的相交来往或始于1590年在京城之时。此
后数十年，每次相见，吴廷必拿出书画名品与董其昌共同鉴赏，而且有些
还长期置于董其昌手边供他临
摹，如《唐虞世南临兰亭帖》就
在董其昌处留存了21年才回到
吴廷手中。《米元章评纸帖》也
被董其昌借去临写了一个多月。

董其昌题"余清斋"

可以说，吴廷丰富的书画收藏，长期并不断地提供给董其昌观赏临摹，为董其昌在艺术上达到更高境界提供了重要的支撑。

吴廷为了让自己收藏的稀世墨宝能广为流传并留存后世，他请董其昌及董的同道好友陈继儒住到"余清斋"，并延请歙县著名书画家杨明时共聚一堂，一起对其所藏珍贵书法名迹进行鉴评审定题跋，再由杨明时铁笔双勾上石，汇刻成《余清斋法帖》。该帖汇刻了晋、隋、唐、宋著名书家名迹26种，其中多有王羲之、王献之未刻于他帖的名迹。

《余清斋法帖》刻成后，深受业内人士称赏，晚清金石学家、书法家杨守敬将此帖拓本带到日本，受到日本书道界广泛推崇。该帖原石后被岩寺鲍蔚文收藏，黄宾虹也非常关注其命运，他在给许承尧信中专门提醒道："余清斋石刻，近闻尚在邑中。此等须加意，不可令其流于域外。"他在鉴定故宫书画时，看到吴廷旧藏王羲之《快雪时晴帖》真迹，上有多人题跋，他皆逐字抄出，并称故宫书画多有吴廷旧藏，藏印可辨。

与《余清斋法帖》齐名的还有西溪南莘墟收藏家吴桢所刻《清鉴堂帖》，黄宾虹称此帖也皆经董其昌鉴定，陈继儒定评跋其目，且较《余清斋帖》为多，勾摹亦精。此二帖原石今皆藏歙县博物馆。

黄宾虹在《渐江大师事迹佚闻》之四"画迹附目"中说："华亭董玄宰（董其昌）、陈仲醇（陈继儒），先后来黄山，于是相与交游之侣，如歙吴用卿廷、吴周生祯诸家，皆出古法书名画，共相摩挲。宣歙旧族收藏宋元明画，既精且富，而购置元四家之画，价增倍蓰。王弇州《觚不觚录》云：'三十年来，元画价昂，大抵吴人滥觞，而徽人导之。'正谓此也。歙之丰溪吴氏搜罗倪画，当时最盛。"王振忠教授援引汪世清先生的论述时评论道：徽商丰富的收藏对于江南文人艺术创作产生了积极影响，另一方面，董其昌等江南文人与徽商的交往，也极大地提高了徽州人鉴藏水准。由于徽州人席丰履厚，独具慧眼，赏鉴精到，以至于整个社会的审美旨趣都发生了根本性的变化，迄至明中叶，在东南文化市场上，新安商人俨然成了操执牛耳的盟主。王世贞所称的"吴人滥觞，徽人导之"正是反映了这一时期鉴藏时尚嬗变的特点。

比之徽州那些收藏巨室，黄宾虹祖居的潭渡只是沧海一粟，但收藏的宝物也蔚为可观。据同治时期潭渡籍翰林黄崇惺回忆，他少年时登上家中的藏书楼，只见层层叠叠的木箱中有一只箱盖打开了，他顺手抽出一轴，竟是元代柯九思的《月赋》小楷。另一房间角落躺着一卷轴，打开一看是赵孟頫的《西园雅集图记》。后来，太平军与清军在徽州境内交战多年，徽州各名门望族所藏大部分散佚或毁于战火，黄崇惺再也没机会看到曾经的藏书楼那些木箱里究竟藏有多少名迹，但他凭记忆写了一册《草心楼读画记》，记载了他所见过的祖上和族人曾经收藏过的墨宝，多为唐宋元明名家之作，其中有王羲之《兰亭序》颍上本，王献之《保姆帖》，唐代画圣吴道子的《孔子先圣像》，"元四家"之一黄公望的《富春山水图》，北宋张择端的《清明上河图》，李公麟的《十八罗汉图》，宋代院画《牧猪图》，明代宫廷画家商喜的《西园雅集图》，"明四家"之一仇英的《岁寒书屋》长卷、《九歌图》和《美人弹琴图》，陈洪绶的《陶渊明簪菊图》，此外还有苏东坡、黄庭坚、赵伯驹、高克恭、王蒙、董其昌、石涛、渐江等众多名迹。

另外，与潭渡黄家交谊深厚的画家如"明四家"之一的沈周，因惹上官司来徽州避难，得到了潭渡黄氏燕翼堂主人的热情接待。临走时，沈周为主人家画了松、柏、桐、椿各四大幅及一幅《五松图》以表达感激之情，并留下了"交人须重德"之句。另外，浙派开山鼻祖戴文进为黄家的春晖堂绘制了中堂画《春晖堂图》，黄家每年祠祭都要拿出来挂于堂上。

据黄崇惺回忆，在他少年时代，村里人论书画，必宋元作品才值得辩其真伪优劣，明清作品则比比皆是，近世名家如金冬心、郑板桥的作品在

中等人家只作补壁之用。黄崇惺去世后，他的一些藏品由黄宾虹收藏。

黄宾虹第一次回到祖籍潭渡已是咸丰兵乱之后，唐宋元名迹大多流失，倒是徽州藏家以前不太看重的明清作品还很多见。黄宾虹在自述中说："时当难后，故家旧族，古物犹有存者，因得见古人真迹，为多佳品，有董玄宰、查二瞻画，尤爱之……"从 15 岁第二次回故乡起，黄宾虹就开始遍访书画真迹，迁居徽州后，更是潜心寻访收集，他的收入所得除基本生活之外都用于购藏金石书画。有一次，他在虬村一藏家见到石涛的《黄山图》，想借回家临摹，主人未允，他当晚入睡后竟清晰地梦到这幅画，早晨一醒来就伸纸默出石涛像及《黄山图》。

黄宾虹在徽州 20 多年究竟见识过多少真迹虽无法求证，但从其对书画的痴迷和执着可以想见，只要能搜访到的他都会设法一睹。20 世纪 50 年代初，潭渡春晖堂人黄舜南将其保管的黄氏古籍书画藏品 178 件捐赠国家，有米芾、米友仁、郑板桥、戴进、朱彝尊、陈崇光等名家书画作品。

黄宾虹居徽州期间，还有多次赴南京、扬州、杭州游学和谋生的经历，结交了很多硕儒贤士，得观各家所藏。

扬州可谓徽州盐商的大本营，明清时期，富可敌国的盐商巨贾凭雄厚资本和深厚艺术修养投身书画鉴藏，扬州因此成为书画创作和交易最为活跃的地区之一。1887 年，黄宾虹通过姻戚何芷舠、程尚斋的帮忙，在两淮盐运使署谋了个文书之职，其间将两家收藏的古今卷轴全部尽情观览。

何芷舠是扬州何园主人，曾任湖北汉黄德道台，与其前任黄昌辅是儿女亲家。而黄昌辅是黄宾虹的族兄（黄昌辅工诗善画，曾延请何绍基、郑珊于其署共同切磋书画，黄宾虹后来也通过这层关系到安庆拜访了老画家郑珊，得"实处易，虚处难"六字诀，为他日后重新整合传统画学提供了宝贵的切入点）。曾任两淮盐运使的程尚斋则是黄宾虹老师汪宗沂的从姑丈，所以黄宾虹在扬州受到了两家热情接待，并寓居何园骑马楼东一楼。

何园藏有大量古代名画，其中不少是宋元名家之作，黄宾虹因此得以遍览并临摹。在此后半个多世纪，黄宾虹与何园4代人都结下了书画情缘。1925年，黄宾虹为何芷舠之孙何适斋订立书例；1927年，他将自己临摹的仿古山水画册中的14幅送给何适斋；1935年，又为何适斋长女何怡如的书画纪念册题字；1941年，为何怡如代订山水润例；1948年，他与同仁在上海中国画苑为何适斋、何怡如父女举办书画展。①后来，何园专辟的"芷虹斋"记录了这段"烟霞结癖襟期古，云水论交遇合奇"的佳话，"芷虹斋"3字正是从何芷舠、黄宾虹和何适斋名字中各取一字组成。黄宾虹晚年所作题画诗中还写道，"堂上娟娟竹，悠然见淡游；南风时隐几，不复扬州梦"，对何园充满了留恋之情。当时为盐政改革之后，破产的盐商子弟纷纷变卖家藏，而且不识好歹任意贱卖，黄宾虹乘此机会廉价收购了数百幅元明真迹。当时的扬州，专门以书画创作为职业的有700多人，黄宾虹于此遍访时贤之作，收获颇丰。

从1907年始，黄宾虹寓居沪上30年，这一时期的上海为国内最繁华的大都会，文化艺术活动极为活跃，各地宝物荟萃，书画展示交易火爆。黄宾虹在这个风云际会的时代，积极投身多个艺术社团和活动，过眼历代名迹远胜以往，在沪上鉴藏界声誉日隆，很多藏家包括一些欧美日学者和画商都愿将所购古画请他品鉴。卢沟桥事变后被困北平10年，他蜗居陋巷闭门不出，但据其弟子石谷风回忆，先生家中不断有琉璃厂、书画店和古玩店的人带着书画古玩和古籍版本请他鉴定，凡经他评定者，他们便心中有底，好待价而沽。因此，深居简出的黄宾虹对北平书画市场的面貌也是了如指掌。

---

① 杜海：《何园》，南京大学出版社2002年版，第122—124页。

《美术丛书》（郑文锋藏）

为了收藏宝爱之物，黄宾虹一生节衣缩食，并不惜典衣以求。但他并不把蓄物视同于积财，对身外之物的得失非常达观。他一生颠沛流离，有多次藏品被盗或因各种缘故流失的经历。1922年，他护之如头目的数十纽古印绝品在上海的家中被劫，这对嗜印如命的他来说无异于剜心之痛。被困北平的10年中，他也多次遭遇古画被劫被盗，损失古今书画数百件，而赴京前寄存于上海的物品也都被盗走，其中包括他数十年的写生稿和70大寿的纪念册。1948年从北平南迁杭州，因转运困难，四分之三的藏书只得遗弃。转运途中，又有大半书籍器物散失不全或被人调包。对于这些不幸遭遇，他淡然处之，认为："身外之物，有无得失，皆宜度外置之，由个人有益分益他人。""得失本不足萦怀，寓物适志可耳。"

正是这种豁达的心态，使他淡泊名利，自言"世间名与利皆足以害人，乐天知命，能不槁饿即足矣"。在他眼中，古人留下的文化遗产是国家的命脉，能够提振民族精神，如果将之看作古董以值不值钱而论就太狭隘了，以市场成交价格高低来衡量藏品优劣，那就更不对劲了。

保存文化遗产，才能让5000年中华文脉延续，黄宾虹对收藏的热衷，映照出他内心那份文化人的使命担当。

当年八国联军侵占北京，将清宫内府大批文物珍宝劫掠海外，后来在巴黎、伦敦各博物馆中陈列后，中华艺术的魅力从此震惊了西方，于是又有大批洋人挟巨资来华大肆搜罗文物。一些家道破落的富家子弟纷纷将祖上庋藏文物出手，这些文物大都流入出得起高价的洋人之手。眼看着大批古物被海舶捆载以去而国人仍"酣歌恒舞，无有顾此者"，黄宾虹心里

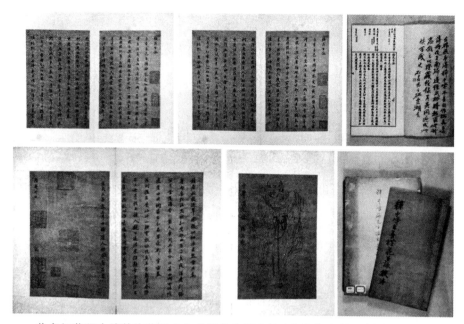

黄宾虹藏释中峰款梅花百咏自书册并余绍宋校本(现藏于浙江省博物馆, 图片来源: 陆易《无尽藏: 黄宾虹的鉴藏》)

十分着急, 他和一些有识之士为保存国粹大声疾呼, 并广搜博采历代文献典籍, 与邓实等人编辑出版《美术丛书》160 册, 为中华文化宝库保存下了极为珍贵的艺术史料。

　　黄宾虹对自己费尽心力得到的宝物, 不是秘不示人, 而是认为"宇内古物, 正当共乐也", 常邀友人一起观赏研究。对慕名登门观画的访客, 他从不惮烦, 但必先问明对方欲观赏之流派, 然后出示古画, 并耐心给来人讲解画理。他说: "来客要看四王一派的画, 如果拿董、巨的作品, 可能不合对方脾胃; 反之也是同一道理。否则来客要怀疑我拿不出珍品来, 或者认为是搪塞他们。"由此可见黄宾虹待人之真诚, 也从一个侧面反映出他收藏之富。据夏承焘先生《天风阁学词日记》记载, 1948 年, 黄宾虹在杭州艺术专科学校画廊展出所藏古今名画 40 件并亲临会场讲解, 有小李将军(李昭道) 山水, 赵松雪(孟頫)、罗两峰(聘)、朱白民山水花卉, 又

有隋大业间一沙门纸画神像，皆极名贵。黄宾虹 1953 年给陈叔通的信中也说："敝藏金石字画书籍，自三代秦汉六朝唐宋元明清，中有精品，如元中峰大师百首梅花诗真迹、张叔未藏赵子昂苕溪渔隐自写照、吴用卿旧藏明金俊明诸名人梅册。"

对于古物藏品的归宿，黄宾虹认为不必据为己有，他看重的是物得其所。1935 年，上海博物馆落成，黄宾虹在捐赠了自己的藏品后写信给好友许承尧，希望有机会助力他在家乡也兴办一座以徽州文化为主题的文物馆，并提醒他留心家乡旧物的收集，为将来建博物馆提前做准备。虽然建博物馆的美好愿望在黄宾虹和许承尧生前没能实现，但这对好友的临终遗愿却不约而同指向博物馆。1946 年，73 岁的许承尧逝于老家歙县，其所有藏品和手稿后由家属捐献国家，现藏安徽博物院，其中古籍 14500 余册，字画古玩 910 件。1955 年 3 月 25 日，92 岁的黄宾虹病逝于杭州，家属遵照他的遗愿，将他所藏一万多件文物悉数捐献给国家，由浙江省博物馆保存。其中包括古今书画千余件、古印近 900 方、铜、玉、瓷等文物近500 件、碑帖藏书约 2000 种、手稿 1 木箱，同时捐出的还有他生前自作书画作品 5000 余件，这是国内迄今为止数量最大、最完整的捐赠。

史家巨眼　鉴古识今

真正的藏家须纵览古今才有真见识，就古代书画而言，历经沧海桑田，存世之真迹日渐稀少。1983 年，由 7 位顶级专家组成的中国古代书画鉴定组，历时 8 年，行程数万里，对中国古代书画在各地收藏情形进行考查并作系统鉴定，总共鉴定的藏品是 8 万余件。而在此 40 多年前，黄宾虹对女弟子朱砚英如是说："拙画经数十年之研究，所见真迹不下十万余。"

十万之数在黄宾虹 90 余年的人生中，平均每天 3 幅，多的时候如他自己
所说"近十年见古画不啻数万轴"，意味着他平均每天可目浴古画 10 幅。
能如此奢侈地亲近真迹，在历代收藏家中实为罕见。

　　广博的见识、深厚的学养，加之书画创作功底，修炼了黄宾虹鉴赏的
眼力。20 世纪初，黄宾虹在金石书画鉴赏方面就有相当高的知名度。1909
年，他主持《神州国光集》的编务，这是国内第一个专门出版古代书画、
碑帖、金石等图像的专业期刊，运用当时世界先进的摄影、印刷技术传播
介绍中国传统金石书画珍品，黄宾虹对征集来的古书画进行鉴定把关，确
保收入期刊的古书画皆以原本真迹摄影。对于黄宾虹的眼力，在 1929 年
神州国光社创建 25 周年纪念会上，美术史家俞剑华先生这样评价："宾
虹先生道德文章，久为人所敬仰，而对于艺术研究之精深，一时无两，收
藏既富，鉴别又精。"① 上海美术专科学校校长刘海粟在致辞中推介道："黄
先生善鉴别，所印诸书画，吾人当可放心，不致有赝鼎杂于其间。"② 这是
黄宾虹鉴定的作品历经时光过滤后得到的业内认可，亦可见他在上海鉴
藏界享有的显赫声名。

　　当年，黄宾虹的鉴画功夫还被很多在沪的西方收藏家所津津乐道。有
一次，他被友人宣古愚邀去俱乐部参观西方人私家收藏的中国书画，其中
有一宋代画册，题跋装潢犹是 500 年前之旧貌，收藏精美，藏家视为至宝。
画册中 5 位画家皆画史有名，唯有一画者之款遍查无考，现场邀请了很多
中外学者及鉴藏家一一观览研究，众人看来看去都眉头紧锁，说不出所以
然来。黄宾虹看了一眼便对宣古愚耳语道：此必梁楷之款！在场的张渔山
牧师听到后即公开了黄宾虹的答案，人们当即检海内外影印画册对之，果
然如他所言。这段艺林佳话在沪上鉴藏界广为传播，黄宾虹的学识深得中

① 王中秀主编：《黄宾虹年谱长编》上卷，荣宝斋出版社 2021 年版，第 497 页。
② 王中秀主编：《黄宾虹年谱长编》上卷，荣宝斋出版社 2021 年版，第 498 页。

外藏家敬仰，不少研究中国艺术的西方学者和书画商、收藏家主动与他结交。黄宾虹在与他们一起探讨交流中，对西方艺术也有更深切的认识。

由于黄宾虹在鉴藏界的知名度，1924 年，他被江苏省第一届美术展览会聘为中国画部审查员，1928 年、1937 年又分别被推为第一届和第二届全国美术展览会审查委员，1929 年担任中日现代绘画展览会鉴别委员。1931 年安徽特大水灾，旅沪安徽水灾救济会筹商古今书画赈灾，黄宾虹被公推为古代书画鉴定委员，个人捐出书画 40 件。1932 年黄宾虹受聘入川任教，蜀中收藏家闻讯，登门请求鉴定书画古物者络绎不绝，其在鉴藏界的影响力可见一斑。

抗日战争全面爆发后，为了保证故宫文物的安全，北平故宫博物院理事会开始分批将故宫部分文物南迁。文物南迁过程中，因国民党派系之争引发出所谓的故宫博物院院长易培基盗宝案，黄宾虹因此受聘鉴定故宫书画真伪。从 1935 年 12 月底至 1937 年 4 月，黄宾虹分 4 个阶段在故宫博物院上海第一库房、北平故宫博物院和南京分院仓库进行书画鉴定，审定书画 4636 件，并写下了数十万字的鉴定记录，不仅为故宫宝藏留下了一份弥足珍贵的文字史料，更为鉴定和研究中国古代书画提供了极有价值的参考。

除了丰富的书画鉴定实战经验，黄宾虹还尤为注重书画鉴定方面的理性思考和学术研究。在 1925 年连载于《东方杂志》的《鉴古名画论略》中，他以犀利的史学眼光，阐述了中国画印本与真迹之关系，指出了中国画雅俗高低之辨别，分析了读论画之书对于鉴藏古画的重要性，并对历代各个画派的风格特点作了详细的解读，为古画鉴别提供了入门路径。

在《故宫审画录》弁言中，黄宾虹以更精练的语言表达了他的鉴定理念和评判标准：

中国古画，唐宋以前，多无款识，各有家数。元明而后，兼习各家，人自题名，号为名人。今古相传，有笔法，有墨法，有章法，有气韵。法备气至者，名画也。有笔有墨而无章法者，临本也。有章法而无笔墨者，摹本也。临摹虽工，气韵不生者，庸俗之作也。是故放诞非笔墨，堆砌非章法，修饰非气韵，偶博虚名，终为下驷。鉴别之者，因知时代有先后，学派有异同，即严理与法之研求，犹复详审于缣楮采色之微，考证其款识图章之显，诸凡伪品，不难立判。兹据管见所及，各缀短评，瑕疵之摘，不辞缕述焉。

很显然，黄宾虹鉴别古书画最为看重的是书画本身的笔墨气韵，"法备气至者，名画也"，他借中医诊病的"望闻问切"向学生石谷风传授鉴画心得，教他如何去看一幅画的"气色"。有人认为他这种"望气"的目鉴法，感觉的成分占了主导地位，很不靠谱。但笔者认为，这恰恰是书画鉴定的最高境界，就如同名中医望一眼病人的气色就能准确说出病情，看起来很玄乎，其实是来源于深厚的学识和经验积累，这也是黄宾虹一再强调鉴画要多读书的缘由。如果自身功力不到却试图"望气"鉴画，只能是自欺欺人，而黄宾虹之"望气"靠的是强大的内功，两者不可同日而语。

后来成为著名文物鉴定专家的石谷风先生在《亲历画坛八十年》中讲述了一件黄宾虹鉴画的逸事：一次，他陪宾老坐电车经过北京师范大学门口，宾老透过车窗指着学校围墙上挂的一幅山水画，称这幅画笔墨气韵很好，可能是龚半千画的，下车前去一看，果如所言。石谷风感到很神奇，忙问缘由，宾老回答道：看气韵。正如远远看一个很熟悉的人，虽然看不清他的面貌，但只要观其行动神态特点，就知道他是谁。识画也如此，对一个画家的笔墨性格和体貌特点认熟了，自然也是看一眼就能识出。

黄宾虹主张鉴画应先从作品本身着眼，看作品的时代气息与画家笔墨性格是否相符，再以款识、印章、题跋为旁证以判断真伪，而不应本末倒置。他重视看气韵，正是立足作品本身来作判断。

故宫鉴画　功成名隐

黄宾虹凭一己之力，在有限的时间内以超乎寻常的眼力对数以万计的故宫书画藏品作出鉴定，这本身就是一件非常了不起的壮举。在审画的 3 个年头里，他耗时 300 多天，审定的 4000 余件书画中往往一件就有多幅作品，如"元明清名人书画折扇"这一件就有一木箱多达 294 柄，这样算起来，他每天鉴定的书画作品至少以数十幅计，而当时的黄宾虹已是年逾七旬的老人，鉴定的条件又处处受限。如第一阶段从 1935 年底开始，是在上海第一库房鉴定，每日出入须依银行钟点，监守极严，不能带帮手入内。不妨设想一下，在那个寒冬腊月的冰冷库房，没有任何可资参考查找的资料，没有任何现代化的辅助鉴定手段，一位古稀老人完全凭借他脑子里积累的学识和一双慧眼，每天对几十幅作品进行鉴定，并且作出的绝大多数鉴定结论都经得起时间的考验。如此超常规的工作，除了黄宾虹，还有几人能够胜任？

黄宾虹故宫审画，可以说是对故宫博物院文物整理的历史性贡献，足以彪炳史册。然而由于这项工作牵扯到错综复杂的所谓盗宝案，黄宾虹所作的贡献被刻意淡化，更由于易培基案后来被认为是冤案，当年被司法部门附在该案起诉书后的故宫书画鉴定报告及鉴定人黄宾虹的专业水准因此遭到质疑。普遍的说法是，当年被黄宾虹判为赝品的宋徽宗《听琴图》、马麟《层叠冰绡图》、马远《踏歌图》等作品，在中华人民共和国成立后经专家重新鉴定均认为是真迹。

但稍有鉴定知识的人都清楚，鉴定古书画和鉴定珠宝不同，珠宝的真假，只要是内行人，所见一定相同。而书画则不然，对同一幅作品，不同的专家可能说出完全相反的意见。这是因为一幅古书画所涉及的知识领域和历史信息太过复杂，赝品产生的缘由和作伪手段也五花八门，真中有假，假中有真，假假真真，要辨别其真伪须对历史事实进行考证，可谓困难重重。特别是对于北宋及其以前的作品，如果能判断出是某一时代的作品就很了不起了，而要准确无误地判断出自某人之手，简直就是神人之力。黄宾虹眼力再高，在那种条件简陋、时间紧迫的情势下辨别真伪，偶尔看走眼也是难免的，恐怕至今也没有哪位专家敢宣称自己从来不会看走眼。更何况如今"公认为"是黄宾虹误判的作品，将来在不同专家眼里会不会又有新的结论？

笔者从有关资料获知，1983 年，由谢稚柳、启功、徐邦达、杨仁恺、刘九庵、傅熹年、谢辰生 7 位顶级专家组成的古代书画鉴定组在对中国古代书画作系统鉴定时，对同一作品的真伪和年代，专家们的看法时有分歧，结论多有龃龉，但这从来没有影响他们当中任何一个人的声誉，他们各执己见互不相让的争论文章反而成为后人学习和借鉴的经典范式，他们每个人都是世人心目中当之无愧的大师。相形之下，黄宾虹对故宫书画鉴定事业的贡献和他留下的《故宫审画录》却未能引起世人足够的重视，倒是那几个有争议的鉴定结论被人反复拿来做文章，给世人造成一种"黄宾虹鉴定不靠谱、老糊涂"等印象。

为什么黄宾虹的鉴定水平会被如此贬低呢？笔者透过一些相关文章感觉到，根子还在所谓的"易培基盗宝案"，多数持论者依据的材料来源于那志良和马衡的文字。

那志良是中华人民共和国成立前夕跟随运送文物赴台的故宫工作人员，他在《故宫博物院三十年之经过》中回忆道："法院检查书画，请了一位黄宾虹鉴定，法院根据他鉴定的结果，认为是伪的，法院便另封起来。……法院要知道的是有没有被人盗换的事情，鉴定的时候，便应当偏

重在这一方面。"

那志良在文中并没有否认黄宾虹的鉴定水平，只是认为黄宾虹应当把鉴别的重点放在书画有没有被盗换之情形，而非书画本身的真伪上。但当年黄宾虹所接到的聘书，明确的任务就是鉴定故宫书画的真伪并作鉴定报告。对黄宾虹而言，他的职责是尽其所能作出一份实事求是的鉴定报告，至于法院如何运用这份鉴定报告，作为一介书生的黄宾虹是无法左右的。

1950年，时任故宫博物院院长的马衡为他自己1936年发表的《关于鉴别书画的问题》一文写了篇"附识"，称"此文为易案而作。时在民国廿五年，南京地方法院传易寅村不到，因以重金雇用落魄画家黄宾虹，审查故宫书画及其他古物。凡涉疑似者，皆封存之。法院发言人且作武断之语曰：帝王之家收藏不得有赝品，有则必为易培基盗换无疑。盖欲以'莫须有'三字，为缺席裁判之章本也。余于廿二年秋，被命继任院事，时'盗宝案'轰动全国，黑白混淆，一若故宫中人，无一非穿窬之流者。余平生爱惜羽毛，岂肯投入旋涡，但屡辞不获，乃提出条件，只理院事，不问易案。因请重点文物，别立清册，以画清前后责任。后闻黄宾虹鉴别颟顸，有绝无问题之精品，亦被封存者。乃草此小文，以应商务印书馆之征。翌年（廿六年），教育部召开全国美术展览会，邀故宫参加，故宫不便与法院作正面之冲突，乃将被封存者酌列数件，请教育部要求法院启封，公开陈列，至是法院大

马衡亲笔"附识"（图片来源：方继孝《旧墨记》）

窘，始悟为黄所误。亟责其复审，因是得免禁锢者，竟有数百件之多。时此文甫发表或亦与有力欤。著者附识。一九五〇年一月。"[1]

马衡在易培基之后即担任故宫博物院院长之职，是著名的金石考古学家。他在中华人民共和国成立之初为何要为他14年前的文章写那段"附识"文字？或是另有隐情，但单就这段附识文字本身，笔者认为并不完全客观公正。

首先，文中称黄宾虹为"落魄画家"，这种用词，贬义色彩明显，且与事实不符。且不说黄宾虹早在20世纪一二十年代的上海文化界就有很高的知名度，他金石书画鉴定和绘画方面的名气也早已远近皆知。1932年他应邀入川讲学，就被当地敬为"书画泰斗"和"中国文艺泰斗"。在重庆和成都，当地人士得知他的到来，前来请求鉴定书画古物者络绎不绝，每天从早到晚都有人打轿子来接他去鉴定书画，几至门限为穿。当他的作品在当地举办的金石书画展览会上展出时，各界纷纷争购。

再来看他接受法院聘书的1935年：连任中国画会第三届监察委员并担任《中国现代名家汇刊》编辑；被黄山建设委员会推为负责宣传黄山名胜工作；发起组织黄山琴棋书画社；主讲中国画会第一次美术讲座；受聘上海博物馆临时董事会理事；受邀至广西讲学；赴香港写生受到香港书画界热烈欢迎，其山水画法秘诀被记录整理为《宾虹画语录》；《黄宾虹画集》出版发行；偕门生在南京举办画展，被媒体称为"名艺术家兼考古学者""艺坛名宿"；作品被柏林美术院中国现代名画厅收藏并长期陈列……如此这般，哪有一丝落魄之状？事实上，此时的黄宾虹蜀游归来已两年，其画风由"白宾虹"转变为"黑宾虹"，所作山水，独步一时，受到世人瞩目，其画学思想也日渐成熟，门生弟子遍及国内外，可以说，这是他在沪期间声誉最隆的时期。

---

[1] 方继孝：《旧墨记——世纪学人的墨迹与往事》，北京图书馆出版社2005年版，第124页。

再则，马衡文中所提"责其复审"之事，笔者从王中秀先生整理的黄宾虹《故宫审画录》中并未看出有重复审鉴的记录，也没有找到另外能够证实或推翻此事的史料，因此对此不能妄议。只是马衡文中提及的那个全国美术展览会，黄宾虹先生也是审查委员之一。

再来看看黄宾虹"鉴别颟顸"到底又是何种情形？"附识"一文显示，"有绝无问题之精品，亦被封存者"是马衡"后闻"即后来听说的，不能作为直接证据。而认真读一读黄宾虹的《故宫审画录》，我们会发现黄的鉴定态度根本不是颟顸，而是十分严谨，鉴定结论也审慎而有分寸。在鉴定报告中，他除了"真""伪""临本""摹本"这几种结论之外，还有"疑真""疑非真"甚至"因无款题，未敢确定"等留有余地的鉴定意见，对判为"真"的作品他也有"画笔平庸""笔意近俗""精神散漫"之类的评语，对有些作品他未给出真伪之判而直接以"佳""平""劣"来判高低，可见他内心更看重的是作品本身品位的高低。

在作鉴定结论之外，《故宫审画录》中大量的文字是对作品所作的分析评介，这些评介文字充分透露出黄宾虹对画史画派的烂熟于心以及对笔墨技法的研究深度。如对被乾隆皇帝判为赝品的黄公望之无用师卷《富春山居图》，黄宾虹这样评道："乾隆御题疑为赝鼎，以其用笔较嫩耳。惟元人之嫩为明代人所不及，正未可以此屈古人，观其六法俱备，仍当目为真虎无疑。真。"如今，这幅经黄宾虹鉴定的现藏台北故宫博物院的真迹，已是举世皆知的国宝。

能在"嫩笔"中识出真国宝，并且结论下得如此笃定而干脆，黄宾虹岂能是等闲之辈？

另外，马衡"附识"所言"法院大詟，始悟为黄所误"究竟所"误"何事？事实上，黄宾虹只是做了这样的事：尽职尽责鉴定故宫书画并从中发现了很多赝品。法院根据"帝王之家收藏不得有赝品，有则必为易培基盗换无疑"这种荒唐逻辑，硬要把这些赝品都算在易培基头上，但这与黄宾虹何干？莫非让他选择违背学术道德，判定故宫所有书画都是真迹来为易培基开脱？

马衡先生称他1936年所撰《关于鉴别书画的问题》是为易案而作，文章通过大量实例，论证了书画之赝本自古有之，帝王之家也不乏赝品，以此驳斥法院"帝王之家收藏不得有赝品"的妄断。而黄宾虹通过对故宫书画的鉴定证实了故宫收藏有赝品，不正是以实物证据支持了马衡的观点吗？为何结果却是黄宾虹被指责"误判"误导了案情？既然如此，那"正判"又该是何种情形？依笔者愚见，"帝王之家收藏不得有赝品"之说，根本无须费这么大力气去反驳，乾隆皇帝都说自己收藏的无用师卷《富春山居图》是假的，也未扔到宫外去，说明宫中存在赝品根本没什么大惊小怪的。

再来看看"附识"中"因以重金雇用落魄画家黄宾虹，审查故宫书画及其他古物"之句，极易造成一个误导，让人以为故宫的古物都是由黄宾虹一人鉴定的。其实故宫的珠宝是请了两位珠宝鉴定人和法院工作人员一起鉴定的，据服务于这项鉴定工作的故宫职员那志良回忆，对珠宝的鉴定很草率也很不专业，并且凡是被鉴定为伪品、名不副实、珍珠脱挂、总数比清册上少的，都直接登记为被偷、被调换，成为法院指控易培基的直接证据。但历史有时候极富戏剧性，易培基案最后不了了之，诬陷、指控易培基及为法院提供证词的那些人也一个个隐身而去，只有一个兢兢业业为故宫书画鉴定工作费尽心血的黄宾虹，至今仍被人们的视线捆绑于早已谢幕的"易案"舞台，这像不像一幕荒诞剧？

也许，在接受法院聘书的那一刻起，黄宾虹就掉进了一个坑里。但就黄宾虹的性格而论，即便他自己清楚面前是个坑，也会毫不犹豫往下跳的，因为他"平生信而好古，求睹一古人真迹，不远秦楚之路"。何况不必秦

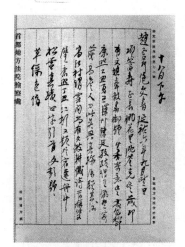

黄宾虹故宫审画录手稿（浙江省博物馆藏，图片来源：陆易《无尽藏：黄宾虹的鉴藏》）

楚之远，就能把几千年的古人真迹看得过瘾，这样的诱惑黄宾虹是不舍得拒绝的。

照理说，应付法院的差事，只要简单地为每件作品出具一个鉴定结论就可以了，但黄宾虹却花大量的笔墨为众多作品写下了精彩的品评鉴赏文字，还在繁重的任务下抄出底本，记录下每部作品的详细信息，有些作品的题跋多达几百字，他都一字不落抄下，可见他是将故宫审画作为一项学术活动来全身心投入的。如今，这些他过眼的作品分藏两岸不能同览，那么，他为后人留下的《故宫审画录》当是一份极为珍贵的故宫艺术档案。

当年，法院聘请黄宾虹审画，原本是要为"易案"搜集证据，但无意之中却帮故宫成就了一项浩大的学术工程，也使这一学术活动的实施者黄宾虹得以饱览故宫珍藏并从中汲取了更多的艺术养分，为他登上书画艺术巅峰奠定了深厚基础。如此看来，黄宾虹跳进"易案"这个坑还是有价值的，尽管他因此被误解被贬低被污名化，不过黄宾虹根本不会在乎这些，他在与友人的信中曾说：文艺只可为知者道，平常毁誉可以置之不理。

所以，黄宾虹是否被误读并不重要，他也不需要别人为他澄清什么。需要引起我们警醒的是，因为对他的误读，他在长期实践中探索的书画鉴定方法和理论长期被学界忽视。由于"易案"的层层迷雾，一些敬仰黄宾虹的学人也把他的故宫审画视作他人生中不光彩的经历而刻意回避，有意无意地绕过去不提及，这一绕就把那些凝聚了黄宾虹心血与智慧的书画鉴定学成果给弃于角落，鲜有人去专门研究和传承，这于学术来说不能不说是一大损失，实在是辜负了宾翁孜孜以求所做的铺路工作。有学者在读了《故宫审画录》后表示，如果对其作深入的研究，必将为建立中国书画鉴定学奠定一部分基石。

　　在当今鉴定学界，有笔法风格分析鉴定学派、文史考证鉴定学派、器物图像考证鉴定学派和经验加著录鉴定学派之分。而梳理一下黄宾虹的学术轨迹，会发现无论是笔法风格分析还是文史和器物考证或者经验、著录等方面，他都占有优势，难道在书画鉴定中他竟将这些优势弃而不用甘当"业余"？也许他的《故宫审画录》能解开这个谜团。

　　无知者无畏，谁都可以来评说黄宾虹是书画鉴定外行，但能不能先认真读一读他的《故宫审画录》再下断语？

第五章

徽派篆刻嫡传的金石独步

在 20 世纪上半叶，若论金石文字方面的功夫，黄宾虹可谓首屈一指。他长期以来不遗余力地整理出版古玺印谱，将平生所搜集的古玺印手编为《滨虹草堂藏古玺印》初、二、三集，《集古玺印存》《竹北移印存》等印谱问世，所出古印谱版本之多和流布之广无人能及。他发表的一系列金石学研究成果，如《叙摹印》《金石学略说》《金石学》《古印谱谈》《古印概论》等重要学术论著均极见功力，影响广泛，奠定了他在金石学界的地位。《黄宾虹年谱》编著者王中秀说：黄宾虹在金石文字搜求与研究方面所付出的努力比在书画方面要多得多，其收藏古玺之多之精，研究之深之博，可以说冠绝当代。

篆刻之学　多出新安

作为文人学者，黄宾虹对金石学之钟情，与徽州大地异常活跃的文人篆刻艺术的影响有直接关系。

古印玺最初源于实用，但因印文所具有的文化特质，最终产生出为文人广泛参与并融入各自审美意趣的篆刻艺术。文人篆刻艺术自明代苏州的文彭和徽州的何震开始走向成熟。印坛向有"古印推秦汉，今印推文、何"之说，论者谓三桥（文彭）如绛云在霄，舒卷自如；雪渔（何震）如老吏折狱，断制详明。

文彭是"江南四大才子"之一文徵明的长子，作为书画家的他精于篆法，但刀法上时有刀不随心之憾。难能可贵的是，他向一批专业篆刻者传授六书知识和篆法、章法等印学知识，何震正是得益于他的教诲而从一位专业篆刻者成长为学养深厚的印坛领袖。

何震（1522—1604），字主臣，一字长卿，号雪渔，徽州休宁人，晚年寓居南京。他一生以刻印为生，刀法娴熟，但最初在字法上有所欠缺，于是向文彭求教六书知识，努力钻研字法。在当时印坛注重宋元而忽略秦汉的大趋势下，他率先对先秦刻石、金文进行研究，从中汲取印学营养。何震是第一位对篆法、章法和刀法都有很深研究的篆刻家，他以刻工指节通灵之妙，以刀代笔，再现秦汉印中凿、铸、镂、琢之美，气韵流畅，成为海内推之第一人。他在印坛的崛起，影响和造就了徽州大批篆刻人才。

据统计，明嘉靖至崇祯，徽州有影响的印人有50余人，知名印人有吴良止、罗南斗、苏宣、金光先、汪关、李流芳、吴忠、吴正旸、汪徽、吴迥、江皜臣、陈茂、徐上达、吴元满、洪复初、程齐等，他们互相学习、取长补短，整体技艺不断提高，并以一股强劲的创新之风，席卷整个印坛。后世谈及明代篆刻的文彭、何震、苏宣、朱简、汪关五大家，除文彭外，皆为徽州人，何震（号雪渔）寓南京，治印以精能胜，开创了雪渔派；苏宣（号泗水）寓苏州，治印以雄强胜，开创了泗水派；汪关寓娄东，治印以雅妍胜，开创了娄东派，休宁朱简治印以险峭胜，其印风对浙派开创者丁敬影响很大。

徽州篆刻之兴，其深厚的基础源于当地历史悠久的雕刻传统。徽州的墨模印版、砚雕、书版雕刻、建筑的砖木石雕等工艺雕刻自古以来十分发达，一大批刀法纯熟的刻工队伍，成为孕育篆刻家的摇篮。如明末休宁

人胡正言（1584—1674），字曰从，是一位著名的版刻艺术家，创制饾版和拱花彩印技法，在版刻艺术史和版画史上功绩彪炳，在篆刻上也很有造诣，治印平实工稳，有印谱《印存初集》《印存玄览》等行世。他曾将古篆籀缩为小石刻，拓印行世，书名《十竹斋临古篆文法帖》，颇受人们珍视。他欲矫文、何两家末流之失，独以端重为主，颇合古人摹印之法，但学之者又失于板滞。到了清初，"莆田派""如皋派"等印坛流派的崛起，使徽派一统天下的局面开始被打破，而随后徽州朴学的兴盛和新安画派的崛起，则又给徽州篆刻带来了新的生机。

明代印人大都以印人的身份立足于印坛，由于大都对先秦文字不认识，在用大篆入印，用古玺形式创作时，往往不得要领，影响了印章的审美意趣。而到清代，朴学学者和大批书画家加入治印队伍，他们集诗书画印于一炉，使徽州篆刻之学大放异彩。朴学学者的介入使先秦文字被人们所认识，从而也为认识古玺中秦汉文字的形式美扫除了障碍，得以将这种形式美在篆刻中得到更好的表达。如黄宾虹族祖、朴学先驱黄生就是一位篆刻家，黄生之子黄吕所刻之印遒劲苍秀，有秦汉遗风。黄吕和其门生黄宗绎及寓居杭州的族人黄埙等都是治印名家，皆与藏印大家汪启淑交谊甚厚，汪启淑的《飞鸿堂印谱》收录有他们的篆刻作品。

清初至道光年间，徽州涌现出100多位印人，如程邃、郑旼、戴本孝、黄吕、汪士慎、吴麐、汪肇龙、巴慰祖、胡唐、项怀述、程瑶田等都名盛一时，其中很多印坛领军人物都是经学家和书画名家，如汪肇龙与程瑶田均入皖派朴学"江门七子"之列，程邃、郑旼、戴本孝、黄吕都是新安画坛名家。

明末清初画坛宗师程邃（1607—1692），字穆倩，别号垢道人，他长于金石考据，能识奇字，其篆刻崛起于文、何之后。当时印学界泥守文彭、何震，陈陈相因，久无生气，于是他力矫粗学滥套文、何流风之弊，参酌古文籀体，首创朱文仿秦小印，形成醇古苍雅、恣肆豪放的风格，名冠南国。

黄宾虹称其"力追古法，开摹印之正轨"，对后世影响极大。他精研汉法，喜用大篆入印，而能自见笔意，歙县的篆刻之人多以其为宗，黄宾虹称其族祖黄吕、黄宗绎在治印上都是继承了程邃的衣钵。程邃与弟子巴慰祖、汪肇龙、胡唐并称"歙中四子"，巴慰祖治印工致挺劲，胡唐治印空灵婉约，汪肇龙治印灵动古致，因此在清代早中期，徽派篆刻仍在印坛占主导地位。黄宾虹对徽派各家尤其是程邃、巴慰祖的成就十分推崇，认为他们是后起的浙派之祖师。黄宾虹的印学著作《叙摹印》，也处处流露出对家乡先贤的偏爱和赞誉，还单列一篇论述新安篆刻学派，开篇即称"篆刻之学，昔称新安，甲于他郡"。

篆刻之学发展到清代后期，以丁敬开创的浙派和以邓石如开创的邓派在印坛大放光彩，咸同之际，徐三庚、赵之谦等将浙派、邓派合而为一，形成印坛新军，推动中国印学走向中兴，而徽派篆刻则后继乏人，渐入低谷。光绪年间，黟县篆刻奇才黄士陵走出印外求印之路，以光洁挺劲的印风给晚清印坛注入新的血液，带动徽派篆刻再度振兴。黄宾虹步其后尘，为徽派篆刻再添薪火。而与黄宾虹同时代的歙县篆刻名家叶为铭，则与浙派的丁辅之等人在杭州孤山发起创设了西泠印社，黄宾虹后也入该社。

徽派篆刻家不仅重操刀治印，更注重篆刻理论探索和总结，留下了大量印谱和印学著作。据韩天衡《中国印学年表》，明隆庆六年（1572年）至崇祯十六年（1643年），共计有各种印谱93部，其中徽州人参与辑钤、摹刻、自刻印谱45部，占全部印谱的48.9%。明万历二十八年（1600年），何震汇辑自刻印成《何雪渔印选》，开印人汇辑自刻印成谱之先河。明代篆刻大家朱简著有《印书》《印图》《印品》《印经》《印章要论》《印学丛说》《集汉摹印字》等，很多观点发前人所未发。歙人徐上达所著《印法参同》一书，广泛搜罗印史资料，注重技法，授人以法，是明代文人篆刻的代表性巨著。歙县人罗南斗辑钤和编辑的《集古印谱》《印薮》等秦

汉印章，为篆刻直追秦汉提供了便利，也为印坛复古风潮起到了推波助澜的作用。另外，吴元满所辑《集古印选》、项怀述《隶法汇纂》、程瑶田《解字小记》、黄宗绎《印文辑韵》和叶为铭《列仙印玩》《广印人传》等都是印学史上的重要著作，黄宾虹关于印学的一系列论著，对篆刻之学更有继往开来意义。

从何震到黄宾虹，徽派篆刻在500余年的发展历程中虽有起有伏，但始终代表了文人篆刻艺术的主流，徽州以外的流派无一不与徽派有着千丝万缕的关系。如：如皋派继承了何震篆法刀法的多样性，莆田派得汪关之精髓，浙派继承了朱简生涩刚劲之风，邓石如广收徽派各家长处形成邓派风格，黟县人黄士陵羊城传艺开创了粤派（又称黟山派）。

黄宾虹也对徽派篆刻名家的地位作了概括，称："有明以来五百年中，篆刻之学，所可言者，皖南之宣、歙，明季何震，最负盛名；胡曰从，务趋醇正；程邃自号垢道人，朱文仿秦小玺，最为奇古。迨于康雍，黄吕凤六、黄宗绎桐谷，力师汉法，得其正传。乾嘉之时，汪肇龙稚川、巴慰祖予藉、胡长庚西甫、程芝华罗裳，成《古蜗篆居印谱》。邓石如顽伯稍变其法，大畅厥宗，至黄穆甫又为一变。"[1]

"印癖先生"　后有传人

如上所述，黄宾虹在金石学上的造诣得益于徽州篆刻艺术所营造出的大气候，得益于徽派最高水准的代代传承。而对他产生直接影响的有两位人物，一位是晚清篆刻名家黄士陵，另一位是享誉印史的飞鸿堂主人汪启淑。

① 上海书画出版社、浙江省博物馆编：《黄宾虹文集·金石编》，上海书画出版社1999年版，第395页。

　　黄士陵（1849—1908），字牧甫，一作穆甫、
穆父，别号黟山人、倦叟等，黟县黄村人。早年在
南昌、广州等地以刻印谋生，后入国子监学习，
得到多位名家指授，广泛涉猎三代秦汉的金石文
字。后受广东巡抚吴大澂之邀再赴广州，为之辑
《十六金符斋印存》，重刻《刘熊碑》等。随之又
应张之洞邀请，在广州广雅校书堂担任编校；光
绪二十八年（1902 年），应湖广总督端方邀请，
到武昌协助编辑《匋斋吉金录》《匋斋藏石记》。
因经眼古物甚多，其艺术境界不断开阔，在治印

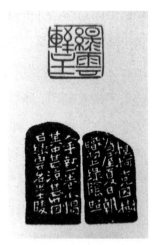

黄士陵刻印

上开创出新的印风。他在广州授徒传艺，造就了民国初年享誉印坛的粤派。

　　黄士陵在编拓《十六金符斋印存》时，发现不少未经锈蚀的玺印，铸
口如新，铦锐挺拔，光洁妍美，于是他对浙派那种短刀碎切、故作剥蚀古
拙的印风予以批评，决心走光洁挺劲、动静自然、方刚朴茂的路子。广雅
书院三代秦汉金石文字以及匋斋吉金、藏石文字更使他拓宽了印外求印之
路，无论是在构图形式、入印文字还是篆法刀法，都表现出多方位的探索
追求。他取法金文、泉币、镜铭、权量、诏版、汉铭、砖文、摩崖、石刻、碑
版，融会贯通，大大丰富了作品的形式和意趣。刀法上以薄刀冲刀为主，追
求汉印光洁妍美的本来面目，表现完整如新的汉印所具有的锋锐挺劲的精
神，从而形成平正中见流动，挺劲中寓秀雅的刻印风格。章法上极讲究疏
密、穿插、变化，不少印作都显得匠心独运，意趣横溢。他的很多作品带有
鼎彝、镜铭等文字的风味，看似平常而变化无穷，能于徽派篆刻衰竭之际，
卓然成家，给晚清印坛注入新的血液。因其长期旅居广州，对岭南篆刻发
展起到了很大影响，号称粤派。因其原籍黟县，故又称之"黟山派"。

　　黄士陵晚年回老家黟县，黄宾虹慕名前去拜访，两人一见如故，相互

切磋治印之学。期间，黄宾虹得以一睹黄士陵所治之印。后来，黄宾虹与黄士陵高足李尹桑、易孺及黄士陵的私淑弟子邓尔雅来往密切，互相探讨金石之学。李尹桑为近代治印名家，尤精治小玺，作品载誉岭南，黄宾虹曾致函请其刻印，称"开创岭南宗派，成为巨家，足下将无容过让也"[1]。易孺是广东鹤山人，肄业广雅书院，为黄士陵入室弟子。1926年，易孺将所辑的黄士陵印谱送到黄宾虹手中，黄宾虹看后欣然为之作序，对黄士陵的成就给予高度评价，并回忆了当年与黄士陵交往的情景。后来他还为黄士陵之子黄少牧治印订润格。邓尔雅为易孺的舅舅，也是黟山派篆刻名家，在诗歌创作、书法和文字训诂方面皆有成就，与黄宾虹同为南社社员，黄宾虹创办贞社后，他与黄节发展了贞社的广州分社。

　　黄宾虹认为，要深入金石之学，就要有亲自奏刀治印的功夫。他11岁时，就将父亲收藏的十余方邓石如印临刻得有模有样，令父亲惊喜不已。成年后，治印技艺日精。寓居上海期间，不少文化名人都向他求刻印章，邓实还为他的刻印代订润格，叶为铭《广印人传》有他的小传，称其"精篆刻"。其所刻"黄山白岳""朴尘居士"两印明显有何震风格的影响，"黄质宾虹""虹庐"两印风格近巴慰祖。"黄山山中人""冰上鸿飞馆"有其晚年金文联句笔意，显示出他在篆刻实践上的自我追求。只是后来他更多致力于金石的收藏和研究，难有多余精力在篆刻创作上作更多探索。

　　黄宾虹收藏古印的嗜好，最初始自对前辈金石学家汪启淑的仰慕。

　　汪启淑（1728—1798），字慎仪，号讱庵、秀峰，歙县绵潭人，因经商长期居于杭州。他工诗好古，酷爱藏书，尤嗜印章，曾搜罗周秦汉魏至唐宋元明各朝之印数万纽藏于飞鸿堂，蔚然大观，为东南藏印之冠。他自号印癖先生，据说有次他在学者钱泳家案头看到一鼻纽杨恽印，对方不想出手，他就长跪不起，直至到手才罢。他将收藏的古印辑成集古印谱20余种，

　　① 上海书画出版社、浙江省博物馆编：《黄宾虹文集·书信编》，上海书画出版社1999年版，第35页。

古今称为巨观。其中《锦囊印林》印谱可以覆盖于手掌之下，所刊载的印作微如豆菽，流传极少，颇为珍贵。其他还有《汉铜印丛》《切庵集古印存》《古铜印丛》等。黄宾虹盛赞他的《集古印存》"有功篆刻，此书为多"。

汪启淑还凭借雄厚的财力以印会友，将浙江的丁敬、张燕昌、黄易和徽州黄吕、吴麐、汪士慎等 100 多位篆刻名家延请到他的飞鸿堂刻印，共集印 3000 余方，辑成《飞鸿堂印谱》40 卷，另编著《飞鸿堂印人传》（后改名《续印人传》），几乎囊括了乾隆时期所有刻印名家作品，为繁荣篆刻艺术创作作出了重要贡献。尤其是他常召集浙江印坛高手共聚飞鸿堂切磋交流，以其万方古印原件供印人鉴赏临摹，这些对以丁敬为代表的"浙派"的形成起到了推波助澜的作用。

黄宾虹早年往来于江淮之间，常走新安江水路，汪启淑的老家绵潭就在新安江边上，距潭渡不过六七十里，每每船行至此，他都不禁驻足瞻望，怀想这位先贤之遗风。黄宾虹不仅读到了汪启淑各种印谱，还了解到当年汪启淑将《集古印存》中的古印十几箱都转手给了西溪的汪梅影。但这些价值连城的古印经咸丰兵乱后大多散失，汪家后人从尘土中捡得一些各自收藏。

黄宾虹 20 岁那年回老家应岁试，他西溪的好友汪怀之将汪启淑旧藏"鹰扬将军"印相赠，黄宾虹爱不释手，一直带在身边。后来有人用新安画家郑旼的唐诗山水册与之交换。郑旼是黄宾虹十分仰慕的画家，与其族祖黄生又是至交。黄宾虹尽管得到了这珍贵的画册，但多年后对交换出去的那方古印还念念不忘，最终又设法从他人手中购回。经过多年苦苦寻访，他又从西溪汪德扬、汪粹仁兄弟手中购得多枚汪启淑藏印，有"大医司马"等司马印，"陈敞""庄孰"龟钮小印，"王丰私印""赵忠"朱白相间印，带钩秦印及子母印等。不数年间，他从各收藏家处见到了汪启淑印谱中所有的古印，这些印流散何处、在何人之手他都了解得一清二楚。后来他的《叙摹印》介绍了汪启淑对古印流传的贡献，称"终古珍秘，私于一家，切

庵之举，非欧阳永叔所谓好而有力者，不克臻此。故前乎切庵者，欲专美而不能，后乎切庵者，又极盛而难继"。其《虹庐笔乘》还有专篇介绍汪切庵《汉铜印丛》，称"阅此印存，庶仓颉、史籀之精意，至今如接也"。如此之赞誉，亦可见黄宾虹对汪氏旧藏用心之深。他1912年刊印的《滨虹集印》之印，多为汪启淑的旧藏。

在老家歙县那些年，黄宾虹不惜以名瓷、名画来换古印。他用价值40金的易年窑大花樽换了"假司马印"，用清初著名画家罗牧的大堂山水画换了"军侯丞印""骑部曲将"二纽。有次他在郑村一古玩摊上看到一套

心仪的古印，就把准备置年货的钱倾囊而出，买下了古印，"印癖之名"从此远近皆知。于是有些人得到古印等物会上门卖给他，他的藏品因此日渐宏富。迁居上海后，他收藏的周秦古印为沪上之冠，慕名来他家观看古印的朋友应接不暇。1912年，他发起成立贞社并任社长，集结了一大批金石之友。

黄宾虹藏"厉王之玺"古铜印

黄宾虹从一开始被汪启淑的藏印所吸引，渐入金石文字学之化境。他以玺印文字考史证经，以精审的考释，填补了古文字学中六国文字的空白，成为金石文字学大家，同时，他追踪三代的印学审美观更渗透到他的绘画中，使他的画作意境高古，浑厚华滋，独树一帜。

金石文字　补经证史

关于金石学的意义，黄宾虹认为，除了鉴赏价值，其对研究国学、文

字学都至关重要，称"欲究国学，必先识字，而古代文字经变更，追原而考索之，自非取资于金石，无由矣"。

古代的典籍，在一代代抄录流传过程中，由于文字本身的蜕变，加之其间俗儒伪托改窜及兵火摧残，书中伪谬已甚，遗漏亦多，不能尽现古人本来面目。但要质疑古人之书，不可拘泥于义理，而必须以古人留下来的器物加以印证才有说服力。"缪篆虽微，苟由是以溯文字之源，而探经传之迹，周秦两汉之学术，且蕲大明于天下。"①在黄宾虹看来，金石器物及其中的古文字，可以考证经史之阙误，"缪篆官私印资于考史，奇字大小玺兼以证经"。金石流传，最重文字。因此，若要研读先圣遗籍尤其是周秦两汉之书，唯通金石文字者，能得其旨趣。

从考释文字入手来解读经书，阐释儒学义理，这也是皖派朴学学者的研究路径。但朴学先贤可资参鉴的古代文字遗物有限，主要还是以经籍文献互参来追索文字本义，有金石学背景的经学家如程瑶田、吴大澂等则注重实物与文献相参证，以金文古籀证明经传。到了清末和民国时期，我国考古发现取得重大成果，一大批出土文物重见天日，如齐鲁封泥、殷商甲骨、周秦陶器、汉晋简牍、隋唐写经等，这些层出不穷的古物，为金石文字学研究打开了新的天地。学者们旁征博引，加以考释，前后成书者不啻数十家。如罗振玉和王国维等人开创的甲骨文研究、简牍研究、敦煌文书研究，陈介祺、吴式芬、黄宾虹等人的封泥研究、玺印研究都成果斐然，先秦古文字不断被破译。

黄宾虹把古文字分为三类：一是殷周古文，包括殷墟出土的甲骨文和北宋以来出土的钟鼎彝器款识；二是六国古文，为战国时六国所用，是由殷周古文递变而成的晚周文字；三是孔壁古文，为孔子老宅壁中所得，《说文解字》中载入的古文即为此，其可信度一直备受质疑，今文经学者认为

---

① 上海书画出版社、浙江省博物馆编：《黄宾虹文集·金石编》，上海书画出版社1999年版，第253页。

其全是伪作。但是，若以新出土的殷周古文及泉币、封泥、古匋、玺印文字等来证实《说文解字》所载古文，则孔壁古文真伪就不难了解。

黄宾虹认为，上古三代奇字，留存宇宙之中的，在壁经、甲骨之外，唯以古印为多。古印玺浓缩了非常丰富的历史文化信息，内中隐藏着破译古代文明的密码，如古代官印可以考证古时官制。"即秦汉魏晋六朝职官及蛮夷诸印，而因革废置，代有不同，实可表里史传。"①1918 年，著名学者王国维见到黄宾虹收藏的"匈奴汉邦"玉玺，非常惊异，认为对于学术关系甚大，向黄宾虹索要了两份拓本，还兴奋地写信告诉金石学家罗振玉，并以此印写了一段长跋论证匈奴的官制，黄宾虹也以此印为据证明古代匈奴文字同于先秦。此后，王国维与黄宾虹时常就金石之学切磋交流，成为一对金石之友。

黄宾虹对古印玺的酷爱几近痴迷地步，他每获得一枚古印，就期冀获得一个新字，新字愈多，则佐证益充。他一生收藏的古印逾两千纽，过眼的古印谱录不下百十种，经眼的古印古匋封泥泉币及钟鼎杂器更是数不胜数。20 世纪 50 年代初，他写信给在青岛工作的长孙女黄高勤，说崂山有一名胜古名"不其山"，春秋战国时已著名。而他有一"不其徙馆"铜印，此印颇常见，但前人对此 4 字印文皆无解释。他告诉黄高勤："不"与"丕"原为一字，《尚书》"弼我丕丕基"注：丕，大也。古文作"不"，后人误读"丕显"为"不显"，"丕基"为"不其"，已两千余年。其实，崂山古言应为"丕基山"，而非"不其山"。不过，黄宾虹这番考释并未被后之学者采纳，现在对不其山地名由来，学者的解释是古代此山周围聚居着"不族""其族"两个小部落，后以两族之名为山名。

抗日战争时期，黄宾虹被困北平，他谢绝应酬，唯于故纸堆中与蠹鱼争生活，书籍金石字画，竟日不释手。在考释古文字方面他也取得了丰硕

---

① 上海书画出版社、浙江省博物馆编：《黄宾虹文集·金石编》，上海书画出版社 1999 年版，第 249 页。

的成果，发表了一系列研究玺印文字的文章，如《古玺印中之三代图画》《周秦印谈》《古印文字证》等。

在对古印的摩挲研究中，他将古印文字与卜辞、金文及匋瓦上的文字相互印证，解决了很多文字释读疑难问题，其识鉴眼力一时无人堪比，尤其是对先秦六国文字的辨识考释更是作出了开创性贡献。他告诉好友陈叔通，古铜印中尝见字而书所无古籀，证之匋文泉币，往往有不少前人未言器物及异体文字。在给陈景昭信中也说："鄙人酷嗜三代文字，于东周古籀尤为留意，北居恒以此学遣日，故凡玺印泉币匋器兵器兼收并蓄。近十年来，霜钞雪纂，积有数千余字，均为补辑诸人所未见。"①

黄宾虹除了关注上古文字，用功最多的还是六国文字。六国文字，即秦统一中国之前，东方六国楚、燕、齐、韩、赵、魏的文字。六国文字虽然与秦国文字都是从西周文字演化而来的，但在文字演变过程中，相互之间的差异越来越大。秦统一后，原先各诸侯国文字统一为小篆，小篆是以秦国大篆为基础所制的范本，而不与秦文相合的文字皆罢去。加之以六国文字著录的诸子百家之书毁于秦火，六国文字渐被湮灭，汉代之后出现的古文经书又真伪难辨，致使这一时期的历史文化扑朔迷离。所以黄宾虹认为，东周数百年文化，全要凭对六国文字的辨识和考释才能得以发扬。"六国文字，上承甲骨钟彝，下启秦篆许书，欧、赵未睹之文，籀古递嬗之迹，为读周秦诸子者，宜深研几。"②"鄙人近十年搜求六国文字以证经籍，以古印中新获为多，余集考释，补前人所未足……"③"敝藏周秦诸印，悉多前数十年言文字学者所未睹，内六国文字最多，即经传师承授受之古文，至秦汉变而为草隶，读者数千年聚讼纷纷，今得一二字之证据，可以焕然

① 上海书画出版社、浙江省博物馆编：《黄宾虹文集·书信编》，上海书画出版社1999年版，第141页。
② 上海书画出版社、浙江省博物馆编：《黄宾虹文集·金石编》，上海书画出版社1999年版，第399页。
③ 上海书画出版社、浙江省博物馆编：《黄宾虹文集·书信编》，上海书画出版社1999年版，第248页。

冰释而理解，更于诸子尤关要。"① 由此可见，六国文字不仅对于经学和史学研究有重要意义，其在汉字发展史上也是极为重要的一环。

在黄宾虹所处的时代，虽然古文字研究已如火如荼，但经学家和文字学家都未遑及六国文字的研究。古文经学派所依据的工具书是许慎的《说文解字》，《说文解字》以小篆为研究对象，也收入了部分古文、籀文。黄宾虹认为，其中的古文为六国文字，籀文为周秦文字。"自汉以来，篆书惟初试为吏时，一讽习之后，已废置不用，故传伪特甚。许氏作《说文》，原欲订正篆书，惜其未见真古文，所据者犹多伪谬。"② 故研究经学不可墨守许书，要参以古匋古印中的文字来印证。为此，黄宾虹每天都花两小时董理六国文字，集前人所未著录者。他认为这项工作的意义"不在甲骨、彝器、《说文》以下，最有补益于读周秦诸子"。他告诉好友傅雷，他对自己著述最自信的就是《古印文字证》。

他生前所积古玺印释文稿 6 大册，20 世纪 50 年代，篆刻大师吴朴堂先生从中遴选了 200 余方玺印释文，以《宾虹草堂玺印释文》为书名出版，称"自来释玺印皆散见而无专书，宾虹实为创始"，这是第一部考释古玺文字的专书，在玺印和文字研究史上具有重要意义。1992 年，曹锦炎等对黄宾虹所遗释文手稿重加遴选整理，并附以拓印对照，题为《黄宾虹古玺印文选》，1995 年由上海书画出版社影印出版。在黄宾虹所遗

黄宾虹考释古印文字手稿（浙江省博物馆藏，图片来源：陆易《无尽藏：黄宾虹的鉴藏》）

---

① 上海书画出版社、浙江省博物馆编：《黄宾虹文集·书信编》，上海书画出版社 1999 年版，第 209 页.

② 上海书画出版社、浙江省博物馆编：《黄宾虹文集·金石编》，上海书画出版社 1999 年版，第 349 页。

手稿中，还有对近600个古玺印文字的注释解读，被以《说文古玺文字征》为题收入《黄宾虹文集》。他所作的这些古文字释义，是留给后人的一笔财富，无疑对先秦典籍的研究大有裨益。

早在民国初年，南社诗人高吹万即以一首长诗盛赞黄宾虹，其中有"当世能人识字人，眼中我见滨虹子"之句。许承尧也称黄宾虹"终身治古文奇字，多识周秦制作，亦卓然成一家"。

书画鸿秘　探之金石

在黄宾虹眼中，古人虽已远去，但通过古人留下的印玺器物，仍可见古人之手泽与古人之精神。古印玺的刻印艺术之美，以及所刻图画与文字在不同时代的嬗变轨迹，也都值得玩味。黄宾虹陶醉其间，于收藏鉴赏同时开始了对印史的梳理，并通过古印玺文字追溯考察书画的本源，由此打通了金石学与画学之间的通道。

在中国传统艺术中，书画本是同源，其始皆起于象形。汉字造字六法的"象形、指事、会意、形声、转注、假借"，即以象形为首，造字者要先依类而象形。所以文字之兴，最初肇自于图画。在夏商周时代，文字与画皆刻于钟鼎尊彝泉玺甲骨匋瓦之属，因此，要探究书画本源，必当参究籀篆，上窥钟鼎款识。而在古代金文款识中，书与画往往难以分别。

黄宾虹从追溯文字起源，看到书画之间密不可分的关系，更看到书画与金石文字的渊源。他认为书画同源，贵在笔法。"肖形诸印，有龙凤、虎兕、犬马，以及人物鱼鸟，飞潜动静，各各不同，莫不浑厚沈雄，精神焕发，与周金镂采、汉碑刻画相类。"[1] 因此，要了解绘画之学，首先必须遥

---

[1] 上海书画出版社、浙江省博物馆编：《黄宾虹文集·金石编》，上海书画出版社1999年版，第384页。

溯商周，追宗籀古，以明用笔本源。金石文字之中，有关作画用笔处尤多，故画必当研究金石文字。"古匋瓦之花纹，即古文字之萌芽，可证画理与画法之用笔。"①可见，用笔之法其最高层在金石文字，应以金石文字为法书所祖。"中国画法在书诀，不观古人所论书法不能明，不考金石文字无以知造字之源流，即不知书画之用笔。笔法练习，画之先务。"②他建议学画者，应将金石拓本置于案头，随时临摹，以增进笔法，则自然高雅。

对于书法之于绘画的重要性，历代有成就的书画家皆有共识，提倡以书入画。元代赵孟頫有自题竹石诗曰："石如飞白木如籀，写法还于八法中。若是有人能会此，方知书画本来同。"他早年曾向画家钱舜举请教绘画何以才能有士气，钱舜举回答道："隶体耳。"明代画家董其昌说："士人作画，当以草隶奇字之法为之，树如屈铁，山如画沙，绝去甜俗蹊径，乃为士气；不尔，纵俨然及格，已落画师魔界，不复可救药矣。"古人将书与画皆称为"写"，亦即此理。黄宾虹于此也有一段精妙的自白："吾尝以山水作字，而以字作画。……凡画山，其转折处，欲其圆而气厚也，故吾以怀素草书折钗股之法行之。凡画山，其向背处，欲其阴阳之明也，故吾以蔡中郎八分飞白之法行之。……凡画山不必真似山，凡画水不必真似水，欲其察而可识，视而见意也，故吾以六书指事之法行之。"③

黄宾虹认为，画法全是书法，古称古藤坠石之妙，在于笔尖有力，刚而能柔，为最上品。画法之妙，纯视笔法，笔法之繁简工拙，常在格局色彩之外。宋人千笔万笔，无笔不简；元人寥寥数笔，无笔不繁。中国绘画经历代千百名画家实践探索，笔法之神奇工巧，似已为古人用尽，因此，绘画笔法皆传之古人。有些自恃聪明的画家，却要摒弃古今名人真迹，以为

① 上海书画出版社、浙江省博物馆编：《黄宾虹文集·书信编》，上海书画出版社1999年版，第21页。
② 上海书画出版社、浙江省博物馆编：《黄宾虹文集·书信编》，上海书画出版社1999年版，第199页。
③ 王中秀主编：《黄宾虹年谱长编》上，荣宝斋出版社2021年版，第461页。

不足观，试图在古法之外另开生面，结果入了魔道还不自知。"不解笔墨，虽毕生临摹毕肖，亦为门外汉，大可笑也。"① 而真正的创新，应搜采广博，合众长以为己有，将古人成法，去其糟粕，取其精华，而后笔笔自家写法，亦笔笔自古人得来。"我似古人，孰若古人似我"，理法与气韵兼具，才能得笔法绝妙之处，而要得古人笔法，则必多见古代名画，多读古人论画之书，多加练习临摹，以参透画理。唯有好学深思才能心领神会，唯有萃集众长始能法备气至。黄宾虹一生不仅遍览历代名画，也临摹了很多宋元明大家之作，但他师古而不泥古，从不死板对临，不摹其形而悟其神，重在融古为今以创新。正如他自己所言："鄙意不反对临摹，而极反对临摹貌似之画。……鄙意反对临摹貌似，是不愿人有泥古之见，与食古不化之弊。"② 在他看来，静心观古人精神所寄，方为学古之正道。

由于在金石文字学上有高深造诣，黄宾虹能游刃有余地以金石之学通画学，于古文字释读中理解诸子著作，参悟经典著作中的画理。如《韩非子》画荚，言其画之隙处皆成龙蛇，对此，谈画理者无不视为神话，但黄宾虹解读此论，认为此是论画虚处之宗师。正如宋元名画，其至密之处必得如此，方成绝艺。黄宾虹晚年的作品，初看一团墨黑，细看黑中有亮、物象清晰、层次分明、密不容针、疏可走马，可谓将中国画的虚实理论运用到了极致。还有如老子所说的"知白守黑"，庄子所说的"尽垩而鼻不伤"，这些画诀都是古人所不言而喻于心的哲理，虽专读书者不易知之者。黄宾虹以其深厚的学养和绘画实践，从古代圣贤之言中参悟出诸多画理，其画学理论著作是留给后世的宝贵精神财富。

在对历代绘画笔法研究中，黄宾虹总结出 5 个笔法之道：一曰平，如锥画沙，又如水之一波三折仍趋于平；二曰留，如屋漏痕，又如盘马弯弓

① 上海书画出版社、浙江省博物馆编：《黄宾虹文集·书信编》，上海书画出版社 1999 年版，第 26 页。
② 上海书画出版社、浙江省博物馆编：《黄宾虹文集·书信编》，上海书画出版社 1999 年版，第 213 页。

箭不发；三曰圆，如折钗股，又如行云流水，宛转自如；四曰重，如高山坠石，又如金之重而有其柔，如铁之重而有其秀；五曰变，如四时迭运，既要深入于法又要超于法。① 同时，他也指出了书画用笔之三病："一曰板，二曰刻，三曰结。板者，腕弱笔呆，毫无曲折，物状平扁，不能浑圆也。刻者，运笔不灵，心手相戾，生硬反张，勉强凑合也。结者，欲行不行，当散不散，阴阳向背，杂乱无章也。间有退毫秃笔，古人非不用之，务有韶秀之气行于其中，刚中能柔，不为笔使。若徒求老苍，反入恶道。如指头作画，以筋裹棉，自以为巧，益形其丑，一蹈斯习，俗不可医也。"②

清代以来，中国画坛流派纷呈，但大行其道的则是柔靡甜俗画风，或泥古不化，或向壁虚造，多江湖气和市井气，使中国画艺术活力渐趋衰退。20世纪初，随着欧风东渐，国内美术界认为中国画已经衰落到无法自救，不用洋画来改造就别无生路，于是开始盛行以西画改造中国画的论调。黄宾虹在对中国画的把脉中提出"道咸绘画中兴"的观点，他认为，清代道咸同光年间，得益于金石考据学的启迪，一批金石学家出身或有金石学背景的画家，以书入画，以金石入画，给中国画创作带来一股清新之气。"前清乾嘉之际，金石之学特盛，当时若程瑶田、巴慰祖、宋葆淳、吴东发，皆能工画，其后赵之谦、吴大澂又多研精金石文字，所画山水，尤多古意。"③ 黄宾虹认为，在文人画中，这些金石家之画比诗文家和书法家之画更可贵，因为古画于铜器石刻中得来，金石家可领会其意味。

作为金石家的黄宾虹，尤注重金石入书入画，在书画创作中融入更多金石味。书法是他笔墨和画法的源头活水，其篆书字法直取商周甲骨、金文、六国文字，高古淳厚，苍润凝练，生辣稚拙，蕴含苍茫古朴之美。中

① 上海书画出版社、浙江省博物馆编：《黄宾虹文集·书画编》上，上海书画出版社1999年版，第464页。

② 上海书画出版社、浙江省博物馆编：《黄宾虹文集·书画编》下，上海书画出版社1999年版，第108页。

③ 上海书画出版社、浙江省博物馆编：《黄宾虹文集·书画编》上，上海书画出版社1999年版，第348页。

国书法家协会理事白景峰称黄宾虹与吴昌硕、齐白石是中国现代书法史上成就卓著的三大篆书巨擘，吴昌硕雄强霸悍的石鼓篆和齐白石方中见圆的篆书，皆如长在庙堂大院里的盘龙老树，一望便知。而黄宾虹的篆书，犹如长在深山崖壁上的千年奇树，格调品味更加高古，更有神韵和天趣，需要一个人端坐在崖壁旁，慢慢地去观，去品。黄宾虹的行书也往往带有浓厚的篆籀笔意和金石气息，追求意趣天成的朴拙之美，李可染称之"笔墨生辣，藏巧于拙"。他以铸铁之力运柔毫，万毫齐发，力透纸背，柔中含刚，在形式上却不计工拙，晚年更达到粗服乱头、自然率真的意趣。

古时王铎作书与石涛作画用浓墨，含水较多，初落笔似墨沈，甚至笔未下而墨已滴纸上，看似不工，其实兴会淋漓，天趣竟在于此。黄宾虹说他们"非不能工，不屑工也"。我们如以"不屑工"来看黄宾虹那些不重外在形式美的作品，似也得当。"以拙取巧，以老取妍"正是黄宾虹从金石中悟出的笔法之道，他常言"生则文，拙则厚"，即追求于熟中求生，以拙笔藏巧。"生"与"拙"皆免俗之法，这是黄宾虹的经验之谈。不过，有人认为此言有逻辑之疏漏，将之改为"文则清，质则厚"，加上"文质彬彬然后君子"，以为此可成大师妙语，但恐怕与黄宾虹想表达的意思相去甚远。"文雅朴厚"是效果，"生""拙"才是达到这一效果的手段方法，黄宾虹不喜空谈，他看重的是把自己的心得和方法毫无保留地与人分享。

可以说，黄宾虹在金石学上的造诣不仅成就了他的书画创作，也丰富了他的美学思想。他由清代金石学兴盛而得出的"道咸画学中兴"论断，更具有开拓性意义。特别是在"时议废弃中国文字"的众声喧哗中，他敏锐地看到艺术界恰恰有"东学西渐"之势。在给女弟子朱砚英的信中，他多次谈到欧美对中国画的重视：

现今留学南北外邦人士专门中画，更加稠密，均有考证，并挽近出土良渚夏玉、长沙周缯，穷流溯源，或升或降，若断若续，

无不通晓。

即以画事而论，欧美学者极能研究前人理论诸书，而思改变其油画、水彩之旧，孜孜于逸品画，赞扬不已，已渐有认识之真。

黄宾虹这种睿智眼光和对本土文化立场的坚守，彰显了他对中国传统文化的自信。但令他不安的是，正当欧美人纷纷研求中国画理论并取得日新月异成果时，当时国内士夫却对中国传统艺术弃而不讲，反过来拾他人之唾余以言富强。黄宾虹认为，学画舍中国原有最高之学识，而务求貌似他人之幼稚行为，是无真知者。

泰西绘事，亦由印象而谈抽象，因积点而事线条。艺力既臻，渐与东方契合。惟一从机器摄影而入，偏拘理法，得于物质文明居多，一从诗文书法而来，专重笔墨，得于精神文明尤备。此科学、哲学之攸分，即士习、作家之各判。①

黄宾虹关于中西画比较的观点，当代美术评论家陈传席也有相似的表达，他说：中国画是哲学的"神遇"，西方画是科学的"目视"，全世界凡是真正的大艺术家、大理论家，都推崇中国画。西方现代派、后现代派认为绘画中要表现哲学，这是中国画一贯的主张，他们仍然是步中国画后尘。中国画中有深厚的哲学内涵，不仅在意境，也在笔墨和形式，同时也有美感。这些，西方绘画仍然做不到。②而这，也正是中国文化值得自信的理由。以我们今天的视角来看，黄宾虹当时对民族文化的那份自信，足以显现他超越那个时代的视野，尤为难能可贵。

---

① 上海书画出版社、浙江省博物馆编：《黄宾虹文集·书画编》下，上海书画出版社1999年版，第11页。

② 陈传席：《中西绘画的区别》，《人民周刊》2023年第12期。

第六章
新安画派启迪的画之大者

　　黄宾虹是位博古通今的艺术大师，他在美术史、画学理论和绘画创作方面的造诣，很大程度上得益于他与新安画派的渊源。在徽州多年的耳濡目染，众多徽州画家的作品和画学主张都给他以启迪，他不断从中汲取营养，丰富自己的理论和创作。更重要的是，在此过程中，他最先发现了徽州画家在中国绘画史上的重要价值和独特地位，率先开启了对徽州画史的梳理和对新安派的研究。

徽州绘画　逸品雅格

　　在历史上，徽州地域在秦晋时曾设新安郡，境内有新安江穿流其间，因此，该地域形成的文化也往往以"新安"名之，如新安理学、新安画派、新安医学等。

　　新安画派是明末清初形成于徽州地域的一个绘画流派，黄宾虹在《新安派论略》中说："昔王阮亭称新安画家，宗尚倪黄，以渐江开其先路。歙僧渐江，师云林，江东之家，至以有无为清俗，与休宁查二瞻（士标）、孙

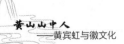

无逸、汪无瑞，号新安四大家。新安画派之名，由是而起。"①明末清初之际，一批具有气节的明遗民画家，以新安山水为创作题材，将遗民苍凉孤傲之情，化作笔下的峻岭奇松、悬崖峭石、疏流寒柯，以感情充沛的笔墨表达出独立不羁的个性和超凡脱俗的意象。新安画派以渐江首开先路，画风以"新安四家"共同构筑，其成员众多，画风相近，画格高古，在画史有名者100多人，能自成一家者有20余人。但对于新安画派的形成、成员、范围、画风及师承等的界定，学界一直存在争议，还有论者称徽州自明清以来绘事发达，画家群体有1000余人，且名家辈出，画风各异，以"新安画派"统之或难概全。这些问题有待学者进一步研究，我们现以"新安四家"为新安画派形成的标志。

在新安画派形成之前，徽州的绘画历史可以上溯到唐代。唐代开徽州绘画之风的有两个人物：一是薛稷，二是张志和。

薛稷是唐代著名书画家和诗人，书法师褚遂良，与虞世南、欧阳询、褚遂良并列为初唐四大书法家；画宗阎立本，精花鸟与人物白描，尤以画鹤最妙，开创了花鸟画的先河。薛稷曾任黟县令，为永安寺题额并画西方像一壁，笔力潇洒，风姿逸发，《唐朝名画录》列之为神品。罗愿在《新安志》中称：邑人时有画者，盖薛公之余风。

张志和是唐代著名诗人和画家，善画山水，父母与妻子去世后，他弃官弃家，开启了漂泊江湖、浪迹山林的渔隐生活，后寓居祁门县一都，子孙世居其地。薛稷和张志和以其声望和艺术成就为徽州士庶所钦仰，当地文人士子仿而效之，积日既久，喜事绘画蔚然成风。黄宾虹称薛稷在徽州所传为富贵堂皇之派，张志和带给徽州的是林泉野逸之派。

在薛稷、张志和之后，徽州书画坛代有人出，如五代时善画佛像的僧贯休，元代以画马著称的戴仲德，以山水画见长的朱璟，以山水、人物、花

---

① 上海书画出版社、浙江省博物馆编：《黄宾虹文集·书画编》下，上海书画出版社1999年版，第20页。

鸟画兼长的程政，等等。到了明代，随着徽州文风的鼎盛和收藏之风的盛行，大量古代名画流入徽州，加之文人墨客的交流日益频繁，徽州画坛日趋活跃。黄宾虹在《黄山画苑论略》中说，明代吴门画派领袖沈周与徽州文人诗书来往频繁，且在黄山住过不少时间，曾一度在歙县潭渡黄家避难，徽州画家多有与之交往，"邦人学画，师承授受有自来矣"①。沈周的绘画在师承元四家基础上，集诸家之法并有自己的创造，功力浑厚，笔墨豪放，发展了文人画的表现技法，给新安画家颇多启示。除此之外，开创了华亭派的董其昌也与徽州关系密切，他与陈继儒居西溪南吴氏家中赏画、鉴画、评画，与当地书画家吴周生等相互切磋画艺。董其昌山水画亦师法元四家，主要是学董源，他的临古之作很多真迹来自徽州人的收藏，但他提倡师古而有自己的创造，还提出了绘画的南北宗论，其画风和审美趣味对徽州画坛也是有一定影响的。

　　在明代中后期，以沈周为代表的吴门派和以董其昌为代表的华亭派成为画坛的主流，此外还有金陵派、娄东派、虞山派等。这些画派发展到清初，其末流画家积习相因，摹古成风，沦为甜俗。新安画家师古而不沦为甜俗一路，最关键的是，他们创作时面对的是真山水。如歙县画家黄尚文（字无文），于宋元近代诸名家，无所不临摹，而自有一种天趣超然尘外。他晚年隐居黄山，住人字瀑下，袋中备笔砚，衣襟藏桑纸，早晚步出户外，以收千松万壑之奇。黄宾虹称"新安丹青，素逊吴下，一出而与之抗者，自无文始也"②，对其颇多赞誉。

　　黄宾虹分析，黄山（指徽州及宣城一带）画家后来较同时代画家技高一筹，还有一个原因是他们对古代真迹见识得多。"盖当时宣歙旧族，收藏宋元明画，既精且富，晨夕观摩，咸志法古，非因时习转移。自此新安

① 上海书画出版社、浙江省博物馆编：《黄宾虹文集·书画编》上，上海书画出版社1999年版，第314页。
② 上海书画出版社、浙江省博物馆编：《黄宾虹文集·书画编》上，上海书画出版社1999年版，第316页。

一派，遂能高自位置。绝去攀附，不随吴门、华亭末流归于澌灭。品贵自立，其在斯乎！"①潭渡黄崇惺在《草心楼读画记》中讲述他的祖父、草心楼主人黄熙（真民）作画时的情景——"每风日晴美，辄欣然含毫呪墨，为画幅以自娱，盖大父生平所见宋元以前名迹至多，每一下笔，辄与古会，然大父之言曰：'吾于画，不知所谓南北宗派也，当吾意而已。吾作山水树石，不知所谓阴阳向背也，得物之天而已。当吾意则不必悦世眼，得物之天则虽尺幅之内，天与地卑，山与泽平，无害也。'"②黄熙是潭渡著名的收藏家和画家，从他孙子的这段记述中，可知他所见古代名家真迹之多，对各家之法早已烂熟于心，作画时根本无须考虑遵从哪家哪法，一下笔自然就能与古法相通。他对自然景物的描摹也不纠结于真实世界的阴阳向背，而着意于写出大自然的天趣，更不屑于取悦时媚。"当吾之意，得物之天"，这是否也表达了众多新安画家的真性情？

新安画家在明末画坛独领风骚，其杰出代表有丁云鹏、郑重、詹景凤、李永昌、程嘉燧、李流芳等，他们崇尚元四家逸品格调，画风迥异于当时画坛流行的摹古泥古之作，成为新安画派的奠基者。如休宁人程嘉燧，字孟阳，号松圆，侨居嘉定，晚年归里皈依佛祖，法号海能。他工诗文，精音律，尤擅金石书画与考证。山水宗倪瓒、黄公望，笔墨细净，沉静恬淡如其人。他主张学古人要以己意以化之，更强调画家人品之重要。黄宾虹在其自画山水题跋中称："松圆老人以诗名海内。其画意秀逸圆劲，为开新安四家之祖，而罨润之致，时复过之。"另一休宁画家丁云鹏，山水花鸟无不精妙，尤以画佛像见长，画名享誉海内，时人以其比李公麟。其山水画有元代画家方从义、吴镇遗意。歙县画家李流芳，其画主要师承五代董源、巨然和元四家，又能注重师法自然，强调写生，于画中自创新意。他主张萃造化、

① 上海书画出版社、浙江省博物馆编：《黄宾虹文集·书画编》上，上海书画出版社1999年版，第320页。
② 黄映泉主编：《歙县潭渡黄氏族谱》，2022年印，第261页。

古人、诗境于一局，以不似求真似，体现了突破传统、改革创新的精神。

在明末清初，与渐江等新安四家同一时期的名家还有戴本孝、程邃、汪家珍、王尊素、谢绍烈、郑旼、吴山涛等，他们因身处程朱理学浸染的徽州，在亲历了山河破碎之痛时，能坚守儒家人格操守，宁做明朝遗民，不与清政权合作，或布衣不仕，或隐于山林，尤为崇尚气节人品。在艺术创作中，宋元绘画简淡明洁、渴笔枯墨里隐隐透出的冷峭清高意境正好契合了他们孤傲悲壮的遗民心境，而新安山水特别是黄山白岳那超凡脱俗之美又最适合用来表达他们所追求的艺术精神。于是，崇尚倪黄，貌写家山，表达空寂、寒远和深邃的山水景色成为这一时期画家的共同审美取向。

新安画派发展到中期，继承"新安四家"衣钵的画家主要有黄吕、戴思望、汪朴、吴定、江注、祝昌、姚宋。到了清代中后期，明遗民画家所处的特定历史阶段已时过境迁，新成长起来的新安画家以他们不同的生活体验，将新安画派冷峻刚劲的风格转向了更具动感、情感表达更为酣畅多样的艺术格调，代表画家有程士镳、僧雪庄、程鸣、方士庶、黄柳溪、吴子野等，黄宾虹将他们列为新安变派画家，称其中有些画家如黄柳溪、吴子野等，其画风转移于江淮之余习，尽失其真，但"山林野逸、轩爽之致，未可磨灭，犹胜各派之委靡，独为清尚之风马"[1]。

新安画派　画史流芳

对于新安画派在中国绘画史上的地位，黄宾虹有独到见解，他称明季以来画以新安为最高雅，并投入大量精力收集整理新安画家史料，为渐江、江注等新安画派大师作传，还写出《新安派论略》《黄山画苑论略》《增

---

① 上海书画出版社、浙江省博物馆编：《黄宾虹文集·书画编》下，上海书画出版社 1999 年版，第 20 页。

订黄山画苑论略》《黄山丹青志》，对新安画史及历代画坛代表人物事迹作了系统梳理。

黄宾虹关注新安画家，应始于对潭渡黄氏画家群体的偏爱，这起先或是基于一份浓浓的家族情怀。他十几岁就接触了族祖黄吕的画作，后又对其真迹多次临摹，赞赏其以书法入画的笔法，更感慨于他的瘦硬风格不入俗目。他还从黄崇惺的记载中了解到，黄吕作品的骨韵远不及其父黄生，但他对黄生画作却始终求而不得。黄宾虹就是在对先人画作的苦苦寻求中，逐渐"遇见"了越来越多的新安画派先贤，由此打开了新安绘画很多尘封的历史。

黄宾虹对新安画家了解愈多，愈见其博大与可贵，特别是他寓居上海之后，编辑《美术丛书》，纵览历代画论，目浴真迹无数，加之与国内一流学者和欧美学者频繁交流，他的学识和视野更广，从而能以纵贯古今和东西方艺术比较的视角，重新审视新安画派在中国绘画史和世界艺术史上的价值。他写信告诉许承尧："昨有瑞典图书馆主任喜龙仁者，酷爱郑（旼）画，谓新安派为世界第一等高品，江浙名家皆所不及。如四王之甜，蓝田叔之俗，欧人亦厌之矣。程孟阳萧疏雅淡，实开渐江僧之先声。""德国有女子名孔达者……亦称新安派得'辣'字之诀，而薄吴门、华亭、虞山、金陵诸名家，其知识远甚。"字里行间，可感受到他本人对新安画家的推崇。

在黄宾虹之前，尚没有关于新安画派甚或徽州画家群研究的专门论著，黄宾虹可谓这一领域的拓荒者，他在研究中没有现成可资借鉴的完整资料，只能从海量的文献中去爬梳整理，寻找线索。他曾告诉傅雷，他所编著完成的《垢道人佚闻》，"此类文字多从卷册真迹累年录出，向无刻本。或有原刻，经前清禁毁无存，经多方觅得之"。他也向好友陈叔通透露过，离沪北上的数年，行箧中携带的明清书画名迹，仅留存与歙邑有关的作品，以备整理文献时作参考，其余的收藏因为物价大涨，大半散去，改易购置乡先贤作品遗墨。可见，即便是生活陷于困顿，黄宾虹对乡贤之作的收藏也是有增无减。靠着这种集腋成裘的方法，他积累了近 200 位画家的史料。

　　当然，他所关注的乡贤画家不仅限于徽州，他信札和文章中还常提到"宣歙""徽宁"这些概念，比新安画派所涵盖的范围更广，是以黄山为中心来确定的。"黄山自唐天宝改名黟山之旧，其境跨宣歙二州，广五百里。东南歙州歙县属，西南休宁县属，各百二十里；东北宣州太平县属，八十里。中原多乱，江左士夫，避居其间。千百年来，人文蔚斐，绘画名家，因之辈出。"①由此看来，宣城和徽州这两个行政区域在文化上有一定的趋同性和关联性，黄宾虹因此将其作为同一个文化圈来论述。以其翔实资料为底本所撰写的《黄山画苑论略》《新安派论略》《黄山丹青志》等著述，为宣歙地区勾勒了一部脉络清晰的绘画简史，发表于 1926 年《艺观》第一期的《黄山画苑论略》收入书画家 160 多人，《黄山丹青志》汇集了 60 多篇与黄山绘画有关的史料，并理清了一些画家的师承关系。他非常清楚这项工作的重要意义，在世时不断充实材料，生前还有很多未及整理的手稿，如被收入《黄宾虹文集》中的《新安画派源流及其特征》《增订黄山画苑论略》都是他手稿的残篇，就如他很多未完成的画作，他是一直都在往里面添加笔墨，都是未定稿。在他捐献给浙江省博物馆的遗物中，就有手稿一木箱，其中是否还有关于新安画派的文字，笔者尚未得见。

　　1953 年，黄宾虹在写给汪聪的两封信中，均议及宣歙画家文献出版事宜：

> 敝藏近拟编集宣歙古画宗传，自元明至近代，不下百余人。
>
> 朱璟、王寅、夏基、丁云鹏、詹景凤、渐江僧、汪之瑞诸先哲真迹。
>
> 台端得暇，可来杭流览，合作成书，亦一快事。

---

① 上海书画出版社、浙江省博物馆编：《黄宾虹文集·书画编》上，上海书画出版社 1999 年版，第 309 页。

徽宁先哲书画，敝有近二百人，此有志乘未载者，拟先编录印行。元旦公暇，倘蒙来杭商议留存及捐公一切，尤幸。

黄宾虹年逾九旬仍有很多出版计划，拟编集《宣歙书画家传》《所见道咸书画录》等。从他字里行间流露出的急切心情，我们可以感受到他一直在拼命与死神赛跑，那种心愿难了的无奈，令人叹惋。如果上天能假以时日，他一定能编纂出一部史料丰富、内容完备的新安画史的。不过，仅他已经整理出的文字，对后之学者开展新安画派的研究也功莫大焉。

在新安画派画家的个案研究中，黄宾虹重点对渐江、江注、程邃进行了专题研究，撰有《梅花古衲传》《江允凝传》《渐江大师事迹佚闻》《垢道人佚事》等著作。

渐江（1610—1664），俗姓江，名韬，字六奇，出家后释名弘仁，号渐江、梅花老衲、梅花古衲等，歙县县城江家坞人。为明诸生，入清后，与遗民好友诗人许楚、程守等，俱终身不仕，隐于禅院，在福建从古航禅师出家为僧。

渐江工诗善画，其诗清奇古僻，荒寒澹远；其画伟俊沉厚，清逸萧散。他一生纵情山水，尤爱家山，寄情于黄山白岳，往来于慈光、云谷间数十年。他绘画师法古人，"得倪黄真髓"，更师法自然，"敢言天地是吾师"，他的好友汤燕生说他居黄山所画之图可千百计。其所绘《黄山真景图》60幅，从逍遥亭觉庵到丹井，奇峰幽壑，怪石虬松，皆黄山本色，曲尽黄山胜景之美。黄宾虹赞其"寄怀黄海，极奇峭玮丽之观，本其幽淡天真，以写崚嶒丘壑，不为平远而为深远高远，于元人之外，特创一格，笔墨腴润，气韵清超，举吴门、浙江画家浮靡狯俗之习，一洗而空之。此正董巨法乳嫡宗，传其精神，不效面貌者也"①。石涛则称渐江游黄山最久，故能得黄山之真性情也，即一木一石，皆黄山本色。

---

① 上海书画出版社、浙江省博物馆编：《黄宾虹文集·书画编》下，上海书画出版社1999年版，第205页。

　　渐江师古人从宋元各家入手，晋、唐、宋、元凡真迹，必谋一见，尤崇倪瓒画法，曾有诗曰："迁翁笔墨予家宝，岁岁焚香供作师。"对他痴迷倪画之事，黄宾虹也有记载："相传师购倪画数年，苦不得其真迹。一日获观于傅溪吴氏，遂伴疾不归，杜门面壁者三阅月，恍然有得，落笔便觉超逸，因取向来所作悉毁之。"[①] 但他学倪却不拘于得倪瓒笔墨的形似，而能遗其形而得其神，将胸中所藏千山万壑之灵气凝于笔端，较之倪瓒的荒凉寂寞之境，更多真实山水的清新之意，因此，其作品更有自然传神之妙。渐江与朱耷、髡残、石涛并称清初四画僧。黄宾虹称，论画于明季以来，欲无间言，非渐师莫属。

　　渐江一生酷爱梅花，也留下了不少画梅之作。他曾与友人言："墓上种梅为绝胜事，归卧竹根之日，尚有清香万斛，濯魄冰壶，何必返魂香也。"他圆寂后，其友将之葬于歙县城南西干山之披云峰下，并于墓旁植梅花数十株。1935 年秋，黄宾虹携夫人宋若婴重游黄山，专程去拜谒了渐江之墓，并拾级而上，登上披云峰顶，"远眺黄山云门诸峰，如在天际，而近处乌聊、紫阳二山，近接几案，澄江如练，环绕林麓，有舟筏二三浮沉于空明者，碎月滩也"。黄宾虹面对此景，不禁怀想 200 多年前渐江与好友泛舟练江的情景。当年，渐江与吴不炎、程非二、许青岩及侄江允凝放筏舲游练江之上，吴不炎将家藏宋元逸品书画数十种携来与友共览，饭后就荫石淙，渐江挥毫吮墨作《石淙舟集图》，许楚为之题跋。这次雅集之后，渐江因"解衣脱帽"受了风寒，不久于披云峰下的五明寺染疾圆寂，其墓地即选在五明寺旁的山坡上。黄宾虹前往拜谒时，该墓刚经许承尧、江彤侯修缮，植寒梅数丛。墓穴后遭毁，1982 年进行了修复。

　　2024 年初春，笔者与友至披云峰下，五明寺早已不存，寺后的五明泉仍在，泉上立一碑，镌有许承尧题记。循古道至渐江墓拜谒，墓上方有碑，

歙县练江始处

刻"渐江和尚墓"5字，为其好友许楚手迹。墓地四周林木扶疏，环境清幽，墓前与墓侧各有一株白梅，花影摇曳，暗香浮动，颇合渐江遥想的"清香万斛，濯魄冰壶"之境。渐江墓所对的正是墓主当年泛舟的练江，黄宾虹那年于墓旁循道直登峰顶，其所见当更为壮观。目力所及，远处黄山诸峰云蒸霞蔚，若隐若现；近有丰乐、富资、扬之与练江四水翕合，碧波荡漾。周边古民居粉墙黛瓦，绿树掩映，尽收眼前的有中国四大历史文化名城之一的徽州古城，全国历史文化名街渔梁古街，被列入国宝的太平古桥、长庆寺塔和渔梁古坝，更有留下诗仙遗迹的太白楼、碎月滩和李白问津亭。这些错落有致的自然与人文景观，构成一幅浑然天成的江山胜景图。当年，黄宾虹面对此景坐憩移时，流连忘返，或许他的魂魄早已被江允凝的笛声牵进了那场雅集，与渐师等畅饮酬唱，直至夕阳沉阁，才如梦方醒，循途下山。

在渐江同时代和其后的新安画家中，传摹他画艺之人众多。其侄江注（字允凝）是嫡传弟子，两人还有合作之画。江注家住歙县城南江家坞，离黄山一百二十里，每年春秋佳日，他都有黄山之行，游必搜胜穷幽，流连数日，其所作吟咏黄山的诗篇，深受清初著名诗人施闰章赞赏。所绘《黄山图》册 50 帧，有施闰章、王士禛、赵吉士等数十位名人题跋、题诗。作为渐江的高足，他的绘画传承了渐江清幽冷逸的画风，黄宾虹评价他画品胎息宋元，出入文、唐，造境奇僻，用笔坚卓。除江注外，能得渐江真传的还有姚宋（字羽京）和祝昌（字山嘲），黄宾虹称姚宋初学渐江，后博采众家，自山水、人物、花鸟、虫鱼、兰竹以及指头、木片、西洋纸等靡不工，他还曾在瓜子上画十八罗汉，成为绝技。

黄宾虹在发表了《渐江大师事迹佚闻》后，又于 1943 年完成《垢道人佚事》，载于当年《中和》杂志第 4 卷第 3 期。垢道人程邃于诗文、书画、金石无所不精，山水画初学宋初巨然，后学元末王蒙、吴镇，渴笔焦墨，沉郁苍古，于皴中含苍润，极具金石味，所谓"润含春雨，干裂秋风"，惜其画名为印名所掩。程邃生逢明清易祚之时。明末奸臣当道，他敢于挺身而出与之斗争，入清后被荐为博学鸿辞科，他却力辞不就。程邃的品行人格和金石书画成就，皆为后世所啧啧称道，但因代远年湮，人们对其事迹只知大概，难以深考。黄宾虹"不忍令其磨灭"，因此不惮劳烦，于市肆残余露钞雪纂，汇集遗佚，收集了很多珍贵的程邃诗词书画、题跋函牍及篆刻印拓，并为其作传，考证其家族源流、生平及交游等，称其诗画篆刻皆极精深，戛戛独造，诗余题跋，尤多逸趣。

从黄宾虹致友人的信札中，我们不难看到黄宾虹对新安画派史料搜求所作的不懈努力，当他得到有价值的史料，都会及时整理成篇，发表在当时的报刊上。《黄宾虹年谱》编纂者王中秀遍翻民国期间报刊，为黄宾虹找回了很多散佚的文字，这些遗落的珍珠中就有不少宣歙画坛名人逸事，如杨明时、程嘉燧、郑旼、程瑶田、梅清、吴万春、汪梦龙、戴本孝、何文煌、萧云从等人的逸事，都是通过黄宾虹的宣传才为时人知晓，并永存

渐江山水作品（故宫博物院藏）

孙逸山水作品（故宫博物院藏）

画史。"新安派为世界第一等高品"，黄宾虹这样的推崇和引导，也让新安画派的价值被重新发现，在中国绘画史上的地位得以确立。

溯源正轨　创新求变

黄宾虹如此推崇新安画派，其画学思想和书画创作必然也会受到新安画派影响，这是肯定的。也有人认为，黄宾虹的早期绘画清逸疏朗，尚有新安画派的遗风，但最能代表他绘画特征的晚年作品元气淋漓、浑厚华滋，与新安画派传统画风迥异，所以不能将他归入新安画派。笔者认为，这种认识无异于画地为牢。

其一，绘画艺术起初并无派别之分，明代以后，中国画坛人才辈出，尤其是江南各地画家群体不断涌现，不同地域因山川各异、文化背景有差别，画家的笔墨风格也各有千秋，因此形成不同的派别，这些派别主要是以地域划分，如浙派、吴派、华亭派、新安派等。在画派形成之初，同一画派的画家，画风较为相近，或有师承关系，或有相同气质，且有一位或几位开风气之先的领军人物。但每个画派并不是封闭的，画派与画派之间有交流，画风也相互影响。随着画家群体的壮大，同一地域的画家，其画风也会有很大差异。如试图将某个画派的风格框定几个标准，然后去对应某个画家的作品，往往会陷入窘境。

其二，如果说，画派是对某个地域在某个历史阶段画家整体画风的界定，那么其共性特征相对较多，易于为其画像。但如果这个画派的时间轴已经拉长，而后来者仍以最初的画派画像为范本，其结果必然是陈陈相因，死路一条。任何一个画派的发展，必须在继承中不断求新求变，并且这种变化是对前人的超越，才会有无限生机。黄宾虹以其几十年的笔墨探索，集历代名家画艺之大成，将中国画艺术推上一个前无古人的高度，这不仅是对新安画派的超越，也是对传统中国画的超越。新安画派正因为产生了黄宾虹这样的大师之作，才堪称"世界第一等高品"，这是黄宾虹对新安画派的又一贡献。

那么，新安画派对黄宾虹的艺术产生了怎样的影响呢？

在晚清和民国初年，中国画坛流行以西洋画来改造中国画，从而又产生另一个危机，即以笔墨为精髓的中国画民族精神的丢失。

黄宾虹作为一位有强烈民族情怀的知识分子，始终坚守本土文化立场，他坚信中国传统绘画从内部一定能找到超越的力量，这是一种形而上的蕴含于笔墨之中的力量。他从学理和实践两个方面对中国画传统笔墨进行探源溯流，种种惊喜的发现更坚定了他原有的那份自信。一是道咸时期金石学兴盛带来的画学中兴，让他看到了中国画具有从内部更新的强

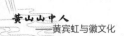
大生命力；二是明末清初新安画派在画坛的异军突起，带给黄宾虹更多启迪，让他看到了中国画从传统内部突破的实现路径。

黄宾虹在《新安派论略》中，将新安派与当时的吴越各派相比较，认为新安画派所选择的师承路径正是中国画学发展之正轨。在师古人方面，新安派画家崇尚元四家黄公望、王蒙、倪瓒、吴镇的逸品画风格，而这四家又是从师法北宋并上溯唐法变易而来，为画品最高者。

不过，在明末清初，师法宋元的非新安一家，为何独新安派能脱颖而出？这也是黄宾虹所关注的。

> 五代荆浩，善言笔墨，尤尚皴钩，关仝学之，为得其传，变而为简易。宋之董元，下笔雄伟，林霏烟霭，巨然师之，独出己意，变而为幽奇，其与李成、郭熙、范宽画寒林不同。至米氏父子，笔酣墨畅，思致不凡，水墨画中，始有雅格。……二米之画，最为善变。元之赵鸥波、高房山，及其叔季，有黄子久、吴仲圭、倪云林、王叔明，皆师唐宋之精神，不徒袭其体貌，所为可贵。明之沈石田、文征仲，力追古法，而长于用笔墨。唐子畏、仇实父，兼师北宗，更研理法。董玄宰上窥北苑，近仿元人。娄东、虞山学之而一变，新安、邗江学之而又变。[1]

我们从黄宾虹对五代以来代表性画家相师变易的逻辑梳理中，可以找到这样几个关键词：师古而不泥古，不袭其貌而取其精神，善于在继承中变易，这才是中国画生命力之所在。

中国绘画在隋唐以前，善画者多为高人逸士，随意挥洒，悉见天机。从南齐谢赫提出绘画六法论（一曰气韵生动，二曰骨法用笔，三曰应物象形，四曰随类赋采，五曰经营位置，六曰传移摹写），中国绘画从此进入理论自觉时期。到唐代法度已备，五代以至北宋，画法日臻完备。但宋人

尚法更贵在变法，他们追踪前贤，变出己意，各臻其妙。元代画家师法唐宋，却又不落畦径，不入时趋，于唐宋法度中幻化而出，淡然天真，如无意为文，"从心所欲而不逾矩"，创作出气韵生动的简笔逸品，妙绝古今。新安画派的大师们就是追寻着这样的正轨，以元四家为正宗，崇尚倪黄之清逸，上追唐宋之法度，以不似求神似，自成一格。黄宾虹也认为："师古人者，必先明其源流，辨其雅俗，学乎其上，得乎其次。既明笔墨之法，不坠恶习，知以古为师，得其正矣。"[1] 他还总结了师古人的步骤：先摹元画，以其用笔用墨佳；次摹明画，以其结构平稳，不易入邪道；再摹唐画，使学能追古；最后临摹宋画，以其法变化多。当然，他所说的宋画也涵盖五代荆关董巨。在学古人方面，他盛赞新安画家李流芳"得北苑之神似，在董玄宰之上，今欧亚学者认为正轨第一"。

不脱于正轨，这是变易之前提，否则就易入歧途。如有些画家自恃聪明，不屑于临摹古人，也不讲理法和笔墨，任情涂抹，自诩为创新，其实是自欺欺人，不是入于犷悍，即是流于浮滑。清初画坛的时弊，就在于媚俗者和野狐禅皆不乏其人。而新安画家的可贵，正在于能戛戛独造，不为当时邪甜俗赖之风所染。

在学古人方面，新安派画家也不为时好所左右，而有自己独立的思考。如华亭派董其昌的"南北宗论"在当时颇为流行，董其昌褒南贬北，认为大李将军李思训所代表的北宗不宜学，这种观点笼罩画坛数百年，其所倡的独宗董源之论，趋之者亦众。新安画家却不为其笼罩。他们虽祖述董巨，师法倪黄，但在创作中不设门户之见，博采众家之长，如"新安四家"之一的孙逸，山水兼法南北宗各家，尤得黄公望之法。

力追古法而不追逐时好，新安画派这种戛戛独造的风范是黄宾虹所极为称赏的，我们看他自己的临古画作，也是广涉各家，李唐、刘松年、

---

[1] 上海书画出版社、浙江省博物馆编：《黄宾虹文集·书画编》下，上海书画出版社1999年版，第111页。

马远等南宋画家的作品他也多有临习，终以唐宋为旨归。但他临摹古人往往是遗貌取神，也不刻意追求形神相似，而是融入自己的思想。他大量的勾古画稿，更是出繁入简，是以临古仿古来参悟传统，理解画史，为中国绘画风格史梳理了一个嬗变脉络，即"唐人刻划，宋人犷悍，元季四家出入其间而以萧疏淡远为之"。

新安派大师对师法自然的重视，也给黄宾虹的画学思想以重要的启迪。新安画家都寄情山水，重视写生。如黄宾虹喜爱的李流芳，其所画山水、花鸟，多是以写生而来，具有鲜明的个性和时代特色。他好游西湖，每游必带回很多写生稿。其写生出入宋元，逸气飞动，常有传神之笔，能自出新意。新安画派大师渐江更是写生妙手，他以黄山真山水为粉本构思取意，取境奇辟，命意幽深，能得黄山之真性情，可谓黄山写生第一人。黄宾虹承新安先贤遗风，一生遍游名山，积累了万余写生画稿。他认为，古人之法，本来就是天地自然之道，学画者不能为成法所束缚，当舍法而进于自然，即师古人不若师造化。不识真山水，而专于楮墨间寻生活，就很难跳出古之成法的樊篱。能师造化，则千变万化，层出不穷。"师造化，四时气候之殊态，五方风土之异宜，各有参差，未容拘泥，惟各大家始能融通古今，穷极变化，可以创格，可以开先。"这应该是黄宾虹的经验之谈，他的晚年变法，就是在师造化中得到的启示。

1932—1933 年的巴蜀之游，是他艺术生命中最值得纪念的一次壮游，其最大的收获，是从真山水中证悟了他晚年变法之理。证悟发生在两次浪漫的游历途中："青城坐雨"和"瞿塘夜游"。

"青城坐雨"是在 1933 年早春。黄宾虹去青城山途中遇雨，全身湿透，索性坐于雨中细赏山色变幻，从此大悟。第二天，他连续画了《青城烟雨册》十余幅，焦墨、泼墨、干皴加宿墨。在这些笔墨试验中，他要找到"雨淋墙头"的感觉。雨从墙头淋下来，任意纵横氤氲，有些地方特别湿而浓重，有些地方可能留下干处而发白，而顺墙流下的条条水道都是"屋漏痕"。当我们把这种感觉拿来对照他所绘的《青城山中》，多么酷肖"雨淋墙头"啊！完全是北宋全景山水的章法，一样的笔墨攒簇，层层深厚，却是水墨淋漓，云烟幻灭，雨意滂沱，积墨、破墨、渍墨、铺水，无所不用其极！

　　"瞿塘夜游"是发生在游青城后的 5 月，回沪途中的奉节。一天晚上，黄宾虹想去看看杜甫当年在此所见到的"石上藤萝月"。他沿江边朝白帝城方向走去，月色下的夜山深深地吸引着他，于是，他在月光下摸索画了一个多小时的速写。翌晨，黄宾虹看着速写稿大声叫道："月移壁，月移壁！实中虚，虚中实。妙，妙，妙极了！"至此，黄宾虹的雨山、夜山是其最擅长、最经常的绘画主题。从此，他也从新安画派传统绘画风格中破茧而出，一变新安清逸之法，以水墨淋漓、浑厚华滋为自觉的美学追求。他 70 岁后所画作品，兴会淋漓，浑厚华滋，喜以积墨、泼墨、破墨、宿墨互用，使山川层层深厚，气势磅礴，惊世骇俗。其"黑、密、厚、重"的画风，使中国山水画上升到一种至高无上的境界。[①]

美术史学　现代拓荒

　　黄宾虹从研究新安绘画大师渐江入手，进入对新安画派的研究，并梳理黄山画苑历史。与此同时，他从关注家乡的画家画史拓展至对各时代不同流派及代表性画家的专题研究，如对苏轼文人画，徐熙、黄筌花鸟画，五代北宋院画及荆关、董巨之画都有专论，还撰写了王诜、刘松年、马远、沈石田、恽南田、黄筌、王原祁等画家传记。在对画家画派个案的研究中，他一步步走进了中国绘画的历史长河，成为中国美术史学的现代

拓荒者。

中国历代有关美术史学的文献论著卷帙浩繁，20世纪初，黄宾虹、邓实及胡朴安联手合编的《美术丛书》从1911年开始出版，直到1932年全部出齐，合计4集160册，采辑图书280余种，多世间少见之本。所收各书，以论画之书为多，此外，还涉及雕刻摹印、笔墨纸砚、瓷铜玉石、词曲传奇、工艺刺绣等方面，是对中国古代工艺美术文献的一次系统整理。这项规模浩大的出版工程，为后来的中国美术史学研究提供了极为丰富的史料支撑，其意义之重大不言而喻。

在20世纪初，现代形态的中国美术史著作最早出自日本和欧洲人之手。这缘于近代中国大量文物被西方掠夺并公开展出后，中国艺术的魅力惊艳了西方文化界，特别是中国美术，被推为世界独绝，更多西方收藏家开始大肆搜购中国书画。西方学者由此掀起了研究中国美术的热潮，他们凭借手中掌握的丰富文物资源，研究成果领先于我国国内。

中国本土学者撰写的美术史著作最早出版于1925年，一部是陈师曾的《中国绘画史》，另一部是黄宾虹的《古画微》。有研究者认为，陈师曾和稍后的潘天寿所著《中国绘画史》，都是在借鉴日本学者著作基础上编译而成，而黄宾虹的《古画微》则是一部有独到见解的原创绘画史著作。

由商务印书馆出版的《古画微》，按中国传统画史体例，将上起画事之始的史皇，下至清末陈若木、郑珊这一横跨近5000年的中国绘画发展演变历程进行了系统梳理，从上古三代图画实物开始，阐述各个时代的代表性画家及其风格，讲述历代绘画之精意，并通过对代表性画家画作的解读，揭示不同时代、不同流派的绘画风格及师承嬗变关系，如"两晋六朝创始山水画以神为重""唐吴道子画以气胜""王维画由气生韵""五代北宋之尚法""元人写意之画倡于苏米""元季四家之逸品""明画繁简之笔"等，这些精辟的概括性论断体现了作者博古通今的宏阔视野和独到见解，从中可窥作者在探求中国绘画演变的内在逻辑中，一直在努力探索中国画千古不易的精神，破解中国画生命力延续的密码。这使这部著作成为一部有灵魂的美术史书，同时也是一本探抉古代绘画精意和绘画史理论的重要著作。他选择从画家入手讲述美术史，有史有论，体现了注重文献实证的朴学精神。

黄宾虹是 20 世纪最早对中国古代绘画史作系统研究的学者，在《古画微》成书之前的 1923 年，《民国日报》副刊《国学周刊》开始连载他撰写的《中国画史馨香录》。1927 年由于该周刊停刊，这部绘画史著作写到南宋四大家就中止了，但该书对古代杰出画家和绘画流派的探究却极有见地。黄宾虹以中国绘画的起源开篇，从汉代开始则以画家传记的形式串联起中国画璀璨的发展历程，在这个过程中，他并没有像西方美术史书那样对画史作不同阶段的分期，而是注重于对一些代表性画家的艺术特点作画龙点睛的评论，如评米芾时说："盖宋元各家，俱以实处取气，惟米家于虚中取气。""王维以能诗称，诗中有画，画中有诗，其画遂为世人所珍重。"他还将不同时代画家的取法、风格流变与传承关系等一一厘清，给读者呈现出不同风格绘画嬗变的清晰脉络。如论及荆浩，称其承唐吴道子、王维一派，又是范宽辈之祖。说文人画始自王维，其后董源、巨然、李成、范宽为嫡子。

黄宾虹在叙述画史过程中，将古代经典的画论一一呈现，如谢赫的绘画六法理论，朱景玄《唐朝名画录》画分神、妙、能、逸四品之说，荆浩笔法的"六要（气、韵、思、景、笔、墨）四势（筋、肉、骨、气）"说，李成《山水诀》的笔法要旨，苏东坡"论画以形似，见与儿童邻"之论，董其昌的南北宗论等。理论穿插于画史的叙事中，与画史相印证，既可强化读者对画史的深度理解，也提升了这部画史的理论高度。

更难能可贵的是，在黄宾虹的画史中，不论是讲述画家生平还是阐述

精深画理，都不会给人以枯燥乏味之感，他的画史是生动有趣的，因为其中装满了引人入胜的故事。如张僧繇"画龙点睛"，吴道子观裴将军舞剑悟笔法，苏东坡画竹"胸有成竹"，等等。通过对这些故事、典故和画坛逸事的精彩讲述，让一些只可意会难以言传的画理简单易懂，使那些尘封的历史也变得鲜活起来，为读者打开了一扇与古人对话的窗口。

黄宾虹是讲故事的高手，但他不编故事，他的故事都从史料中来，有根有据。对史料记载不可靠之处，他也会特加说明，对后人曲解的典故，他会释其本意以明后学。如出自汤垕《画鉴》的"曹衣山水，吴带雷风"，原本是用以形容魏晋时期吴兴著名画家曹弗兴的人物画创作，以山水喻其所画人物之皴皱之状，以雷风形容他作画挥毫之迅。后人却指为"曹衣出水，吴带当风"，这从语句上虽也讲得通，但古人作画的真意却因此湮灭不彰了。后之学者为此还创出铁线皴、兰叶皴，作为对曹仲达、吴道子两家笔法的辨别，这完全就是两码事了。

黄宾虹对历史史实这种较真的态度，正是朴学所提倡的实事求是精神的体现。他将文献史料与实物互证，将画史、画理、鉴定、传略和画法甚至金石学的研究融会贯通，游刃有余地穿行于画史长廊，在对一个个史学问题的深入剖析中有根有据地阐明自己的见解，由其串起的画史脉络自然也就清晰而生动。

黄宾虹之所以能对中国绘画的发展历程有如此清醒的观照，其最大的优势在于：1909年寓居上海后，他协办神州国光社美术编务，任《国粹学报》编辑，编印了《神州国光集》《神州大观》《历代名家书画集》《中国名画集》，又曾主编《艺观》双月刊、《国画月刊》等，负责编辑《美术丛书》，用珂罗版印刷画集……这些艺术编辑工作使他对历代画史画论烂熟于心，且能目浴十万古代书画真迹，使他对中国书画创作全貌和各时代艺术家的创作风格和作品特色了然于胸，这些正好暗合了他以朴学精神治学所需的条件。

　　有评论认为，黄宾虹依托于传统绘画的本体规律，以一种"内行"和"内观"的视角，阐发了自身对传统中国画的深层理解，构建起整体而延续的绘画史发展脉络。还有学者认为，黄宾虹在画史研究中所奉行的中国绘画本体研究方法，也是 20 世纪重要的文化经典，为中国现代美术史学奠定了良好的基础。事实上，在 20 世纪 20 年代，黄宾虹在美术史学研究上的知名度远高于他的绘画创作，他曾被暨南大学等多所院校聘请担任美术史教授，当时很多人只知他是美术史研究专家，却不知道他还是位画家。

第七章
新安风骨陶冶的凛凛士夫

在黄宾虹的画学思想中，有一个非常重要的方面，就是强调画家人品之重要。他认为人品高尚，画品才可能有高格，他最为推崇的是士夫画，称"画格当以士夫为最高"，"古人作画，必崇士夫，以其蓄道德，能文章，读书余暇，寄情于画"。

中国传统士大夫，不仅重学识操守，更重气节，有风骨，敢担当，有强烈的家国情怀，这也是黄宾虹一生所坚守的人格。在黄宾虹的艺术生命中，始终贯穿的一条主线就是艺术救国，即以探求中国绘画的内美，弘扬民族精神。黄宾虹身上所具有的这种士夫气质和爱国情怀，在很大程度上也代表了徽州知识阶层的群体特质。

徽州士林　崇尚气节

南宋时期，徽州婺源人朱熹集宋代理学之大成，阐发儒家经典中与现实相关的微言大义，建立起庞大的理学体系，他的思想在元、明、清三代被奉为官方哲学，影响了中国思想界数百年。由朱熹嫡传而产生的新安理学对朱子学说发扬光大，使朱学阐释的儒家道德规范渗透到徽州社会生活的各个方面。后来皖派朴学取代新安理学，但其落脚点还是倡扬儒学。徽州也因儒学兴盛而有"东南邹鲁"之誉，这片土地上的文化精英长期浸润于深厚的儒家文化环境，躬行儒家道德成为他们的文化自觉。

另一方面，处在万山之中的徽州，自古民风淳朴而廉劲，当地人具有坚韧不拔、铁骨铮铮的性格特征，胡适先生称之为"徽骆驼精神"。徽州的知识分子就是被儒家文化喂养的"徽骆驼"，他们穷则独善其身，达则兼济天下，不仅注重自身德性的修养，更有家国责任的自觉担当，在政治、文化和社会生活中，以忠君爱国、匡正世风、维护礼教为己任，他们有自己坚定的信念，宁可舍生取义，也决不趋炎附势、随波逐流。在徽州，历朝历代都不乏这样的仁人志士。如寄籍江苏常州的歙县洪坑人洪亮吉（号北江），就是个敢于和皇帝叫板的硬汉，他是乾隆五十五年（1790年）榜眼，清代大臣，经学家和文学家，与黄仲则、孙星衍等7位常州学人并称"毗陵七子"。他为官忠心耿耿，极言敢谏，曾上呈奏疏直陈朝政弊端，并直接批评当今天子，嘉庆帝勃然大怒之下将其下狱问死。在狱中他面不改色，吟出"丈夫自信头颅好，须为朝廷吃一刀"，最终被免死发配伊犁。离京时，京城百姓拜于马下，相与咨嗟叹息曰：此所谓不怕死洪翰林也！黄宾虹对洪亮吉人品学问十分敬佩，在提到自己迎娶的夫人洪四果时，还特别说明其为"北江之族裔也"。

徽州旧志有云："邑尚礼教，重廉耻，士大夫多蹇蹇岳岳，不屈不挠，故忠节特著"最为突出的是，在明末清初鼎革之际，徽州士林成为那个时代最有风骨的知识群体，其中典型代表有休宁的金声和歙县的江天一。

1645年8月，清军在攻陷南京后分3路围攻徽州，明朝翰林出身的金声当时在老家休宁，他与江天一组织乡勇奋起抵抗，并联合当地明朝守军分兵把守六岭，与清军展开殊死战斗。徽州城破后，金声于生死关头，向清兵大呼不要残害百姓，一人挺身就俘。当他被押走时，现场数百人哭

泣不忍离去。在狱中，金声致信长子，称自己早已将生死置之度外，但念郡事未定，此心实实不安，倘若百姓安居无虞，就死能瞑目了。他在给哥哥的信中说："我家为王事勤劳，死者死得其所，即流离散亡，亦流离散亡得其所。"临刑之际，他望拜孝陵，并嘱行刑人"但断我气，无断我头"，从容就义。金声的凛然之气彰显了一位士大夫的气节，清乾隆中被通谥曰"忠节"。

如果说金声殉难是对明王朝的忠诚，那么江天一的赴死，在忠君之外更多了一份仗义之气。金声精研宋明理学，在崇祯三年（1630年）告病回乡，讲学于休宁还古书院，江天一往从受学，其才学深得金声赏识，后来他助金声训练乡勇，并随其起兵抗清。金声被俘时挥别江天一："汝有老母在，毋从我死。"江天一返家拜别老母："吾首与金公举事，义不能使公独死。"随后追上押解金声的清兵，大呼："我金翰林参军江天一也！"于是一并被俘，与金声一起在南京英勇就义。

金声、江天一为首的抗清武装队伍中，聚集了一大批胸怀报国救国之志的知识分子，当抗清主力被摧毁，金声、江天一为国捐躯后，他们有的为国殉难，另有一部分投奔福建隆武政权，继续参加反清复明斗争。如江天一的好友汪沐日，一直战斗到复明希望破灭，才不得已皈依佛门，在古航禅师门下为僧，法名弘济。与弘济同一师门的弘仁就是后来成为新安画派宗师的僧渐江。渐江入闽前后的史料很少，学者汪世清推测，渐江与汪沐日应是并肩参加了抗清斗争并在失败后一同遁入空门的。渐江的好友郑旼曾在《忆渐公》八绝句的跋语中说"公大节世有未知者"，可以看出渐江也是一位有铮铮铁骨的义士。

在那个危难存亡的关头，徽州的知识分子有的虽没有直接参加抗清队伍，但他们以各自不同的方式与清政权抗争，展现了儒家士大夫的人格和操守。

歙县郑村人郑旼（字慕倩，别号慕道人），也是新安画坛名家，为渐江四大弟子之一，画风和人品都深受渐江影响，其诗名和篆刻也远近闻名。他原名郑旻，明亡后移"日"于左，寓意"痛感无君"，并佯装癫狂，衣如野僧，当有人言及前朝旧事，他则痛哭不已或望空下拜。郑旼拒与权贵来往，饿了就以画易米，若有人用金银财宝换他的画，他决不肯画，即使画好了也会当场毁掉。曾自刻一印，印文为"闲来写幅青山卖，不使人间造孽钱"。黄宾虹极重他的人品，在家乡时常常搜罗其遗墨，曾用古印换了他的杜诗山水画 8 册，又得到他题画诗若干首。

清军入关后强行颁布"剃发令"，歙县潭渡画家黄明邦拒不执行，以剃刀自断其喉而死，用生命反抗清王朝的剃发易服制度。他死后，当地百姓私谥他"义烈先生"，入祀先达祠。潭渡后许人许楚为作《义烈黄公传》，赞其"与山岳争巍，为布衣吐气"。许楚（字芳城，号青岩），也是一位慷慨悲歌的义士，与挚友渐江志趣相投。明亡后，许楚广询耆旧，访罗孤忠，辑成《新安外史》，使明末奋志抗清的幽忠奇烈不致隐没人间。他还因与明宗室曾有交往而受株连，祸几不测。但他临节不屈，在被解送至省城安庆途中，过大枫岭于石壁上题"四海知张俭，千秋忆孔褒"以明志。当庭受审时，他大义凛然，慷慨陈词，巡抚为其忠义所感，竟将他无罪释放。许楚与江天一也交谊深厚，江天一生前曾为许楚所著《青岩集》作序。

徽州岩寺人闵遵古少年时与江天一同窗，结为肝胆之交。江天一被俘时，闵遵古寓居芜湖，江在被押解途中经过芜湖，在清兵看守下穿着囚服到闵遵古家中与之诀别。闵遵古拿出香茗与其对饮，陪他侃侃而谈，后又赶往其羁押处看望，并多方周旋，促成江天一与金声相见。他还备上酒饭，3 人一起畅饮，丝毫不怕惹祸上身。江天一死后，其遗骸无从收殓，闵遵古百般无奈，于廊下号啕大哭，一位叫萧伦的福建人深受感动，出资帮忙收殓后由江天一之弟归葬歙县。不久，闵遵古遂弃儒巾，终老田间。

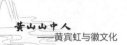
像闵遵古这样重情重义之人，在徽州极为普遍。江天一捐躯后，歙县很多人集资为他办丧事。据民国版《歙县志》记载，是歙县潭渡的黄生"首署名为江天一集赙"，还赋诗对其道德文章大加赞赏："先生大事已千秋，遗墨犹堪射斗牛。"黄生是黄宾虹最为崇拜的族祖，不仅服膺其学问，更景仰其人品。黄生为明代诸生，明亡后，他甘于贫贱，不应科举，不仕新朝，《皖志列传稿》称其坚贞高蹈。他常与抗清志士屈大均等好友诗歌唱和，他的诗中渗透着对故国的思念和兴亡的感慨，也正因此，他的诗稿在清初遭到禁毁。他潜心经学，也是"因痛宗社之变，则好研究古今事迹成败，地理山川厄塞，以为匡复之图"①，试图从历史的兴衰成败、地理的发展变化中寻绎规律，以有裨于政治、文化的复兴，体现了一种遗民之志。黄宾虹早年亦坐馆扬州等地谋生，"春出新安江，岁暮归黄山"，晚年居北平十余年，与族祖黄生的人生轨迹多有重合之处。

在明清易祚之后，徽州有情怀的知识分子很大一部分选择了做明朝的遗民，不与清政权合作，他们或削发为僧如汪沐日、渐江，或佯装癫狂如郑旼，或隐于乡野山林如许楚、闵遵古、黄生，始终坚守气节和操守。这份坚守并不比慷慨赴死来得容易，因为在入清之后，财产和权力进行了再分配，读书人要么通过应试，要么通过被征在新朝任职，才有生活出路，否则就面临生存的挑战。但徽州的遗民们对自己的选择无怨无悔，正如民国《歙县志·人物·遗佚》按语所言："明清易代之际，吾歙遗民最多，独行幽潜，穷辛极瘁，且每怀绝诣，光气蔚然。"这一按语应出自黄宾虹之笔，因为这部《歙县志》的"人物·遗佚"条目正是黄宾虹负责编纂的。

20 世纪 30 年代初，许承尧被推举为《歙县志》总纂者后，写信给寓居上海的同窗好友黄宾虹："修志事众意望公担任方技、隐逸二门，不久当有公函奉恳，此二门公研究有素，想不吝指示也。"黄宾虹是研究艺术

---

① 周晓光主编：《徽州文化史·明清卷》，安徽人民出版社 2005 年版，第 94 页。

的，方技一门于他应是驾轻就熟，但隐逸一门为什么也说他研究有素呢？看来还是许承尧最了解黄宾虹，他知道黄宾虹最看重文人的气节，一直在搜集这些乡先贤的史料，担此任务是最合适不过的。

民国《歙县志·人物·遗佚》收入了唐、宋、元、明、清共 70 余位隐于乡野的人物，其中明代就有 52 人，绝大多数是明末清初矜尚气节的遗民，他们"多忠愤激发，佯狂避世，其岩栖谷遁并姓名而逃之者，所在有多"。而且这些遗民中，相当一部分是书画家。黄宾虹在《古画微》中曾说，明季士夫画，"足与元人媲美者，恒多节义之伦"。新安画派在明末清初能崛起于艺林，与这批画家的精神气质应该也是密切相关的，正是他们的傲然风骨造就了新安画派的笔墨之"辣"。新安画派的一个突出特点，就是笔墨间感情充沛，凝结着源于家国之痛的强烈个性意识和脱俗心理，这种融于笔墨的艺术之魂也是黄宾虹极力弘扬的民族精神。

在徽州，有家国情怀和铮铮铁骨的不仅仅是士林中人，每当国家危难之时，徽商这个群体也往往表现突出，他们会自觉挺身而出，为国纾难，其中最有代表性的是晚清商业巨擘、红顶商人胡雪岩。

19 世纪 60 年代，我国新疆地区被外敌侵占，1873 年，时任陕甘总督的左宗棠力主出兵收复新疆，在得到清廷同意后，年过花甲的他抱着赴死决心抬棺西征。但国库无钱，西征军费大部分要自筹，朝廷虽允许举借外债，而当时积贫积弱、外患频仍的清廷几无信用，借债无门，左宗棠只好求助徽商胡雪岩。深明大义的胡雪岩不计个人得失，他东奔西走，四处筹款，并豁出自己全部身家作担保，先后 6 次向外国洋行借款 1800 多万两白银，解决了西征军的大难题。除此之外，胡雪岩还为西征清军购买最先进的武器，搜集军事情报，准备各种行军药品，为取得战争胜利提供保障。最后，清政府收复了新疆全境。可以说，在这场维护中国领土主权完整的征战中，徽商胡雪岩功不可没。

救亡图存　匹夫有责

徽州先贤们令人荡气回肠的忠烈之举，成为一种精神力量，感召着后来者，使"徽骆驼"的文化基因里多了一份豪情壮志。虽然在"家天下"的皇权时代，"忠烈节义""精忠报国"最终必然是要落在对某个朝代和当朝者的效忠，有一定的时代局限性，但这种气概所体现的为正义而宁死不屈、忠贞不贰、刚正不阿的气节和天下兴亡、匹夫有责的责任担当，乃是中华民族能屹立于世界民族之林所不可或缺的高贵品质，这种品质在新时代的升华，就是以爱国主义为核心的民族精神。

黄宾虹就是一位坚定的爱国者，他的爱国情怀既源于儒家教育的熏陶，又有徽州先贤的激励，更受时代新潮的影响。在他的青年时代，正值国家深陷内忧外患之际，由于清政府腐败无能，导致国家积贫积弱，民生凋敝，列强欺凌，中国领土和主权完整遭到严重破坏。亡国灭种的危急形势，促使一些仁人志士寻找新的救国救民道路，康有为、梁启超等人掀起的维新思潮在爱国知识分子和开明官僚中产生广泛影响。当时的黄宾虹虽里居徽州，但他常常往来于江淮之间，主动接受新潮思想，并结交了一些与他有同样报国之志的同道好友，寻求救亡图存之策。他的好友萧辰与康有为、梁启超熟识，常与黄宾虹谈及康、梁为人，还将康有为的文章抄给黄宾虹一起研究。1895 年，甲午战争失败，清政府被迫签订了丧权辱国的《马关条约》，举国哗然。当康有为等发起"公车上书"，黄宾虹闻讯后非常振奋，并致函康、梁，申述他的个人政见。同年，黄宾虹又在萧辰介绍下结识了谭嗣同。

谭嗣同在湖南闻知甲午海战失败消息，感到亡国就在旦夕，竭力呼号变法，提倡新学，并立即在浏阳设立算学格致馆，介绍西洋科学知识。因人力不足，他准备去上海活动。萧辰当时正在协助谭嗣同工作，于是把谭嗣同将路过安徽的行程写信告诉黄宾虹。黄宾虹匆忙从歙县赶到萧辰约定的贵池一家旅社与谭嗣同见了面，3人各自发表对时局的看法，探讨救亡图存的办法，相谈竟整整一夜。

谭嗣同的思想和人格魅力深深影响了黄宾虹。1898年，戊戌变法失败后，谭嗣同殉难，黄宾虹惊闻噩耗，痛惜万分，并作挽诗云："千年蒿里颂，不愧道中人。"几十年后，他向学生说起谭嗣同，还直称他是个豪侠之士，不怕天，不怕地，见义勇为，维新爱国，以至不惜头颅，可敬可佩。

戊戌变法失败和谭嗣同等戊戌六君子遇害，令黄宾虹对清王朝失望透顶，从此，反清思想埋进了他的心里。后来，反清革命风起云涌之际，他立即组织当地进步青年，在潭渡丰乐河边的岳营滩教练拳棍，驰马射箭，锻炼武艺，以积蓄反清革命力量。

黄宾虹虽是个读书人，但武艺也很了得，这又不得不说是徽州这方水土的养育。

徽州的尚武之风由来已久，南北朝时期的程灵洗、唐代的汪华均以武术捍卫故里。如今，徽州武术已被列为省级非物质文化遗产。其中，汇儒、释、道、医、武于一体的徽州太极拳，初创于南北朝程灵洗，成于唐代隐士许宣平，盛于元明时的武术奇才张三丰（张三丰羽化休宁齐云山），至今已有1500余年的发展史，成为中华武术中最经典的一个拳种。明代的徽州，民间习武氛围浓厚，以武术宗师程宗猷为代表的传习少林武术与以程真如为代表的传习峨眉武术都得到大发展，民间武林高手更是身怀绝技，游走江湖。

基于各种现实需要，延师习武在徽州民间屡见不鲜。据记载，当时歙县潭渡黄家雇有樊塘人"程一腿"，擅长用腿，前后左右开弓，神妙异常。

村里有个叫黄琬的少年，年仅13岁，就学到了这一绝活，并能挥舞单刀，而当时他的身体还不及单刀的长度。到黄宾虹从金华回归故里时，潭渡的习武之风仍盛行于世。

据汪己文编《黄宾虹年谱》记载，黄宾虹少年回乡应试时，都住潭渡二伯父有华家。"从族人习拳术，好击剑、骑马。（原按：黄夫人宋若婴云：先生中年时期，早晚必练拳、舞剑，自谓画人不常锻炼体格，则游山不畅，画笔无力，晚年虽不能按日锻炼，亦常出门散步，从不间废。）"

黄宾虹的武学训练，还有一部分来自他的老师汪宗沂。

汪宗沂在兵家、道家、阴阳家、医术等方面都有著述，他因侍父亲病，用心钻研医术，辑成《伤寒杂病论合编》。看到国家受列强武力压迫，他又志存济世，采辑古代遗佚兵书，辑成《太公兵法逸文》《武侯八阵兵法辑略》《卫公兵法》，还将湘军曾国藩、胡林翼、左宗棠3人军事方略，辑为《三湘兵法》。他于唐人遗留之《舞剑赋》中悟得剑法，辑有《韬庐剑谱》。晚年得一古剑，终日不离身。面对西方列强以鸦片给中国人造成的伤害，他十分痛心，见到年轻人身体文弱，就苦口婆心劝他们强身健体。黄宾虹在《汪仲伊先生小传》中说他"以小说《红楼梦》于吾国人心有大影响，乃撰《红楼梦》全八十回，托言林黛玉化为男子，明习高强之武艺，缔造国家"。恨不能把弱不禁风的林黛玉都变成疆场杀敌的花木兰，可见他对当时的局势是多么焦虑，其拳拳爱国之心天地可鉴！他自己年至70岁须发皆黑，能日行百里，负重数十斤，勇壮过少年，自号"天都老少年"。

汪宗沂的儿孙们深受他思想影响，均有报国之志。长子汪福熙是书画家汪采白的父亲，曾供职于天津北洋大学，能诗工书，秉承良好家风，是一谦谦君子，曾手书"读有用书，行无愧事"挂于堂前警醒子孙。次子汪律本和三子汪行恕追随孙中山先生参加革命，都是同盟会员。汪律本在民国之初任国会议员，以坚决反对袁世凯而著称，是长三角地区一位名士，晚年归隐池州乌渡湖。汪行恕在日本获医学博士后，被孙中山电召回国任陆军医院院长。四子汪久修毕业于南京陆军讲武堂，也有一段军旅生涯，后归隐乡里从事古董鉴定和研究。五子汪序本是汪宗沂 70 岁所生，为当地一位技术精湛的制墨师。汪宗沂长孙汪采白是位品节与画格俱高的艺术家，1935 年，他的代表作《风柳鸣蝉图》在南京展出，迅即传誉艺林。该画被德国大使订购，一日本商人欲出巨金请他再画一幅，他横眉以对，严词拒绝。同窗好友陶行知赞其"行止有耻"，鲍幼文称之为"乱世兢兢完大节"。全面抗战爆发后，他回到家乡积极投身抗日救亡工作，日夜作画义卖救济难童，还为返乡的失学儿童组建西溪剑华小学，奔走郡城，卖画筹款。1940 年，他因被毒蚊叮咬，不幸英年早逝，后被公葬于歙县西干山，与他仰慕的新安画派大师渐江永世相伴。

黄宾虹在韬庐从汪宗沂问业期间，得到了恩师多方面的指教，课间习剑就是一项重要活动。据汪己文《黄宾虹年谱》："仍问业于韬庐，与汪仲伊子律本、福熙研究书画，并常习弹琴、击剑之术。"汪宗沂在执掌各书院期间，除了抓学习，还特别注重锻炼学生身体素质，亲自教授学生体操、剑操，使他们能够扛得起家国重任。1897 年，黄宾虹以高材生被荐入省城安庆敬敷书院学习，第二年，汪宗沂出任该书院山长，黄宾虹再得恩师亲授。

1900 年，庚子国变，地方悍匪乘机作乱，浙匪流窜入徽，严重影响了徽州社会的安定，年逾花甲的汪宗沂辞馆回乡，征募乡兵百余人编练团练，驻扎于潭渡村对岸的圣僧庵训练，以稳定社会秩序。黄宾虹紧随恩师加入了团练武装，并带领一支队伍驻守黟县羊栈岭。趁此期间，黄宾虹还拜访了刚从广东还乡的篆刻家黄士陵。随后，为筹措团练经费，黄宾虹又受歙县知县委派，负责管理东乡庆丰圩事务，这一干就是 8 年。

庆丰圩范围数十里，其中"潭渡四元宝"之一黄履旲捐资为黄氏宗族购买的义田就有数百亩。由于咸丰年间战乱，当地百姓流离失所，水利失修，土地荒芜，难有收成，政府税谷征收不上来，造成多年积欠。

庆丰塌距黄宾虹潭渡的家有二三十里地，数十里内河溪淤塞，墟里无炊烟，只有湖北广东一带迁来的棚民栖息其间，无法耕种粮食。为了治理好这片荒田，黄宾虹邀邻村的郑摺书襄助，在附近租了间农舍住下来，每天循溪流，诣塌坝，度水势，察荒熟，计算投资，鸠工修塌。他与郑摺书昼夜经营，不辞劳瘁。后来郑摺书因事他去，黄宾虹独任其艰。他的《任耕感言》真实再现了这段艰难的垦荒经历："春夏之交，每未黎明，秣马而兴，尝于星月朦胧中，策下驽过黄荆渡登第桥，桥以宋俞献可兄弟登第得名。不知何时，圮于蛟水，久已中断。时值山涨暴至，马恒没腹。夜则烟雾昏霾，行经梅度滩诸处，蔓草塞途，无居人迹，常十余里。鸷鸟巨兽，潜伏其下，闻声惊跃，丛薄风生，马亦奔逸，疾走旷野，殊以为常"更为可怕的是，那一带血吸虫病肆虐，当地百姓在田间劳作，很多得病而死。但黄宾虹夏天冒着酷暑，水气上腾，朝夕督工，冠盖往来，却神气自若，未染时疫，从这一点也可看出他身体素质远胜于常人。

黄宾虹不畏艰辛，垦荒修塌，造福一方，使数千亩荒滩变良田，民国《歙县志》称："自摺书因事他去后，质（宾虹）独任其艰，尤著厥绩，至今民赖之。"这是黄宾虹为故乡所作的一大贡献。

躬耕垄亩之上的黄宾虹，始终不忘匹夫之责，力求民族复兴之策。他一方面关注乡村社会治理，一方面积极谋划实业兴邦。从他当年写给好友汪福熙的信中和他离开家乡后写给族人黄树滋的信中，我们都能看到他在这些方面所作的努力。当年，为了开启民智，他与汪福熙商量在家乡办报事宜，"或采摘各报之论说，取其与我乡可以便宜改变者，或分送，或求沽"。他对当时乡里吸食鸦片和赌博等败坏乡风之恶习深恶痛绝，并提出了具体的禁赌禁烟之策。在实业方面，他从当地资源优势出发，拟办造纸小工业，还与村人商议发展种植业，"第一年种草麻子，可榨油，医科要药，销路极广。第二、三年可将所获利益开垦成熟，种茶菊药品。宁国府、绩溪已有为此者，即香菌冬菇亦佳"。他对这些产业都作了规划，但当时无人助力，后又因革命被告发而逃亡，这些规划终未能得以实施。到了上海以后，他也一直牵挂乡亲，曾代人传信给村里，拟从乡里招集20多位十三四岁男学生赴上海学习印刷排字，伙食费和学费均由他承担，遗憾的是，当时村里没人愿意去学。

面对危难的时局和凋敝的故土，黄宾虹认为，救国先要兴教育，而育人的关键是道德、学问和知识。有知识者可以救乱扶危；有知识而有学问者，救乱扶危，兼可创造建设；有知识学问而兼有道德者，则反危为安，可以长久巩固。1905年，他在自己典租的潭渡怀德堂大厅开办三日学堂，欲以演说开民智，几与思想顽固者发生冲突。春节后将之改办惇素初等小学堂，先从岩寺聘请汪松川（围棋国手过旭初的岳父），随后延请县师范毕业生汪毓英、汪印泉来任教。这是当地第一所新型小学，后扩大规模，将校舍迁至黄氏祠堂三门厅，以朴学先驱黄生之号"白山"改校名为"黄氏白山两等小学堂"，办学经费由潭渡黄氏族产开支。开设的课程有修身、国文、历史、地理、生物、体育、图画、音乐、经书、习字、作文等。黄宾虹与二弟仲芳及族人黄昂青都亲自上课，黄昂青还谱写了校歌。该校刚开办时，即招收女生入学。

黄宾虹在为家乡发展寻找出路时，革命新潮也在全国风起云涌，办学校、办报刊、办实业等热潮迭起。1904年，由桐城人李光炯创办、初设于长沙的安徽旅湘公学迁芜湖，改名安徽公学，黄宾虹受邀前往襄理校务。安徽公学聘请了一批著名的革命活动家作教员，如黄兴、苏曼殊、刘师培、陈独秀、柏文蔚、江彤侯等，成为革命志士云集之地，大江南北有志青年纷纷慕名而来。陈独秀等人还于此创办《安徽俗话报》，组织岳王会，宣传

民主革命，谋划推翻帝制。同盟会成立后，这里又成为同盟会的重要活动场所和安徽响应辛亥革命的策源地，培养了一批辛亥革命的骨干力量。

在黄宾虹协助创办安徽公学之时，安徽省铁路公司开始创办。他与许承尧被推举为歙县的铁路议员，此后出席了在芜湖召开的3次铁路会议。在芜湖，他又结识了遭两江总督端方通缉的同盟会会员陈去病。

这一时期，歙县反清救国的革命运动同样发展迅猛，同盟会会员汪律本、江彤侯等在当地秘密组织革命活动，黄宾虹积极响应，满腔热忱投身到革命洪流之中。刚考中进士并授翰林院编修的许承尧目睹清廷昏暗，新潮激荡，回乡创立新安中学堂和紫阳师范学堂。黄宾虹担任两校教职，奔走于歙县与芜湖两地，从芜湖邀请陈去病、费公直等革命党人前来任教，于是，这两所学校也成为开展革命活动的主要阵地。不久，黄宾虹与许承尧、汪律本、陈去病、江彤侯等以新安中学堂教习为主干，打着纪念明末清初思想家黄宗羲的旗号，组织"黄社"，以诗文鼓吹革命。许承尧起草了社盟："遵梨洲之旨，取新学以明理，忧国家而为文。"

为给革命党人筹措经费，同时，也为扰乱清政府币制，黄宾虹接受组织指示，在他家怀德堂开炉私铸铜元。组织上派来一名姓李的同志住到他家负责铸造技术，为了不引起外人怀疑，黄宾虹对外称李是自己的保镖，于是村里人称其为"老李倌"。后来不断有人秘密运来一批批铸币机器的零件，经过安装后，革命私铸终于开炉。但正当首批铜元出坯，等待印字之际，来自衙门内部的道中人传来消息，革命党廪生黄质私铸之事被控告省垣！这犹如一个晴天霹雳，私铸可是杀头之罪啊。此时黄宾虹也接到组织火急密示，嘱其星夜"拆毁机器，本人速逃"！他匆匆安排好善后，告别家人。夫人洪四果将他送到后门，豪爽地对他说道："你放心，不要顾虑我，千刀万剐我一人承担！"黄宾虹答道："好，有胆识！"然后回身策马，消失在茫茫夜色之中……那是1907年的初夏。

　　黄宾虹先是逃到了洪坑他岳父家，吃过夜餐后步行至朱家村，那里有人接应，安排他乘船从新安江出发，经杭州抵达上海。

　　黄宾虹逃走后，阴云笼罩着潭渡村，参与私铸的黄丽生更是终日躲在山上不敢露面。在省城，安徽巡抚恩铭闻报大惊，欲严办此案。正在这节骨眼上，省城突发惊天大案，恩铭被革命党人、光复会会员徐锡麟刺杀，黄质私铸案也就无暇深查，最后不了了之，黄宾虹得以虎口脱险。一场差点就要降临潭渡村的血雨腥风，就这样侥幸平息。据潭渡的老人说，潭渡黄家历史上有两次险遭株连之祸，一次是明朝"靖难之变"时，任国子监博士的潭渡人黄彦清因私谥建文帝，被明成祖朱棣所逮，不屈而死（入清后赐谥节愍，入祀郡忠义祠，事载《明史·列传》），第二次危机就是黄宾虹为反清革命私铸之事。

　　黄宾虹敢冒杀头之罪投身革命，其胆识和凛然正气彰显了革命者的大无畏精神，他用行动诠释了一位爱国知识分子对家国责任的自觉担当！

学术救国　艺术振邦

　　有人认为，黄宾虹逃亡上海，是他艺术生命的一个重要契机，从此，革命者的黄宾虹华丽转身，开启了他登峰造极的艺术人生。但跻身上海滩，即是他革命生涯的终结吗？不，黄宾虹的革命热情从未泯灭，只是从一个战场转移到了另一个战场，从最初的充满激情到后来的更加理性。不论他是革命者还是艺术家，爱国主义始终是他生命的底色。他以强烈的责任担当、坚韧不拔的意志，不断寻求救国图强、民族复兴之策。从实业救国、教育救国、革命救国到文化艺术救国，他从未放弃过自己的使命。

20世纪初的上海是文人云集之地，各种文化思潮在这里激荡碰撞，文化社团如雨后春笋般涌现，文化艺术活动异常活跃。黄宾虹置身于纷繁的文化大潮中，对文化救国之路有自己独立清醒的选择。他从老家逃出，就直奔上海国学保存会的藏书楼，一方面，这里与革命党有很深的关系，住过不少反清志士，苏曼殊、陈去病等人来沪都住此地。另一方面，国学保存会"研究国学，发扬国光，以兴起人之爱国心"的宗旨与黄宾虹的文化救国理想是相通的，他来到不久就加入了该会，并协办神州国光社，担任《国粹学报》编辑，从此投身文化救亡的滚滚洪流之中。

在晚清，西方文化涌入中国，对中国传统文化造成很大冲击，与此同时，我国大批文物、书画被外国大肆收购，"自欧美诸邦，羡艳于东方文化，历数十年来，中国古物，经舟车转运，捆载而去"①，现状令人痛心。面对传统文化的危机，一大批有志兴邦的知识分子发起国学保存运动。1905年，黄节与邓实联合陈去病、章炳麟、刘师培、诸宗元、马叙伦、高燮等，创办了学术救亡组织国学保存会。《国粹学报》为国学保存会创办的权威性学术刊物，该刊物通过文字与图像的结合，传播爱国主义和民族主义思想，在学术上强调保存和发扬中国的传统文化，提倡用现代学术方法研究古代典籍，在当时极具影响力。

在国学保存会，黄宾虹又与邓实、黄节等人创办《政艺通报》《国学丛编》等书刊，与邓实合编《美术丛书》，并担任《神州国光集》主编，专门发表古代书画金石影印拓本，且第一次用当时最先进的珂罗版技术印刷画集。国学保存会的一系列出版与学术活动，不仅弘扬了中国文化的独特魅力，更唤起中国人的文化自信，为中国传统文化的广泛传承与发展作出了重要贡献，而黄宾虹正是这些文化实业的核心人物。

在国学保存会之后，黄宾虹还与柳亚子、陈去病等一批提倡民族气节、

① 上海书画出版社、浙江省博物馆编：《黄宾虹文集·书画编》下，上海书画出版社1999年版，第10页。

鼓吹反清革命的热血青年组建了一个更
有影响力的文化救亡组织——南社。南社
于1909年成立于上海，从第一次雅集的
到会社友17人至鼎盛时期社员有1700
余人，几乎囊括了当时中国最优秀的文
化人才。他们在民族主义和民主主义的
旗帜下走到一起，以天下为己任，以振起
国魂、弘扬国粹为主导文化思想，同时注
意吸收西方先进思潮，鼓吹革命与自强
奋斗，捍卫民权与国家独立，追求自由平
等，倡导风气革新。它是中国历史大转折

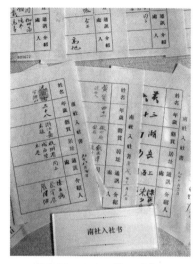

黄宾虹、沈钧儒等人的《南社入
社书》（上海南社纪念馆）

时期出现的一个具有时代先进性的知识分子群体，在政治思想、新闻出版、
科技教育、文化艺术等领域作出了重要贡献。

南社初创时以反清为宗旨，正如创始人之一的柳亚子所言"我们发起
南社是想和中国同盟会互为犄角"，因此，它也是在清廷严密监视下。南
社第一次雅集在苏州举行，那里有一座为纪念明末抗清殉国名臣张国维
而建的张公祠，雅集组织者特意以此地为会场，颇有深意，意味着来此赴
会是要冒风险的。与会的19人中有17位社员和两位来宾，都有如梁山好
汉般有胆有识，黄宾虹便是其中一员好汉，他乘兴绘了《南社雅集图》以
纪念此次活动，后来又负责《南社丛刻》的印制。南社发起人之一的柳亚
子也赋诗记其事，有"寂寞湖山歌舞尽，无端豪俊又重来"之句，内多寓意。
据柳亚子《我和南社的关系》记载，与会17名会员有同盟会会籍的是14
人，这足以证明此次雅集革命空气之浓厚。黄宾虹虽然不是同盟会会员，
但他与同盟会关系十分密切。

辛亥革命胜利后，安徽都督孙毓筠及参军韩思伯先后电召黄宾虹返

皖任职，谓"正人君子，联翩戾止，虚左以待足下"，但黄宾虹婉言谢绝。

在革命最危险的时刻，他冒死冲在前头，当革命成功了，他却选择功成身退。黄宾虹就是这样坦荡而纯粹，正如他在"神州月旦"一文中称赞为革命捐躯的无名英雄是"多谋公益，而绝少私意于其间。其人至今，虽或粉骨碎身，觉宇宙中常凛凛然，且有生气，振顽立懦，正不当徒以豪侠目之"。

1912年，同盟会会员高剑父从广东来上海创办"以监督共和政治，调查民生状态，奖进社会主义，输入世界知识"为宗旨的《真相画报》，黄宾虹积极参与协办，并发表多篇文章及画作。他还担任《神州日报》"神州月旦"栏目主笔，以多个笔名发表时评短论，宣传民主共和政治。1915年，袁世凯欲以巨金收买《神州日报》，黄宾虹旋即辞职。又应康有为之邀担任《国是报》副刊主编，为约稿曾致信陈独秀、高吹万。后因康有为重弹君主立宪老调，黄宾虹与之政见不合，遂脱离该报。1919年黄宾虹担任《时报》的《美术周刊》主编，该刊宗旨是"采择我国自立之特色，与欧亚各国欢迎之极心，类分雕刻、国画、巧工、杂器、丛谈、著录、移译、摄影凡八门，萃数千余年艺术之精英，促四百兆人生活之增进，新知旧学，舍短从长，由是而广兴工业，骎骎乎富强之盛"①。据王中秀先生考证，该周刊数百篇未署名文章应为黄宾虹所撰。

民国期间，中西文化开始了真正意义上的全方位接触，形成一种新的文化开放格局。这一时期，随着西风东渐，西方艺术以其绚烂的色彩和逼真的造型大受国人追捧，而中国传统艺术却备受冷遇，出现前所未有的危机。黄宾虹对此忧心忡忡，1912年，囊中并不富有的他毅然自掏腰包租下上海四明银行一角，发起成立艺术研究团体贞社并任社长，登报征集同志，共同担起保存国粹、振兴艺术的责任。在黄宾虹和宣哲运转下，贞社同仁

---

① 王中秀主编：《黄宾虹年谱长编》上，荣宝斋出版社2021年版，第327页。

在艰难困顿中组织雅集、古物陈列会等活动，维持了 10 年之久，还发展了广东分社，研究范围几乎涵盖中国艺术领域的所有角落，在学术界、收藏界影响深远。1925 年和 1933 年，他皆以自己寓所为会所，先后发起组织中国金石书画艺观学会和百川书画会，出版画刊，举办讲座和书画展览等。1934 年，百川书画会致电国民政府，建议筹办全国美术展览会，以在国难期间提振民族精神，以正国际之观瞻。

黄宾虹对本土文化立场的这种坚守，在全盘西化的激进派眼里也许被视作"老古董"，而事实上他是个具有现代意识和开放格局的文化自省者。当西方现代艺术传入中国，他率先在书画艺术领域作出了积极回应，主动参与世界艺术的跨文化交流，并以自身的创作，为 20 世纪世界艺术的现代主义作出了重要贡献。

黄宾虹活跃于上海滩的新闻、教育、出版、艺术等多个领域，办报之外，还曾担任留美预备学堂国文教习、上海务商中学校董、上海竞雄女学教员、国立暨南大学中国画研究会山水画导师、上海美术专科学校教员，同时是多个艺术社团活动的积极参与者，有着广泛的朋友圈，与当时中国的文化界精英几乎都有过交往，与在华的很多欧美人士也有密切联系。这些人脉资源帮助他拓宽了眼界，使他在坚守本土文化立场的前提下，不断关注新情况、新事物、新潮流，将中国绘画置于世界美术发展的历史长河中去观察，通过中西绘画比较，研究世界图画迁移规律，以国际视野重新审视中国传统绘画的价值以及传统书画艺术实现现代转型的路径。

这方面最有标志性的工作，是他 1918 年连载于《美术周刊》的外国美术史论译作《新画训》。这是一部译述与议论并存的著作，文中对世界图画源起及变迁，西方艺术从古希腊到文艺复兴直至欧洲印象派等的演变历程都作了简要介绍，贯穿其中的一个重要内容是对中西绘画史的相互比较，并由比较追寻中西绘画发展轨迹的交叉点和中西绘画相同点，以

确定重整中国画学的取向。其视野之广、视点之高，在尚乏系统介绍西方美术史论的当时画坛是少见的，从中可见黄宾虹对西方艺术的了解之深和对中国传统画学的思考之精。

每个民族特有的艺术，都承载着弘扬民族精神的使命，在那个新旧交替、内忧外患双重压力下的中国更是如此。20世纪初，中国画坛掀起一股变革中国画热潮。对于如何变，却有不同的声音。一派认为，中国画发展至清初"四王"已经走到了穷途末路，必须借助西方绘画对其改良才有出路。另一派是调和中西的折衷派，他们借鉴日本画坛将西方绘画与中国画不分优劣并驾齐驱的办法，将东西画法之长加以调和。还有一派是延续中国古代绘画思想与技法的传统派。在当时，改良派声势甚盛，青年学子纷纷学习西方美术，认为中国传统绘画丈山尺树，寸马豆人，比例与明暗都不合真实世界物象，而认为西方写实画形神俱肖，不啻霄壤。

黄宾虹以其对中西绘画的深刻理解，于当时表面活跃的画坛看到了令他忧虑的问题，如改良派和折衷派很多画家对中国传统绘画的认识都过于肤浅，改良派轻视中国画，是因为不能理解中国画"重在骨气"的内在品质；而欲取中国画之长的折衷派，又不注重探究中国画渊源及流派之辨别，把一些市侩临摹之笔当成中国画的范本，这样的操作势必令中国画尽失面目，弘扬民族精神也将成为一句空谈。而他最为担心的是，"饮狂泉者，举国之人皆以不狂为狂"，于是他甘做众人眼中的"狂士"，大声疾呼"上追往古，下启来今"，要从"融合中西"进而为"沟通欧亚，参澈唐宋，探奇索迹，发扬幽隐"，以此振兴中国画学。

但是，黄宾虹对传统中国画的捍卫并不同于墨守古法的传统派，他主张对传统的守正创新，认为中国画上下数千年，纵横十万里，皆递变而靡已。穷则变，变则通，通则久。变易创新并不意味着推翻古法，而是要温故知新，所谓今日之新者，明日为旧，而昔日之旧者，今又翻新。知新之由旧，则无旧非新，正如西方人所云"太阳底下无新事"，于绘画而言，即所谓画法常新，而尤不废旧。他对中国传统绘画的守正创新充满自信，他的这份自信，源自他在履行"救亡图存"使命中对源远流长中华文化历久弥新的洞见，还来自他在"沟通欧亚"中于更高维度对中国传统绘画价值地位的预见。

黄宾虹沟通欧亚的方式，主要是通过与欧美国家学者、艺术家、艺术收藏家的面对面交流，以此了解世界艺术的潮流，并从欧美人的视角反观中国绘画的优势所在。在上海和北平期间，他结交了不少欧美朋友，如瑞典图书馆主任喜龙仁，德国女学者孔达，法国学者马古烈，法国收藏家杜伯秋，德国收藏家谛部博士伉俪，拉脱维亚画商史德匿，意大利画家查农，美国收藏家白鲁斯，美国芝加哥教授德里斯珂，日本商人小栗秋堂，日本画家田边华、中村不折，等等。他通过与这些外国友人的互动与对话，汲取了西方艺术理念和创作潮流中一些有益的营养，也从西方人对中国传统士夫画的推崇中看到了绘画领域的东风西渐趋势——

> 欧美诸国言美术者盛称东方，而于中国古画，恣意搜求，尤所珍爱，往往著之论说，供人常览。[1]

> 欧美人近三十年来，搜购中国古画，并考理论之书，骎骎日进，已将抉微探隐，上窥宋元之堂奥，思有以改造欧画之精神。[2]

> 欧美人莫不倾向东方文化，于士大夫画尤为留意，见中国画家必以纯粹国画劝勉，如有参合东西派者，皆为彼邦人所轻视。[3]

对于黄宾虹反复论及欧美学人研究中国画，学者洪再新先生认为，他是把欧美文化作为参照系以申明自己的艺术主张。是的，当欧美学者在寻

---

① 上海书画出版社、浙江省博物馆编：《黄宾虹文集·书画编》上，上海书画出版社1999年版，第189页。
② 上海书画出版社、浙江省博物馆编：《黄宾虹文集·书信编》，上海书画出版社1999年版，第241页。
③ 上海书画出版社、浙江省博物馆编：《黄宾虹文集·书信编》，上海书画出版社1999年版，第28页。

求西方古典绘画新发展时，发现了中国画和中国画学理论之高妙，可用以改造欧画之精神，我们却要丢掉自己最好的传统而盲目追逐西方人欲思改造的对象，完全被外来文化所征服，不是显得很可笑吗？

崇拜西画者认为，西方水彩画、油画设色之浓艳，烘染之鲜明，远超中国古代名画，却不知我们老祖宗早就是丹青高手，数千年前就发明了设色烘染之法，西画的这些手法其实类似于我国南北朝时代张僧繇的没骨画法，明代董其昌的没骨画也早被收藏家所珍视。

为了唤醒国人，黄宾虹以日本新派画家为前车之鉴，称"东瀛三十年来，新派每多参加西法，今闻多悟其非，仍向南宗挽其流弊，已不甚易"①。但是在那个西风劲吹的背景下，他的呼声很少引人注目，他也只能私下与友吐槽："今欧美人之研求国画理论者，日异月新，而我国士夫弃而不讲，拾他人之唾余以竞言富强，此倭人失败之前鉴，只是效人面目，其精神浮薄等于优孟衣冠耳。"②

站在高处的黄宾虹注定是那个时代孤独的清醒者，他那些不合时宜的说辞时而被笑迂阔甚或借为戏谈，但他丝毫不被潮流所裹挟，始终坚定走自己的路，通过整理中国画学阐释中国画的传统，深入传统内部以返本开新，开创现代中国画学。1924 年，他发表《中国画学谈》，分析当下画坛时弊及危害，1925 年发表中国画史著作《古画微》和鉴赏学著作《鉴古名画论略》，向读者揭示中国画学之正轨，让学画者看清继承传统之路径，学会判断中国画之雅俗，避免偏离正轨而以四王末流邪甜俗赖为正宗。在实践层面，他更身体力行自己坚守的画学理念，以不懈的笔墨探索，自觉地从中国画传统内部寻求突破，逐渐走到了最前沿的"无人之境"，以最具民族性的笔墨表达，将中国传统绘画带入了现代语境，产生国际性影响。

---

① 上海书画出版社、浙江省博物馆编：《黄宾虹文集·书信编》，上海书画出版社 1999 年版，第 29 页。
② 上海书画出版社、浙江省博物馆编：《黄宾虹文集·书信编》，上海书画出版社 1999 年版，第 199 页。

洪再新教授在《黄宾虹的世界意义》中，称其黑重厚密、浑厚华滋的画风体现了人类艺术中所共有的高雅品质。1930 年，在比利时国际博览会中国绘画展览中，黄宾虹以"尤极粗率"的简笔山水荣膺特别奖。1948 年后，英国学者苏立文开始于不同场合下介绍黄宾虹，1959 年在他的《20 世纪中国美术》专著中收入 3 幅黄宾虹画作，并将其一幅大气磅礴的晚年力作置于专著的扉页上，使西方读者通过黄宾虹的作品，看到中国古老艺术传统的最新发展成果。

黄宾虹独特的中国画作品，不仅为国际美术界所瞩目，也让他在国内觅到了不少知音，美术评论家傅雷就是他艺术生涯中举足轻重的一位知音。

傅雷曾留学法国，是最杰出的法国文学翻译家之一，还是艺术批评家、西方艺术史教授，并且热衷钻研中国画。他虽然未专门学过绘画和音乐，但他对各种艺术、各位艺术大师的精神世界有极敏锐的感觉。在法期间，傅雷博览艺术史、美学和音乐著作，赴意大利、比利时、瑞士等地参观美术展、寻访艺术家足迹，他还见到了当时欧洲一些最重要的艺术家如毕加索、马蒂斯等，对欧洲印象派和后印象派艺术家作品进行了研究，对塞尚这位扭转了现代绘画史乾坤的艺术家有深刻的理解。旅欧归国的他，对西方艺术史已了然于胸，他爱上中国画，竟也是从在欧期间钻研西洋画开始的。

傅雷与黄宾虹正式交往始于 1943 年，当时，傅雷站在西方绘画最前沿思考中国画以何种模式创新的问题，而年近 80 的黄宾虹所作山水画已于传统中变易出新境，其从心所欲而不逾矩的笔墨技巧颇合傅雷精致的艺术品位，让他从中看到了与西方现代艺术的共通点，更看到了中国画走向现代化的曙光。于是，这对年龄相差 43 岁的忘年交，通过鸿雁传书开始了长达 12 年的艺术对话。

关于这两位文化大师的相遇相知，澳大利亚罗清奇博士这样评价："傅雷和黄宾虹之间的友谊，使两人都有机会通过贯穿古今的对话，拓展各自对中国绘画、哲学、艺术理论和鉴赏标准的兴趣。在十二年时间里，两人有无数信件往来，傅雷收藏了大量黄宾虹的画作，其中很多是随信寄来的。傅雷致黄宾虹的信中，包含很多观察和品评，傅雷借此机会磨砺自己对现代艺术和艺术史的理解。他敏锐而坦诚的评论，又让老艺术家了解和欣赏现代西方艺术，并在此基础上，思考中国艺术史和他自己的作品。"①罗清奇认为，傅雷赞赏黄宾虹为国画开辟新的道路，有可能鼓励了黄宾虹对笔墨所进行的实验。

罗清奇女士还看到一份黄宾虹题为"欧画"的手稿，这是他在1924年发表于《国画研究会特刊》的文章《中国画学谈》的草稿。手稿对西方艺术从古希腊、古罗马一直到他同时代的马蒂斯和梵高，都作了简要介绍，文中特别讨论了各种绘画技法，并把它们归类为炭笔、铅笔和水墨画的黑白技法，以及湿壁画、蛋彩画、粉彩、油画和水彩画的色彩技法。其中一段专论欧画的线条，并注明即中国之勾勒，他还列举了丢勒（Albrecht Dürer）和马蒂斯（Henri Matisse）等人作品的线条特点。罗清奇说，此手稿中的人名与技法名称都用铅笔以西文加入，并附有中文音译，西文手迹非常娴熟。她从这些附注中看到，黄宾虹虽然接受传统的艺术教养，但对跨文化探索持有非常开放的态度。他与傅雷都认为，一切伟大的艺术，无论东西方，皆在根本上存在共通，那就是注重精神与自然，黄宾虹还将儒家经典与希伯来圣经格言进行比照，提出了跨越不同文化进行创新的可能性。

傅雷与黄宾虹，这两位皆根植于中国文化土壤的学者，一个从西方现

---

① 罗清奇：《有朋自远方来——傅雷与黄宾虹的艺术情谊》，陈广琛译，中西书局2015年版，"引言"第6页。

代主义走来，一个从中国传统深处出发，他们的奇异组合，使得两人审视中西文化异同的视域更加宏阔而深邃，他们同时看到了中西绘画在精神上的相通，而在表现精神境界层面，中国绘画比西方绘画更有优势。这种觉悟而生的自信，同时强化了他们舍我其谁的文化担当，那就是要在中国绘画向何处去的举世迷惘中，为中国传统绘画走向现代主义探索出一条光明之路，实现艺术振邦的理想。

黄宾虹在中西艺术比较中，看到了两者之间很多共同之处，如中国画的师法造化与欧美所倡的以自然为美，同出一理；中国传统简笔山水与西方现代绘画有相通之处；西方抽象派艺术因积点而事线条，与我国书法中秘传之屋漏痕，也颇为相似；西画的线条，即中国画的勾勒；西画的速写，相当于中国画的白描；中国画强调的气韵同于西画抽象之名词。他还将上古三代图画实物之形与巴比伦文字相较，发现相通的"横线、纵线、弧三角"等抽象结构。他认为，中国开化文明最早，方法亦最多，总结的画学理论也更丰富，如今西方油画家尝试用中国宣纸、花青、赭石等材料来为油画变通，这种物质变化的影响也将丰富西方绘画理论。

黄宾虹的贡献不仅在于他对中国画走向现代化进行了理论和实践的探索，更在于他在沟通欧亚中积极推动中国艺术与世界的对话，促进国内外艺术品市场的交流与互动，将中国绘画带入西方人的视野，帮助西方学者增进对中国传统绘画和画理的理解，从而影响西方世界的艺术理念，为世界现代主义艺术贡献了中国智慧。他极其热衷于与欧美学人的艺术交流，常以自己的心得与欧美友人的见解互相参证，互相影响。如：德国孔达女士较早致力于明季绘画的研究；法国收藏家杜伯秋对明清绘画的赏识（他还与美国学者席克门在纽约举办了明清绘画展览，并撰写论文《认识中国绘画的新途径》，指出明后期中国绘画的特殊价值）；美国芝加哥大学德里斯珂对明季逸品画的关注和她期望以中国水墨简笔画影响西方

画学未来发展的愿景；以及更多外国友人究心明季诸老，崇拜新安画派的倾向……这些与我国国内普遍认为的宋以后绘画不值一提的观念完全不同，却又与黄宾虹对中国画的价值判断高度一致。这种共鸣的产生，必定与黄宾虹不断地向欧美朋友介绍中国传统画学理论有直接关系。

黄宾虹凭着对中西绘画本质的深刻理解，断定将来的世界，无所谓中画西画之分，因为各个作品面貌尽管有所不同，精神都是一致的。也就是说，中西绘画在最高层次上是相同的，西画家和国画家如果相互看不起，只能说明他们都没有达到最高层次。1948年，他在接受记者采访时说："世界上的艺术，只有一种，虽然在名称上有东方艺术与西方艺术的分别，实只仅在面貌与物质方面稍有相异之点，但两者之间的精神依然是一样的，并无差别。东方艺术，像我国的国画，注重于意境，西洋图画注重于形态，在物质上纵有差别，精神上始终融洽。"[1]

对于黄宾虹的"画无中西之分"的观点，很多人并不认同。笔者认为，他所表达的并不是指面貌和绘画所用器具的趋同，而是指精神追求上的趋同，并且是西画的审美在精神上逐渐走向中国画所追求的哲学层面。不过，直至当代，黄宾虹所言的"画无中西畛域"的景象也并未出现，我们可作这样的反思：究竟是西方绘画改变了路径？还是中国绘画在现代转型过程中对传统的继承有待更进一步？

文人风骨　笔墨之魂

中国绘画在精神层面的高妙之处，是写意。写意不重形貌，重在传神。画中之"神"，既是所绘物象之神韵，又蕴含了画家精神之所寄，而笔墨

---

① 王中秀主编：《黄宾虹年谱长编》下，荣宝斋出版社 2021 年版，第 1272 页。

之间传达的则是画家自身的人格气质和内在文化精神，这种"精神内美"才是中国笔墨之魂。黄宾虹几十年的笔墨探索和实验，追求的就是最能体现中华民族文化精神的"内美"。

"内美"之质在画品，画品之高在人品。黄宾虹最为推崇的士人逸品画，都包含着对画家高洁人品的赞赏。如他称五代画家李成"胸次磊落有大志"，故能挥毫适志，"扫千里于咫尺，写万意于指下"。元代画家吴仲圭"藐薄荣利"，故其"笔端豪迈，墨汁淋漓，无一点朝市气"；明季画家黄道中"以文章风节高天下，明亡，殉国难"，故其"山水人物，长松怪石，极其磊落"。还有明季生值危难、抱道自尊的画坛隐逸高士，如八大山人"襟怀浩落，慷慨啸歌"，故其画"笔情纵恣，不拘成法，而苍劲圆秀，时有逸气"；新安画派健将程邃"坚贞志操"，故其画能得"干裂秋风，润含春雨"之趣。而人品低下者"急于沽名嗜利，其胸襟必不能宽广，又安得有超逸之笔墨哉"[1]？

淡泊名利品自高，这不是文人的自视清高，而是很多文人难以达到的境界，尤其是在时势颠危的乱世。但黄宾虹一生不论身处何种境地，其淡泊之志从未改变。他节衣缩食，30年未置衣被，却从不炒作自己抬高身价，更不会请人代笔以挣多金。他的所有作品都是自己一笔一画积累起来的，多以画赠友人和知己，不看重"阿堵物"，也从不主动办个人画展。20世纪30年代末，张大千弟子创议组织一个"黄（宾虹）张（大千）同门会"，黄门也有人欲响应，黄宾虹力阻之，告诫其从学问上用功，不要急求声誉，以蹈标榜之习。认为"古来画者，多重人品学问，不汲汲于名利，进德修业，明其道不计其功。虽其生平身安淡泊，寂寂无闻，遁世不见知而不悔"。

在《古画微》一书中，黄宾虹还讲了元代画家吴仲圭的故事：吴仲圭与一位名叫盛子昭的画家同居一地，当时盛子昭名气很大，求盛画者填门

---

[1] 上海书画出版社、浙江省博物馆编：《黄宾虹文集·书画编》下，上海书画出版社1999年版，第9页。

接踵。吴仲圭却门可罗雀，惟茅屋数椽，闭门静坐。其妻儿撩之曰：何如调脂杀粉，效盛氏乎？他回答道："后五百年，吾名噪艺林，子昭当入市肆。"在吴仲圭去世后，士大夫果然贤其为人，争购他的墨宝。

颇有意味的是，讲述这个故事的黄宾虹，竟也有与吴仲圭极为相似的遭遇：他在上海曾租住法租界的西成里，与张大千是邻居。当时，年轻的张大千以仿石涛画而名噪沪上，加之善于宣传，其画作很受时人追捧，一时门庭若市，名利双收。黄宾虹的画却少有人问津，其夫人宋若婴问他何不也画些受市场欢迎的作品。他却表示，画月份牌到处受欢迎，然松柏后凋，不与凡卉争荣，得自守其贞操。他预言自己的画会在死后 50 年热闹起来，事实果真不出他所料。如此看来，真正的大家内心都是十分强大而自信的，根本不在乎自己的作品合不合时，更不会刻意媚俗，能真正做到人格上的独立。

汪世清先生曾言，黄宾虹能取得高深而广阔的成就，最根本的是因为他人品高。他洁身自好而疾恶如仇，生活简朴而乐于助人，待人以诚，处世以和，奖掖后进不遗余力。他与高剑父、高奇峰、陈树人虽在艺术上旨趣不同，但一直保持着好友关系。"二高一陈"是岭南画派的代表人物，他们主张折中中西的观点，黄宾虹并不认同，还撰文称"各国之画，有其特色，不能浑而同之"，并表明调和中西恐将贻误后人。他为陈树人《新画论》作序，也并未附和作者，在以一语贺此书梓行后，便话锋一转，"然仆窃有进焉"，提出"画法常新，而尤不废旧"的观点。他对待朋友的这种真诚坦荡，正是君子之风的体现。

卢沟桥事变后，黄宾虹被困北平沦陷区不得南归。在此期间，他生活一度十分拮据，日伪政府为利用他在艺术界的声望，几次邀他出任伪职都被他拒绝。看到日本人在北平的暴行，他悲愤难已，将以前与他来往的所有日本朋友的信件全部付之一炬，还把江南的凤尾竹移栽到北平石驸马住地院内，将画室命名为"竹北移"，激励自己要有劲竹般的气节。

1939年冬，黄宾虹接到日本画家荒木十亩邀其出席宴会的请帖。荒木在20年前与黄宾虹相识并有书信往来，但值此中日交战之际，黄宾虹拒绝与他见面。荒木于是通过黄宾虹学生石谷风传话，准备第二天登门拜访。黄宾虹听闻后，在门外贴出一张纸条，上面写道："黄宾虹因头痛病复发，遵医嘱需静养，概不会客，请予见谅。"第二天，来访的荒木见此，只好取出一封信，让守在门外的石谷风转交黄宾虹，然后向门内鞠躬而去。黄宾虹看了信，原来是日本友人中村不折邀请其赴日本举办画展之事，他一笑了之，再未提起。1943年，北平艺术专科学校的日本辅佐官伊东哲委托学校两位先生出面，提出为黄宾虹举办个人画展和祝寿，被他婉言谢绝，对日方强行为其举办的庆寿会也拒绝出席。

在日伪统治下的北平，但凡有民族气节的知识分子都生活在饥寒交迫之中。当时，黄宾虹靠教书的收入维持5口之家，生活很是清苦，每日吃的是白菜、豆腐、白米饭，他风趣地称之"三白饭"，这还是夫人宋若婴对他这80岁老人的特别优待，家中其他人都只能吃杂粮，小女儿映家瘦得皮包骨头，像得了大病一样。尽管如此，他却不愿为领取"洋米面"向伪政权有一丝屈服。

他谢绝各种应酬，在书房与古籍、笔墨为伴，潜心整理新安画派史料，撰写僧渐江和垢道人的事迹逸闻，连载于《中和》月刊。这两位新安画派大师都具有崇高的民族气节，垢道人程邃曾拜华亭名士陈继儒门下，后追随抗清名臣黄道周，不与明末朝廷奸党同流合污。在日寇控制的舆论阵地上宣传两位有民族气节的画家，黄宾虹对日抗争的心志不言自明。他在此期间发表作品均用"予向"笔名，据他自己说，是倾慕东汉隐居不仕的向子平和明末隐逸画家恽向的为人，故取此名。1945年8月，抗日战争全面胜利后，黄宾虹如隔世重生，自刻"冰上鸿飞馆"闲章，并告诉石谷风：这

印语中"冰鸿"两字是我的名字，我羁居旧京困于沦陷区整整8年，现在日本投降，我重获自由，可以像大雁一样南飞了。[①]

全民族抗战8年，黄宾虹身陷日寇黑暗统治下的北平，有如此忠贞的操守，彰显了中国知识分子傲然不屈的风骨。这种风骨锤炼着他的笔墨，驱使他在黑墨团团中追寻暗夜之灯，"如行路然，昏夜游行，不得路径，有灯火之明，不患颠踬失路之叹"。他以一灯之微而得康庄之道，渐入浑厚华滋的艺术意境，"浑厚华滋我民族"，弘扬中华民族千古不移的民族精神，就是他的艺术使命。

有人说黄宾虹的画很难读懂，更不易学。其实这时候我们要先去读懂他这个人。他是一个有强烈社会责任感的知识分子，他从西方高度发达的工业文明中看到了物欲横流带来的种种弊端，认为物质文明将来总有破产的一天，现时世界所染的病症，正是精神文明衰落的原因。而中华民族所赖以生存、历久不灭的，正是精神文明。中华民族所遗教训与德泽，都极其朴厚，而其表现的事实，即为艺术，艺术是精神文明的结晶，不但足以滋养中华民族，且能养成全人类的福祉寿考。因此，要拯救世界，必须从艺术着手。他更从历史的经验中看到，凡世乱道衰的时候，正是艺术家努力救治的机会，而艺术的发扬光华，士夫责无旁贷，他义不容辞地担当起艺术救国和兼济天下的使命。[②]

正是这种博大宽广的胸襟，使他的画作境界为之大开。他以层层积墨求浑厚华滋之境，与其说是在追求一种独特的审美意境，毋宁说是他肩负的艺术使命之必然选择。要横扫清初以来画坛浮薄柔靡之气，在民族危亡之际提振民族精神，还有什么比雄厚苍润、真美内藏的精神气象来得更加

① 王中秀主编：《黄宾虹年谱长编》下，荣宝斋出版社2021年版，第1189页。
② 上海书画出版社、浙江省博物馆编：《黄宾虹文集·书画卷》下，上海书画出版社1999年版，第446—451页。

黄宾虹《论天地人》（纵 142cm，横 81cm，浙江省博物馆藏）

黄宾虹《山水 3》（纵 87.5cm，横 37cm，1952 年作，浙江省博物馆藏）

酣畅淋漓？他那一幅幅黑密厚重的画作分明是黑中透亮，那是冲破层层昏暗所透出的光，内里乾坤包含着无尽的力量，其意境之高远一如他高尚的人格。他能做到一生淡泊名利，不求人知，毁誉不介于心，正是因为他有比这些浮名俗利更崇高的追求。如果我们读懂了他的思想和为人，也就能从他的作品中解读出更多的意蕴。

但即便读懂了黄宾虹的画，学他也不容易。中国画的精髓在笔墨，笔墨不只在技艺层面，更在于笔法、墨法、章法之中的气韵，即笔墨精神。技艺可学，而气韵不可学。古人论画称法备气至为上，法为面貌，气是精神，

气至则造化如画。气有正邪雅俗之分，一个画家如果没有高尚独立的人格，在精神上寄人篱下，即使能将古人画法运用自如，其画格也达不到上品，只不过画奴而已。同样，如果没有黄宾虹那赤子般的爱国情怀、士大夫的使命担当和谦谦君子的风骨操守，怎么可能写出他那股直指人心的烟云气象？最多只是徒有其貌，他的灵魂无法模仿。而只袭面貌，或仅于技法上研究和固守他所创的"五笔七墨"，这与他所讥的"摹一二家，写一二幅，略知诗文，小有娄东、虞山画之收藏，便称画者"①之流相比，并无高明之处。"离气韵而谈画法，即是呆法，守其呆法，循其轨辙，亦步亦趋，终成庸夫。"②所以，要真想学黄宾虹，首先要从人格修养方面努力。

古人云，气韵是生而知之，自然天授。然亦有学而得处，那就是要读万卷书，行万里路，胸中脱去尘俗之念，方能得其趣于山水。多读书、广见识、有胸襟、勤习苦，这是黄宾虹对中国画学之人格的概括，他尤为看重学识，认为中国有士夫画，为唐宋元明贤哲精神所系，非清代文人画之比。"正以其用笔功力之深，又兼该各种学术涵泳其中，如菊与梅之犯霜雪，而其花华愈精神也。"③可见精神从学力中得之，画之大者黄公望、渐江等皆以学人自许，黄宾虹亦自称学人，他学识之宏博非常人所能及，深厚的国学修养和金石古文字功底以及对古代画法、画论的深入研究，使之能贯通古今，纵横宇宙，开创画学新境。他对后学晚辈也屡屡以读书相劝，称"画之道在书法中，论其法者，即在古人文辞中，此作画不可不读书也。"④

---

① 上海书画出版社、浙江省博物馆编：《黄宾虹文集·书信编》，上海书画出版社1999年版，第211页。
② 上海书画出版社、浙江省博物馆编：《黄宾虹文集·书信编》下，上海书画出版社1999年版，第396页。
③ 上海书画出版社、浙江省博物馆编：《黄宾虹文集·书信编》，上海书画出版社1999年版，第214页。
④ 上海书画出版社、浙江省博物馆编：《黄宾虹文集·书信编》，上海书画出版社1999年版，第18页。

第八章
新安山水滋养的一代宗师

一个文人尤其是以山水写性灵的画家，能生活于一个钟灵毓秀的绝美之境，在如画的山水间逍遥神游，体悟自然之道，该是何等的快意！而如果这个绝美之地是滋养他成长的故乡，又该是何其幸运。黄宾虹恰恰是这么一位幸运的画家，他的家乡徽州如一幅天然的山水画卷，在那如梦似幻的奇境中，百川奔流于山谷盆地间，汇聚为浩浩荡荡的新安江，两岸青山与绿水交相辉映，美不胜收，还有那"天下第一奇"的黄山和高耸云间的白岳，更堪称人间仙境。

新安山水　水墨画卷

徽州处万山丛中，一条百转千回的新安江奔流其间，顿使万山生色，灵气自现。新安江是徽州的母亲河，发源于黄山市休宁县，由歙县流入浙江淳安县境内，并最终与其他支流汇入钱塘江。新安江在徽州境内有大小支流500多个，众溪从山涧谷底奔流而出，其中，大的支流有从休宁而来的率水、横江于屯溪汇合而为渐江，从歙县而来的练江由丰乐、富资、布射、扬之四水合一，流至浦口与渐江汇成新安。新安江以水色佳美著称，它

的清澈、灵动和诗意，引古往今来无数文人墨客击节称叹，诗仙李白行吟江畔，留下了"人行明镜中，鸟度屏风里"之赞叹，孟浩然也有"湖经洞庭阔，江入新安清"之句。而在现代作家郁达夫眼里，则是"新安江水碧悠悠，两岸人家散若舟"。那散落于江畔和山间的一处处村落，粉墙黛瓦掩映在古树修竹间，古桥亭坊矗立于云天之下；袅袅炊烟里，暮归的老牛从山间古道走来；小桥流水畔，浣衣的村妇哼唱着动听的民歌……这自然之景与人间烟火绘就的水墨画，不正是人间最美桃花源？伟大教育家陶行知先生在 1927 年写给徽州同乡的公开信中也自豪地说道："我们徽州，山水灵秀，气候温和，人民向来安居乐业，真可谓之世外桃源。"他认为世界上只有瑞士风光可与之媲美，希望徽州人不要辜负新安大好山水。

"新安大好山水"语出南朝梁武帝萧衍，道出了这块风水宝地的无尽风情，后经南宋大儒朱熹重题而广为流传。在这片大好山水上，任取一景，都是一幅宛若天成的水墨画卷，行走乡野，一不留神就会遇见一个诗意盎然的画里乡村。当然，这片山水最精华之处莫过于名扬天下的黄山，还有遗世独立的道教名山齐云山。

黄山风景区位于黄山市北部，景区面积为 160.6 平方千米，它有华山之险峻，岱岳之雄伟，衡岳烟云之梦幻，匡庐瀑布之神奇，可谓极尽天下山水之大成，"天下第一奇山"名不虚传。它是我国首个集世界文化与自然遗产、世界地质公园、世界生物圈保护区于一身的自然保护地。明代旅行家徐霞客有"薄海内外无如徽之黄山，登黄山天下无山，观止矣"之叹，黄宾虹同窗好友汪律本一句"五岳归来不看山，黄山归来不看岳"已成黄山最流行的广告语。

黄山之神韵，是大自然鬼斧神工的杰作。据著名科学家李四光考证，黄山在第四纪冰川时期，坚冰挟着石砂，撞开岩石的裂缝，冲刷掉风化的岩石，以其自然之利刃雕琢着各种岩体，塑造成多种优美的形态，经风雨

渲染着色，打造出黄山的灵
秀风骨。黄山之底蕴，是历代
贤哲演绎的传奇。它古时称
黟山，唐天宝年间改为黄山，
经历数千年的文明蒸煮，它
见证了华夏文明发展的每一
个脚印。相传这里是中华文
明始祖黄帝得道升天的圣地，

黄山迎客松

自古就有轩辕峰及黄帝与容成子、浮丘公炼丹的炼丹峰，峰上有石室，室
中有炼丹炉，峰前有炼丹台，后人镌刻了"黄帝炼丹处，高峰面面开"。悠
久的黄帝文化使这座名山仙气飘飘，历代以来又有世外高僧的加持和文
人墨客的膜拜，它的魅力无与伦比。

与黄山南北相望的齐云山，古称白岳，是中国四大道教圣地之一，因

齐云山下的横江风光

最高峰廊崖"一石插天，直入云汉，与碧云齐"而得名，与黄山并称"黄山白岳甲江南"。它以道教之秘、丹霞之奇、摩崖之绝、云海之美和田园之秀蜚声退迩，是祈福养生的洞天福地，并有"江南小武当"之誉，现存摩崖石刻 570 余处，最早为北宋年间所刻。据考证，道教武当派开派祖师张三丰晚年寄迹于这片洞天福地，仙逝后葬于齐云山，他所创太极拳被徽州武林发扬光大，传承至今。

新安山水画，徽州田园诗。如今，徽州已成为国内热门的全域旅游目的地，拥有国家 4A 级以上旅游景区 46 处，其中 5A 级的黄山风景区是中国十大风景名胜中唯一的山岳风光。在星罗棋布的徽州古村落中，西递、宏村已被列入世界文化遗产名录，还有更多世外桃源般的古村奇景吸引着游人探古寻幽，如黄山市徽州区千年古村西溪南，犹如童话般的"绿野仙踪"，成为当今网红打卡地。歙县石潭、坡山、阳产以及新安江百里画廊上的南屏古村，休宁木梨硔、白际等无数藏在大山深处的古村落也渐渐

婺源石城徽派古村落

为人所识，成为各具风情的小众景点。2011 年以来，黄山市推出百佳摄影点 148 个，吸引了众多摄影家和摄影爱好者前来采风创作。

不过，摄影艺术擅长的是对自然美的再现，若论表现山水之魂，绘画艺术则更有优势。新安大好山水，一直是历代画家膜拜的自然之师，成就了无数蜚声艺坛的绘画大师，崛起于明末清初并在中国美术史上产生重要影响的新安画派，正是得益于新安山水的孕育和滋养。

梦幻黄山　大师之师

新安山水在画家眼中，最具魔力的莫过于美到极致的黄山，它如一块神奇的画板，时时变幻出不同的风姿，吸引着众多画家揽胜其间，流连忘返。这些画家把黄山视为取之不尽的创作源泉和激发艺术灵感的来源，为世人留下了大量以黄山为题材的画作，并形成了在画坛独树一帜的山水画派——黄山画派，历数百年而不衰。其中成就卓著者，古有渐江、石涛、梅清、程邃、雪庄，近有黄宾虹、张大千、汪采白、潘天寿、李可染、刘海粟、赖少其等艺术大师。

渐江大师自言"黄山影里是予栖"，视黄山为灵魂栖息地，以独特的笔墨创造性地描绘黄山，写出黄山的真性情，并刻有"家在黄山白岳之间"之印，其多幅传世之作都钤有此印。

画僧石涛以黄山入画，亦称得"黄山之真性情"，他写下"黄山是我师，我是黄山友。心期万类中，黄山无不有"，点出了黄山于山水画创作的重要意义。他在对黄山的感受和描绘中，超脱古法而形成鲜明艺术风格，一生所绘黄山图存世的有 20 件以上。

宣城画家梅清自登临黄山后，就成为黄山的铁杆粉丝，自称"余游黄

山后，凡有笔墨，大半皆黄山矣"，他将自己的心灵与艺术都寄托于黄山之中，笔下的黄山飘逸逍遥、清润芬芳，仙气呼之欲出。

还有隐居黄山皮蓬30余年的雪庄禅师，自谓"野僧孤僻性，爱住黄山巅"，他汲取山水之精华，感悟自然的韵律，将心中禅意与黄山之美融为一体，创作了一幅幅令人叹为观止的黄山图。藏于安徽博物院的雪庄《黄山全景图》通过艺术表现形式，将黄山诸峰收于一纸，图中所绘黄山70多处景点，峰峦历历，蹊径宛然，境界疏秀，通达神韵，得造化之内美，非久居黄山者所能悟。他还是第一个给黄山山花貌影定名者，绘有黄山异卉图120种，并写过不少山花诗，汪世清赞之"诗咏黄山能得其质，图写黄山能得其神"。

进入20世纪，黄山更成为中外艺术家采风的艺术圣殿。随着杭徽公路的开通和黄山吃住行等条件的改善，1934年，黄宾虹和张大千、郎静山等艺术家组织成立黄社，后多次赴黄山写生创作，掀起赴黄山采风写生的热潮。1954年，中国美术家协会组织画家赴江南写生，并在黄山召开黄山写生座谈会。20世纪60年代，赖少其又组织师松龄、陶天月、张弘等一批版画家赴黄山体验写生，赓续徽派版画传统，并结合现实题材和人文景观创作了一系列套色版画。改革开放后，黄山得到更全面的开发，更多山水画家走进黄山，致敬黄山，不断从黄山自然之美中提炼笔墨意象，获取不竭的灵感源泉。

黄山这位神奇的"导师"，造就了一大批成就卓著的画家，但正如一千个人心中有一千个哈姆雷特，每位山水画家从黄山得到的启示都各不相同，他们笔下所表现的黄山更是千姿百态，风格各异。现代画家贺天健在《黄山派和黄山》中评道：石涛得黄山之灵，梅瞿山得黄山之影，渐江得黄山之质。

现代绘画大师张大千是"石涛迷"，他居黄山数月，始知石涛的画无

一笔不与黄山契合，终于悟出"必先要体会自然，才能表现自然"的艺术
真谛。从峰峦重叠的黄山石笋矼，他还看到了南宋李嵩等人的笔法。他创
作了多幅黄山题材画作，出版《张大千黄山画册》，并刻有多枚"两到黄
山绝顶人"的纪念印章。

　　黄宾虹学生汪采白是第一个拍摄并测量黄山的画家，黄山迎客松的
第一幅照片就是他拍摄的。黄宾虹说汪家祖先不疏园主人汪渔村素封好
客，四方名士游黄山者多馆其家。

汪采白和祖父汪宗沂、叔父汪律本
一家三代也都与黄山缘分不浅。
1885年，汪宗沂带着汪律本登黄山，
写下68首题咏黄山的诗，刻为《黄
海前游集》；1926年，汪律本又带
着儿子汪民视游览黄山，得诗64首、
词11阙，辑成《黄海后游集》；汪
采白从1912年始，多次赴黄山写生，
他擅以清新明快的青绿山水表现黄
山，突破临摹师古限制和新安枯淡
幽冷之风，写生与写意并用，将家
山的品格、草木的灵气、青松的多
姿、云海的缥缈、山泉的韵律汇在

汪采白青绿山水《黄山始信峰图》（安
徽博物院藏）

一幅幅画面里，拓展青绿山水的表现技法，将青绿山水画推向了一个清
逸明丽的新境界。他从千余幅黄山画稿中精选36幅，辑为《黄海卧游集》，
这些画作在标明所绘景点名称的同时，还以题跋介绍了与之相关的地势
地貌等，对于未曾到过黄山的观画者来说，不失为一部极具观赏性的"导
游手册"。

　　在当代艺术家中，刘海粟也与黄山有不解之缘，他一生十上黄山，1934 年第一次游黄山，是由他的弟子、徽州呈坎人罗会煜接待并陪同的。后来，他的另一位得意门生、徽州歙县夏坑人胡华令又多次陪他在黄山写生。他采用独特的泼墨新技法，创作了大量以黄山为题材的艺术佳作，得意之作《黄山云海奇观》《黄岳人字瀑》先后印上了中国邮政发行的邮票。

　　赖少其到安徽工作后，即以黄山为绘画创作基地，每年多次上山，画尽黄山丘壑之美。他艺术人生的黄山时期收获最大，从早期的写实到晚年变法后，他笔下的黄山更加抽象写意，朦胧虚化，写出了黄山至高无上的境界。他有一方"黄山烟云入梦来"之印，自称以黄山为友，更以黄山为师。

　　如果说黄山是众多画家艺术上的良师益友，那么，自号"黄山山中人"的黄宾虹则可谓"黄山之子"。他一生对黄山情有独钟，称黄山为"家山"，常以主人翁的自豪感向世人宣传推介黄山，并将个体生命情感与黄山山水融为一体，进而化为一首首隽永的诗篇和一幅幅不朽的画作。他一生所作吟咏黄山的诗稿千余首，所绘黄山题材画作 365 件（不包含其生前赠送或售卖的藏于民间的作品），而且他的绝笔之作也落墨于黄山，并成为他笔墨人生的巅峰之作。他一生数次登临黄山（有人称其九上黄山，其孙女黄高勤对笔者说，黄宾虹登黄山肯定不止 9 次，他自己也声称在家乡垦荒的 8 年中，每年都要登临黄山），因此，对黄山一草一木都烂熟于心。1935年，黄山建设委员会成立，黄宾虹被推为负责宣传黄山名胜工作并任建设经费审核委员，他撰写《黄山析览》发表于《东南揽胜》，向世人详细介绍了黄山的山川道路、寺观桥梁、卉木禽鱼、古迹名胜、金石摩崖、图经画册、诗文杂记、游山路线等，暮年更以"不能拔身归黄山为恨"。一个"归"字，道尽了他对黄山刻骨铭心的情感。他除了将"黄山山中人"自刻成印终身使用外，画作之款还常题"黄山宾虹""黄山予向""天都后学黄宾虹""天都山人黄宾虹"等，其对黄山的挚爱堪称骨粉级别。

林泉雅致 道心所依

黄宾虹在故乡生活期间，还自刻了一方"黄山白岳"白文印，其意正如族祖黄生以钟灵毓秀的黄山白岳而自号"黄白山"，亦如渐江大师刻"家在黄山白岳间"之印，表达的都是对家乡大好山水的特殊情感。在全民族抗战爆发前的 1936 年，上海一小报登出黄宾虹入日本籍的消息，此谣言传出后，黄宾虹非常生气，致信该报主编施济群，称"鄙人原籍歙县，有黄山渐水之名胜，新安凤号程朱阙里，理学渊源，明清两朝以来，文章道德，艺能之士，均足凌轹江浙诸省，至经学书画篆刻，尤为全世界人所钦慕。……旅食沪渎三十年，固未尝一日忘故山也"[①]。他的意思很明白：我有如此让人艳羡的故乡，我自豪都来不及，根本犯不着认他乡为故乡，"更不知依赖它人国籍者为何事"。他对故乡这份不加掩饰的自豪之情，在他的文章及与友人的信函中随处可见。

故乡是黄宾虹灵魂的居所，也是他自信的根基，故乡的灵山秀水更是激发他艺术灵感的源泉。新安江两岸风光是他最为熟悉的家乡景物，从 13 岁第一次回故乡到 46 岁迁居沪上，这 30 多年中，他不论是往返故乡与金华，还是从故乡赴扬州、南京游学或谋生，大多走新安江水路，与这条母亲河有不解之缘。在此期间，他尽情地将新安山水收入画稿，从真山水中体会古代名家笔法，积存了大量的写生稿。他自言"临摹宋元名画三十年，始拟遍游山水以参其趣"。其实在他绘画的临古阶段，最早就参以新安山水之趣，将师古人与师造化结合。如他 44 岁时所绘《新安山水》

---

① 上海书画出版社、浙江省博物馆编：《黄宾虹文集·书信编》，上海书画出版社 1999 年版，第 94 页。

册页,就是拟宋元笔意写新安山水,认为"新安江上山水到处入画,董、巨、二米,荟萃一堂",正是这集众家之法"荟萃一堂"的天然图画,让他领悟到古人之法皆从自然山水中来,他在师古人与师造化中不断进行笔墨试验,85岁时所作《新安江上舟中所见》即以方方壶笔意写之,90岁时所绘《新安江上纪游图》,集其一生笔墨技法之大成,疏散淡远,老笔纵横,意境幽远,气韵无穷,是他对心中故乡山水的深情呈现。在生命的最后20年,他虽无缘再回故乡,却时以笔墨卧游其间,因为故乡的景物早已烙进了他的记忆,闭上眼睛也历历如在目前。如他80岁时所绘《忆景山水册》中,就有他在家乡垦田所见之景和老家潭渡村景,并留下了这样的题跋:"歙西族居潭渡村,自唐迄今千五百年。丰溪桥畔昔有滨虹亭,余尝临眺其间,心甚乐之,因以自名。"

丰溪即丰乐河,是新安江各支流中源自黄山的河流。它从黄山天都峰侧以涓涓细流汇入人字瀑,流向逍遥溪,向南曲曲折折集合了几条溪水,经西溪南及岩寺、郑村、西溪至潭渡,迂回澄澈,前人称为丰溪甲秀。这是一条神奇的河流,千百年来哺育了许多文人画家的成长,如丰溪支流边的呈坎村,是"扬州八怪"之一罗聘的故乡,呈坎而下十里的西溪南,是侨居嘉定的名画家李流芳的故里,还出了吴廷、吴桢等书画收藏大家,也是明清时期名画家的云集之地,董其昌、陈继儒、渐江、石涛等皆是这里的常客,石涛还绘有《溪南八景图册》,西溪南当地的书画名家另有吴家凤、吴龙、吴镇等人。由西溪南顺流而下数华里便是岩寺镇,这里在历史上出过4位状元,其中的金榜是朴学"江门七子"之一,深受黄宾虹推崇的画家程邃、汪家珍也出自此地,现代画家有黄宾虹的学生鲍君白以及旅居台北的画家江兆申。由岩寺顺流而下几百米有个堨田村,是明代画家郑重的故乡。堨田再下几百米,便是西溪和郑村,这里有两位新安画派代表人物,一位是明末清初的郑旼,另一位是黄宾虹的学生汪采白。当然,更著名的是汪采白祖上所建不疏园及诞生于此的皖派朴学，还有被称作"江南大儒"的汪采白祖父汪宗沂。由西溪郑村往北几里是学者许承尧故里唐模，往东3华里便是有"画家摇篮"之誉的潭渡村，村中不仅出了个黄宾虹，也是黄柱、黄吕、黄柳溪等众多新安画坛名家的故里。潭渡数步之遥是徽派版画发源地虬村，河对岸是伟大的教育家陶行知故里黄潭源。丰溪经黄潭源流至歙县古城，汇入练江，练江始处有与诗仙李白游踪有关的太白楼、碎月滩，碎月滩边的西干山有披云峰，披云峰下五明寺是新安画派宗师渐江和尚晚年住所，附近便是他长眠之地，他晚年代表作《披云峰图》《石涂舟集图》描绘了这一带的美丽景致。

丰溪甲秀，人杰地灵，于此可见一斑，也许这就是黄山之水赋予的灵气吧。

黄宾虹站在老家潭渡的滨虹亭，旦暮远眺皆能见黄山天都、云门诸峰，但他第一次登临黄山据说是1900年，其侄黄警吾《黄宾虹在徽州》一书则记载为1883年。有人对照黄宾虹《黄山前海纪游》一文所描述的1900年游山轨迹，认为两人所述应是同一次。那次黄宾虹与友程守藩相约去芜湖，他从潭渡出发，过箬岭至太平县（今黄山市黄山区）谭家桥，与程会合，因程有事耽搁，他又折返转入乌泥关到汤口，经逍遥亭、百丈泉，至温泉濯足后开始登山，一路经茅篷庵、听涛亭、白龙潭直上慈光寺，经老人峰，过天门坎到达文殊院，饱览了天都、莲花、石笋矼等前后海奇峰胜景。

黄宾虹首游黄山，黄山似有心灵感应般，变幻着千姿百态向这位未来的大师展示她神秘莫测的美。当夕曛斜入，千岩万壑尽染浓赭色，还未等回过神来，忽见几片薄云飘来，眼前就渐成翠黛，这"阴晴万壑殊"之妙境，非身临其境不可与道也。至夜，月色朦胧中，山风怒吼，朔气凛冽，似乎大千世界都在惊涛骇浪中，天都、莲花诸峰在云海翻腾中似有若无，隐于云际。再当晨风吹来，薄雾中熹微透漏，照于松枝之上，不一会儿工夫，

云气渐浓，日影愈淡，松针积雾成珠，敛翠欲滴，而眼前山峰似在游走，忽远忽近，忽隐忽现，变幻万状，凄迷莫辨。正惘然间，忽见天都峰露出峰顶，周围一座座山峰也逐次开朗，云气渐收，天色远处放晴，一抹拖蓝，有如越窑瓷色。而这一幕还未落，山顶上又聚起如絮的卷云，洁白轻厚，浮动空际，微明有影，涌现银光。当白云越聚越多，顿时万顷一白，群峰于云海之上，只露出大大小小的峰尖，大如瑶屿，小若青螺。正欲叫绝，突然云气四合，雷雨大作，电光在山隈林麓间闪烁，轰轰之声从足底之下传来。一夜雷雨交加过后，又是旭日东升，云卷云舒，远望高峰阙处，微露白点，列阵而来，渐趋渐近，又有起势滃渤，横度前山，杳忽不见，随峰屈曲，飞跃迅速，状如万马奔腾，回行峻坂，又如群鹤振翅，盘旋碧霄，移步换形，其波谲云诡之迹扑朔迷离。待下到山间，只见奔泉石缝间，千百道瀑布破空而来，如与游人争路，俄而雷声又至，大雨如注。坐看竹林，苍苍含露，低拂墙脚。溪中山泉穿流石间，声如琴鸣⋯⋯

黄宾虹从山上一路走来，犹如走进了一部跌宕起伏的实景剧，从月黑风高到万里红霞，从云海波涛到飞云流瀑，从雷电交响到雨后仙境，黄山不断地切换着画面，似乎是在赶紧地将她曼妙的图景一一铺展到他面前。从此，这里成了黄宾虹一生魂牵梦萦之地。此行之后，他每年都来此拜见黄山这位大师，虔诚受教其间，直至他 1907 年离开故乡。

1900 年春的这次黄山之行，黄宾虹创作黄山图 30 余幅，赋诗 10 余首。此行也使他成为 20 世纪进入黄山的第一位画家，并由此开创了 20 世纪中国画坛的黄山写生之风。汪采白、张大千、张善孖、黄君璧、刘海粟、贺天健、李可染、潘天寿、赖少其等皆步其后尘，师法黄山，师法自然，从此扭转中国画陈陈相因之弊，引领中国画走上新生。

以黄山白岳为代表的新安山水给黄宾虹的滋养是全方位的。新安山水，林泉雅致，所营造的是一种空灵纯净之境，黄山是轩辕黄帝得道升天的缥缈仙山，白岳齐云山是道教的重要道场，两山烟云皆有黄老气息，身临其境，远离世事烦忧，使人顿感神清气爽，进入虚静状态，浑然间物我两忘，天人合一。这样的氛围对黄宾虹来说极益于陶冶心性，修行悟道，使有着儒家济世情怀的他同时拥有一颗道心，外儒而内道，以出世之心行入世之事，做到淡泊自持，宠辱不惊。这种心境于艺术而言尤为可贵，因为抛却虚名浮利，不为其所累，方能体察到造化之内美，从而使自由的内心与自然的山川产生情感共鸣，所创作的艺术作品更加超凡脱俗。

其实，黄宾虹骨子里早就有回归田园、隐逸山林之心愿，早在 20 世纪 20 年代，他的同窗好友汪律本结茅于池州乌渡湖畔，并与李瑞清等两江师范学堂旧友集资兴办垦牧渔业公司，黄宾虹应邀前去考察并参股，见该地环境幽美，湖光山色犹胜于老家徽州，就产生了终老于此的念头。他还亲自组织当地农民进行开垦，筑圩田百余亩。后又多次来此，与汪律本隐居耕读其间，蔬食不缺，兼有渔湖，得以尽享山水朋友之乐，每天赋诗作画，悠哉游哉。但后来因遭水灾，圩田颗粒无收，他的田园梦就此破灭。他给友人郑履端的信中曾说："市廛中非素志也。"只是他这一生太过坎坷，连归隐田园之心也无处安放，只能中隐隐于市。不过，他隐于市

黄宾虹《池阳湖舍图》作于 1936 年（安徽博物院藏）

廛所修炼的这颗道心，使他在滚滚红尘中能随时宁静下来，窥见心中那片山水的内美。

道法自然　内美静参

"名画大家，师古人尤贵师造化，纯从真山水面目中写出性灵，不落寻常蹊径，是为极品。"关于师古人与师造化的关系，黄宾虹有很高识见。他认为古人之法，都是从自然景物中得来的。绘画不可不师古，但不可为古之成法所拘，当以大自然为师，胸中有丘壑，运笔便自如畅达。作山水画应得山川的要领和奥秘，徒事临摹，便会事事依人作嫁，自为画者之末学。如清初"四王"画山不敢用重墨重色，所作山峦几乎全白，此是专事模仿，未有探究真山之故。像王石谷、王原祁心中无刻不存黄公望的画法，其所画一山一水，便是大痴的画，并非自己的面貌。

但师造化也需打牢扎实的传统画法功底，否则如狩猎在野，不带一点武器，徒有气力，依然获益不大。"师古人"，为的就是熟练掌握十八般武艺的用法，取历代名家积累的读山所得真经，面对真山水时才能心手相应，超乎法度之外，而仍在法度之中。如元代倪瓒、黄公望等画家，由唐之刻画和宋之犷悍，斟酌于法之中，而脱略于法之外，重内轻外，写出了真山真水的精神，成为画中逸品。

黄宾虹强调师法自然的重要性，而师法自然贵在写出自然之性，而非徒状其貌。"山水乃图自然之性，非剽窃其形，画不写万物之貌，乃传其内涵之神，若以形似为贵，则名山大川，观览不遑，真本具在，何劳图焉。"能写出自然之性，艺术才显示其高于自然本身的价值和意义。人们常说"江山如画"，其实正说明江山本不如画，才会以画来作比。而如果反过来说画如江山，画得跟真山水一模一样，那必不是一件成功之作。

在黄宾虹看来，山川予人以利益，人生息其间，应予美化之。绘画就是通过画家的剪裁创造，使自然山川尽善尽美，故画中山川要比真实山川为妙。妙就妙在巧夺天工，难也难在这个"夺"字。"江山本如画，内美静中参。人巧夺天工，剪裁青出蓝。"自然造化之形貌常人可见，取之较易，而造化有神有韵，此中内美，常人不可见。画家唯有看山入骨髓，才能夺其神韵，写出山川之本真，亦写出吾心之本真。天地与人心之道皆法乎自然，以吾心写天地万物，剪裁山川，应无人工造作之气，当遵循自然之理。"山有脉，水有源，道路有交通，云烟出没，林木扶疏，法备气至。若断若续，曲折盘旋，举平远、高远、深远之各殊，无不入于自然，而无容其造作之迹，此其上乘。"①剪裁山川而又无人工造作之气，这剪裁之巧就在于不求形似物象，而能得不似之神似。

画山水如何才能巧夺天工？黄宾虹认为必经这 4 个过程：一是登山临水，二是坐望苦不足，三是山水我所有，四是三思而后行。此四者，缺一不可。登山临水是画家的第一步，接触自然，作全面观察体验。坐望苦不足，则是深入细致地看，既与山川交朋友，又拜山川为师，要在心里自自然然，与山川有着不忍分离的感情。山水我所有，这不只是拜天地为师，还要画家心占天地，得其环中，做到能发山川的精微。三思而后行，一是作画之前有所思，此即构思；二是笔笔有所思，此即笔无妄下，三是边画边思。此三思，也包含着中得心源的意思。②

我们可以看出，这 4 个过程也是黄宾虹自己山水画创作实践的写照和经验的总结。他一生壮游祖国各地名山大川，从黄山白岳开始，足迹所至，近有九华、苏杭、太湖、雁荡、天台，远有两广、四川诸省，如桂林、阳朔、

---

① 王伯敏编：《黄宾虹画语》，上海人民美术出版社 1997 年版，第 8 页 。
② 王伯敏编：《黄宾虹画语》，上海人民美术出版社 1997 年版，第 10 页 。

广州、香港、青城、峨眉、乐山以及长江沿岸景色。每至一地，他必走进景中，与山川对话，有雨中坐游，亦有月夜坐望，静视山川内美，独得造化真趣。他说："余游黄山、青城，尝于宵深人静中启户独立领其趣。"他一路以写生画稿留住山水精微之美，其纪游画稿则是三思而后写出的山川内在之美。这种内美古拙朴茂，无人工造作的修饰痕迹，得返璞归真的自然天趣，正所谓大道至简，大巧若拙，绘画之理与天道哲理实乃相通。黄宾虹每每走进自然山水，便能进入忘我之境，"胸中廓然无物，然后烟云秀色与天地自然合凑"，因此他的山水画于古拙浑厚中尽显超逸之气，意象万千，一如他宽广的胸襟。

在师法造化中，黄宾虹从自然的法则中悟出了绘画艺术虚与实的关系，总结出"不齐之齐""不等边三角形""太极笔法"等合乎自然美的绘画审美图式。在绘画技法方面，其得之于黄山的启示最为丰富。"黄山自师林望始信峰，中途多古松，虬枝伟干，高耸蟠郁，与寻常生于崖巅石间者不同。余尝坐对其下，流连不忍去，图之作卧游。"[1]"黄山西海门，松篁蔽天，峰峦拔地，人迹不到者百余年。余观北宋人画迹如行夜山，昏暗中层层深厚。古云画欲暗不欲明，以为浮薄者戒。"[2]

"黄山松雪之胜，且兼各峰之奇伟，山上多松林，人坐其上，时久即忘厌倦之心。此殆黄山之奇，包有桂林、雁宕之长，兼华山之雄伟也。松树则异乎他处，虽咫尺之高，必千百年。山之大观，有松海长林盘郁，远望如大荷叶。然又有云海，各峰排空，云如奔马，上下澎湃，忽然平坦，加以日光之映照，如海面在。而群峰插入云际，尤其奇观。明人程孟阳、李流芳、垢道人、僧渐江善写黄山者以此也。"[3]

---

① 上海书画出版社、浙江省博物馆编：《黄宾虹文集·题跋编》，上海书画出版社1999年版，第48页。

② 上海书画出版社、浙江省博物馆编：《黄宾虹文集·题跋编》，上海书画出版社1999年版，第58页。

③ 上海书画出版社、浙江省博物馆编：《黄宾虹文集·书画编》下，上海书画出版社1999年版，第91页。

鬼斧神工的黄山可谓绘画技法之大全，古人总结的各种皴法和点染之法，在黄山都能找到对应之景，画家吴冠中说中国画家"从黄山获得了美感的启示，特别是山石的几何形之间的组织美；方与尖、疏与密、横与直之间的对比与和谐。尤其是，高高低低石隙中伸出蛇松，那些屈曲的铁线嵌入峰峦急流奔泻的直线间，构成了具有独特风格的线之乐曲"。

黄宾虹一生辛勤而不知疲倦地描绘黄山和新安山水，给后人留下了成千上万幅艺术作品。他的画法，也正如赖少其所说："细察黄山一木一石，一丘一壑，无不是宾老之法，此法与传统皆从自然中来也。"黄山堪称绘画艺术的母本，中国美术馆馆员吴彧弓认为，由黄山自然之美所提炼出的审美元素与笔墨意象，不断启示着画家在绘画技法、形式、意境上的突破，成为山水画创作不竭的灵感源泉。身为黄山山中人的黄宾虹，从黄山所获的教益之多更是不言而喻。

第九章
徽墨之都化育的千古墨神

中国画是笔墨的艺术，黄宾虹一生锲而不舍探求中国画的笔墨精髓，其晚年所画山水，层层深厚，气势磅礴，惊世骇俗，将中国传统笔墨艺术运用到了出神入化的地步，被誉为千古以来第一用墨大师。

对于墨的运用，黄宾虹也有着先天的优势，因为他不仅来自有"墨都"之誉的徽州，还曾帮父亲一起在老家潭渡创办制墨作坊，亲自制墨，对墨的性能了如指掌，其用墨技巧远超他人。

墨中瑰宝　徽墨第一

从宋代开始，徽州就成为中国墨业中心。时至今日，徽墨已成为国家地理标志产品受到保护，其地域保护范围为今黄山市歙县、休宁、祁门、黟县、屯溪区、徽州区、黄山区的汤口镇及宣城市的绩溪县，徽墨制作技艺被列入国家级非物质文化遗产保护项目。

徽州制墨历史悠久。据史料记载，唐代以前，黟县南部的墨岭就出产可供书画使用的石墨，"黟"之名即源于此。黟县设于秦始皇统一六国之后，由此可见石墨生产历史之久。不过，使徽州制墨大放异彩的并不是黟县的石墨，而是后来以松树为主要原料的松烟墨和桐油点烟的油烟墨。

松烟制墨始于汉代，五代十国之前的中国制墨中心在河北等北方地区。唐末，制墨名家奚超从河北易县迁来歙县制墨，从此开创了墨史新篇章，使以松烟、油烟为主的徽墨将中华文明书写得皎如星辰，光耀世界，奚超也成为徽墨的鼻祖。

奚超是唐代造墨名手，发明了易水制墨法。唐末天下大乱，奚超携其子廷珪等人从易水南下避乱。当时的歙州辖歙县、休宁、黟县、绩溪、婺源、祁门县，进入五代后属南唐，是一块相对安宁的富庶之地，这里的黄山、白岳、松萝山覆盖着茂密的古松，随处流淌着清泉，具备造墨所需的优越条件，于是奚超父子就定居于此，取松炼烟制墨。廷珪在其父易水法制墨基础上，改进炼松和胶等技艺，制成的墨"丰肌腻理，光泽如漆"，得到了喜舞文弄墨的南唐后主李煜的赏识，被封为墨务官，并赐以国姓"李"，从此，李墨誉满天下。到宋宣和年间，有"黄金可得，李氏之墨不可得"之说。宣和三年（1121年），徽宗下旨改"歙州"为"徽州"，"徽墨"之名才正式形成。

自李廷珪父子来歙制墨后，全国制墨中心也由北方南移至歙州，南迁黟县的易水制墨名手张遇及其子张谷、孙张处厚，创用油烟入脑麝之法，大大提高了徽墨的光泽度，数百年被仿效不绝。张氏还用远烟鱼胶制墨，使徽墨由松烟向油烟发展，所制"供御墨"闻名于世，就连金章宗也常购其"麝香小御团墨"，谓之"画眉墨"，当年元好问诗中所谓"画眉张遇可怜生"之句，指的就是此事，张氏之墨成为宋代收藏家争相购置的瑰宝。

北宋歙县墨工潘谷改进配方和造型，所制松丸、狻猊、枢延东阁、九子墨被称为墨中神品，香彻肌骨，经久而香不衰，遇湿而不败。苏轼尊称其为墨仙，并赋诗赞曰"妙手惟潘翁"。北宋大观年间，名工高庆和以松枝蘸漆烧烟，又掺入三分之一的"三韩贡墨"，制成漆烟再和墨，又是徽

墨史上的首创。同期，嘉兴人沈珪贩丝来黄山，在歙学得制墨技艺，破解了李廷珪秘而不宣的对胶法，提高了墨的凝固性和防断裂性，达"十年如石，一点如漆"之佳境，还首创用漆烟制墨。

在宋代，徽州制墨发展到"家传户习""遍地开花"的鼎盛时期。据《墨志》记载，歙、休等地有墨坊120多家，产品除销售国内各地，还远销日本和东南亚各国。

到了明代，徽州墨业呈一派兴旺发达之势。自嘉靖到万历为徽墨的全盛时期，徽墨制造技艺进一步提高，涌现出众多制墨名家，墨坊、墨店数量大增，出现了墨业歙、休、婺三大派，其中以歙派见长。明嘉靖年间，歙派以罗小华为代表，他制的墨"坚如石，纹如犀，一螺值万金"。到明万历年间，歙派接踵而起的是程君房、方于鲁两家。程君房集前人之长，独出机杼，讲究配方，精心研制，创制超漆烟墨，技法至今仍为各墨厂沿用。所制墨"寂光内蕴，神彩坚持"，多为稀世珍品，人们称其为"墨妖"。他在桐油烟中加入麝香、冰片、金箔、珍珠粉等配料，使徽墨变成了医治喉疮的良药而被李时珍写进《本草纲目》，从而成为一种广泛应用的中药。程氏精工制成的"百子图""百牛图"墨送进宫中，明神宗用此墨写字，由于蘸得太多，落下一滴墨汁在桌上，擦来擦去擦不干净，只好叫宫人用推刨来刨，神宗于是惊叹道："入木三分，超过黑漆！"从此，徽墨之上品便称"超漆烟"。程氏自豪地说：我墨百年可化黄金！后人取意制"金不换墨"。方于鲁得程氏墨法之传授，并以制墨为业，所造"九玄三极"墨，有"光可晰人，色不染手，清有余润，研无留迹"之评，被誉为"前无古人"。

明代是徽州墨业的黄金时代，这一时期歙县（包括现黄山市徽州区）的制墨名家还有方瑞生、汪道贯、汪道会、黄元龙、吴羽、程嘉燧、许楚、许幼伊、王于凡、吴养春、潘嘉客、潘方凯、孙瑞卿、吴仲辉等人，休宁派的制墨名家有吴去尘、吴叔大、汪中山、汪春元、汪鸿渐父子、王俊卿、叶玄卿、汪岂凡、叶向荣、汪时茂、邵格之等。他们各树一帜，争奇斗胜，撑起了明代徽墨业群星璀璨的舞台。

清初徽州制墨名家有歙派的曹素功、汪节庵和休派的胡开文、汪近圣，被称为清代徽墨四大家。

曹素功继承明末制墨名工吴叔大产业，先在岩寺开设"艺粟斋"墨店，后又伸展到上海、苏州开业，还分设福建墨店，至今已经300余年，传十多代，如今上海曹素功墨店，即是当代的继承者。曹素功收藏有很多程氏墨，其制墨能传程君房、方于鲁之法，但不似程、方诸家以夸多斗巧为事，而大抵适于实用，士大夫颇重之。他所制之墨有20多种，康熙南巡时以墨进献，蒙赐"紫玉光"三字，时人有言"天下之墨推徽州，徽州之墨推曹氏"。

胡开文是徽州绩溪人，少时在休宁汪启茂墨店当学徒，后成为汪家女婿并承顶汪启茂墨店，不惜巨资购上等原料，聘良工刻墨模，打出"胡开文墨庄"店号。所制墨一类是零星锭墨，品种繁多，另一类是集锦墨，长期被当作贡品进入宫中。胡氏家族到道光末年，在商业竞争中逐渐领先，分别在屯溪、歙县、休宁、绩溪、安庆、上海、杭州、广州、苏州、扬州、镇江、武汉、沙市开有胡开文墨店，一跃成为徽墨产销的总枢纽。

徽墨主要用于书写和绘画，此外也有药墨、眉墨，还有用于工业制图、装潢、印刷、描瓷等方面。除了这些实用功能外，徽墨墨锭集绘画、书法、雕刻、漆艺、装帧、造型等艺术于一体，因此本身也是一种综合性的艺术珍品。经过一代代徽墨良工巧匠的精工细作，不断创新，徽墨的艺术价值大放异彩。明代汪中山、邵青丘别出心裁创造了成套丛墨，即所谓集锦墨，将各种鸟兽或山水花卉刻制成模具。吴叔大制仿古墨，仿汉、魏、六朝和唐宋名家的杰作而制成的观赏墨，用"垂以千秋，用光宝石"的赞语取名"千秋光"。

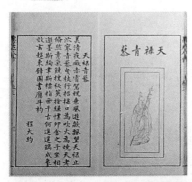

丁云鹏绘《程氏墨苑》墨稿（安徽博物院藏）

徽墨在艺术上的精益求精，又使墨模雕刻艺术大放光彩。墨模是制墨的模具，体现着墨的品类和艺术价值。历代制墨名家竞相竭力于墨模的精美，明代程君房与方于鲁，墨模多至数百款，其图案多出自名画家丁云鹏、吴羽等手笔，由歙县虬村名刻工黄麟、黄应泰、黄一彬等刻版。首创套色印刷的《程氏墨苑》和《方氏墨谱》，成为集墨艺、雕刻、印刷之精华的绝世珍品。清代曹素功18种集锦墨名品之首的紫玉光，墨面绘黄山36峰，每模一峰，按照各峰的形态，大小形式不一，合起来则成一整幅黄山图。汪近圣的耕织图，分耕、织两部，从浸种、收割到浴蚕、成衣，共47图，以连环画形式，把当时粮棉生产和加工过程真实展现出来。胡开文的"苍佩室"，耗巨资派人去京城搜集圆明园、长寿园、万春园蓝图，高薪聘请名家绘图、刻模，其"御园图"64幅、"棉花图"61幅和"十二生肖图"12幅等，称为清代墨模中的精品。

两宋明清，中华大地繁荣的墨业选择了徽州并登峰造极，主要的原因是这里有着大量千年古松。此外，徽州温和多雨的气候和土壤条件，不仅适宜松树生长，也适宜种植油桐树，而桐籽油是生产油烟墨的最佳原料。更为重要的是，名墨的制作还取决于水的品质，黄宾虹称："水性之殊，因其地质，固不独艓作有法，松烟自异而已。"

徽墨制作最佳之水是源自黄山36峰之间的丰溪。丰溪上游的阮溪、曹溪、浮溪、泺溪等支流水质清澈，合为丰溪后流至岩寺，与西南而来的颍水交汇，颍水色黄，于是双溪合一后为青黄之色，也许是形成了特别的矿物配方，其水质能发翰墨之香，成为制墨难得的优质水源。岩寺所造之墨能高人一筹，很大程度上得益于这里的水质。明代制墨名家程君房、方于鲁，清代徽墨四大家之首的曹素功都是岩寺人，绩溪人汪近圣最初则是曹素功家的墨工。他们取双溪之水以和胶，选烟炼质，得以制成传世宝墨。岩寺的墨店之多，在明清也鼎盛一时。

　　徽墨以其高端的品质和独特的艺术价值，成为古往今来文人墨客的心头之爱，同时因为它是书画艺术创作的重要工具，制作者与使用者的配合就显得十分重要，正如一名优秀的钢琴演奏家，需要依靠一架好琴，还要有一位高超的调琴师，或者演奏家本身就会调琴，多方配合最终才能弹奏出一首美妙的乐曲。书画家用墨，当然也需要熟谙墨的性能，识墨最好的途径是参与制墨。历史上很多书画名家都热衷参与制墨或同时就是制墨高手。如在宋代，文人参与制墨成为时尚，宋徽宗也曾亲自造墨，其所制苏合油墨深为后世青睐。苏东坡不仅制墨，还喜欢品墨，给历代墨工所制之墨评判品次。画家米友仁、丁云鹏等都为徽州墨工设计墨模图样，进一步提高了徽墨的艺术品位。丁云鹏、吴羽、许楚、王于凡、潘嘉客、方密庵、程正路、巴慰祖、程瑶田等徽州书画家和文人学者皆喜制墨以自娱，有的还开了墨庄。

　　黄宾虹对墨的喜爱和钻研之深，比之古代文人犹有过之。他认为精墨法为艺事之一大关键，而徽墨质量对于书画表达效果有很大影响。他早年协助父亲制墨，一方面是想让商业受挫的家庭再兴一份产业，一方面也想助力徽墨的振兴。

　　1889 年，黄宾虹父亲黄定华在金华的商业被累，东山再起无望，于是急流勇退举家迁回潭渡老家，第二年就在村里开设制墨作坊。那时，因光绪年间中外互市，洋烟输入，制墨业开始采用进口西烟，导致墨质下降，

原本誉满天下的徽墨也名存实去，时人作书画常以无佳墨为憾。黄定华有意于重振墨业，为提高徽墨质量，专门从婺源请来技师，精选烟料，采用唐代奚超的易水法制墨。他们汲丰溪之水和胶，丰溪的潭渡段位于岩寺下游，其水正是颍水汇入后的优质水源，可确保墨的品质。他家所造之墨有"乌玉""漆光""玄烟""黟久"等圆柱形、方柱形墨锭，合称为"中流砥柱"集锦墨，合于实用，颇受好评。黄宾虹在此期间参与点烟、和胶等制墨的各道工序，因而对墨的质量与性能了如指掌，精通制墨全流程，可谓墨业的行家里手。

黄宾虹不仅具有制墨的实践经验，还对墨史有深入扎实的研究。1908年，他在《国粹学报》发表《叙髹墨》，对墨业的起源和徽墨的发展历史作了梳理，不仅介绍了墨的品类、特点及制作之法，历代制墨名家的贡献和众多名墨、墨庄字号等，还深入阐述了徽墨之用对于保存中华灿烂文化所发挥的重要作用。后来他爱上了收藏古墨，他绘画喜用清同治年间造的"五石顶烟"墨，写篆书则用明代罗小华、程君房的陈墨。他还把识别古墨真伪优劣的方法教给学生石谷风。石谷风在他的影响下，也开始搜集研究古墨，成了古墨收藏专家。中华人民共和国成立后，他为安徽省博物馆收藏了许多古墨。

墨以紫色为上，青黑次之，白者为下，至其善者，黯而不浮，明而有艳，泽而无渍。这是《墨经》对墨的品级鉴定，但据《新安志》记载，徽州曾有墨工造出色洁如银的白墨，在砚上研磨后，用起来无异于常墨，可惜今已不传。所以墨的好坏与否，更要看上纸使用的效果，这需要书画家在创作中去不断试验探索。20世纪90年代，笔者采访时任歙县胡开文墨厂厂长的名画家姜林和，那时，厂里每每有徽墨新品制成，质检合格后，姜厂长都以绘画试墨，墨上纸后如果他说"不对，不对"，即使理化指标没问题，也得重新调整配方，直至他试后满意为止。黄宾虹说："善书画者，贵能敛墨入毫,亦能攒锋摄墨,以浓用拙,以燥用巧。浓可助其采,燥可显其势,有聚墨成线之妙,而无涨墨外溢之讥。"[1]

　　纵观徽墨发展的历史,我们可以看到,当徽墨崛起之时,恰也是徽州绘画艺术初兴之际,徽墨与徽州绘画发展的高度同步,从某种意义上也印证了徽墨对书画创作的重要性。

文房四士　风雅之助

　　书画家除了识墨用墨,更要讲究与笔墨纸砚的完美配合,不过,这对徽州人黄宾虹来说,是很容易驾轻就熟的,因为徽州本就是文房四宝之乡,他又于其间摸爬滚打了很多年。他说:"南唐李后主留意翰墨,用澄心堂纸,李廷珪墨,龙尾歙砚,三者为天下冠,当时贵之。"[2]李后主所重的这3种"天下之冠"宝物,均出自徽州。

　　歙砚能美名远扬,当然不只因其精湛的雕刻工艺,更在于它名贵稀世的石材。歙砚中最好的石材是龙尾石,取自婺源龙尾山的砚坑。砚坑多处溪涧之中,龙尾石就藏在水下巨岩顽石内,开采起来非常不易,然其天然纹饰却瑰丽多姿,有金星、金晕、银星、银晕、眉纹、罗纹、金花、鱼子、玉带、紫云、青绿晕石等数十种之多,具有石质坚韧、温润莹洁、纹理缜密、发墨如油、涩不留笔、滑不拒墨、墨膏浮艳、经久不褪、隆冬不冰、盛夏不干等特点,扣之其声清越,宛若玉振,宋代书法家蔡襄将歙砚比作价值连城的和氏璧。

　　但不同品种和纹理的歙砚石也各有特性,研墨效果自不相同。黄宾

---

① 上海书画出版社、浙江省博物馆编:《黄宾虹文集·杂著编》,上海书画出版社1999年版,第19页。
② 上海书画出版社、浙江省博物馆编:《黄宾虹文集·杂著编》,上海书画出版社1999年版,第376页。

虹对此深有研究，他能从一方砚的石色纹理判断其出自哪个砚坑，更清楚哪类砚石发墨快。他认为粗罗纹砚石中稍细者易为磨墨，细罗纹砚石稍坚者最能发墨。易磨墨并不代表能发墨，当墨在砚中，随笔旋转，泮然尽去，即是能发起不滞于砚，这种砚石必须石性坚润，如泥浆细罗纹砚石，它石质细密温润，但多不甚坚实。而出于水波坑的瓜子罗纹最佳，只是可遇而不可求。

以砚研墨，墨的效果要上纸作画才得以体现。说到书画用纸，最有代表性的自然是千年不腐的宣纸，宣纸产于安徽宣城市的泾县，行政区域上虽不属于徽州，但黄宾虹常常提及"宣歙文化"这个概念，即包括宣城。除了宣城泾县的宣纸，徽州造纸也有悠久历史，徽纸在唐代即被定为进贡之物，南唐时徽纸有"澄心""凝霜"之号，该纸肤如卵膜，坚洁如玉，细薄光润，李后主深爱之，赞为纸中之王，并造"澄心堂"以贮，命名为澄心堂纸，此纸遂成艺林瑰宝。该纸制作工艺水平很高，生产只延续到宋朝。1985年歙县将失传已久的澄心堂纸恢复生产，不到10年又因种种原因停产。因此，存世的澄心堂纸非常难得，尤其是在南唐时期，该纸生产皆由朝廷监制，民间不得私造，"百金不许市一枚"，故历久而弥珍。宋时文人皆以能得一纸为幸，争相作诗赞颂，明代书画家董其昌得此纸时，竟沐浴焚香接之。

在文房四宝中，徽州所产汪伯立笔因笔料优良、制作精细而闻名，与澄心堂纸、李廷珪墨、歙砚中的枣心砚并称"新安四宝"。明代文学家杨慎称其"跗齐则波制有凭，管小则用动省力，毛细则点画无失，锋长则洪润自由"，道出了它的佳妙之处。

"工欲善其事，必先利其器。"文房四宝作为中国书画创作必不可少的工具，对书画家才情的发挥有重要影响，黄宾虹在创作中对这些工具就极为讲究。在用墨上，他不仅讲究选用古墨或自制墨，还讲究研墨。研墨就是良砚与佳墨的磨合，磨合得好，才能将墨的成色层次充分激发开来，达到理想的使用效果。磨墨还是一个修行的过程，能让书画家沉淀浮躁之心，内心归于安静，利于创作前的构思。黄宾虹又将磨墨看作写字的方法之一，用以练习腕力。他说："古来名家分大小，只在腕力之强弱。"磨墨时手要握紧向里使劲，保持平与匀，这就是一种腕力的训练，直至磨得墨的四边看上去像刀锋一般，墨的成色细腻调和。如今很多书画家用的是墨汁，也就无缘体会到磨墨的种种妙处。

　　黄宾虹造过墨，也制过纸。据其女弟子顾飞回忆：20世纪20年代末，黄宾虹住在上海福熙路（今延安中路）汾阳坊时，曾亲手自制一种印有"中国艺观学会仿宋纸"字样的宣纸出售。这是一种用按九分水一分生豆浆调配液刷在纸上做成的半生半熟的宣纸，宣纸打湿以后，放在床的棕棚上晾干。其夫人宋若婴说他从宣城定制了一批仿宋笺，很可能是指这种纸，其得意的笔墨都是用它画的，墨色很滋润。黄宾虹晚年作画，一幅画往往要渲染数十遍，对纸张的要求是很高的。他在与友人通信中常常感叹纸墨不易购，也常托朋友帮忙购买佳纸。他认为画花卉和细笔画非佳纸不合用，但是像乾隆雪绵纯碾笺、煮捶宣等优质的旧纸很难购得，要向古玩铺去访求，质量好的新纸如云化宣也量少而价高。他困居北平时，最初北平市场有很多旧宣纸可购，后来因为张大千一下子购买近万金，被大家所注意，尤其是作赝品画的人纷纷抢购，因此纸价陡升，一纸难求。黄宾虹只得转而求匀洁的新纸，如六七年的六吉宣纸，他临摹和练习的纸一般都用北京冬窗纸。他教学生画画写字，初学要用粗纸。粗纸用起来很吃力，作为练习打基础，在粗纸上笔力练好了，在好的纸上写就容易了。

　　在用笔方面，黄宾虹也有自己的主张，认为要因纸设施，濡墨易洽。可软纸用硬笔，硬纸用软笔，若能用软笔如硬，硬笔如软，则需要相当的功力。20世纪30年代初他在上海时，曾与工笔花鸟画家陆亦非是邻居，

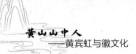
看到陆家有许多用废的秃笔，他就索来画山水，并以自己的画作回报对方。他也喜欢用东北出的一种笔，是用顶好的紫毫做的，笔锋尖硬，一般人很难把握得好。据宋夫人说，有一清室的王爷去买这种笔，琉璃厂的伙计提醒说要隔几年后才可用。这王爷很不服气，回去一试果然不好使，就把这位伙计请去问道："你为什么说几年后才可用呢？"对方告诉他，这种笔要有一定的腕力功夫才能使。这种笔没有什么毫，笔锋很健，黄宾虹用它画画写字都很称心，可惜后来再也买不到了。他画画用七紫三羊毫居多，着色是用羊毫。他的绘画颜料许多也是自己调制，石绿是把山中矿石磨碎，也买过几串绿石旧朝珠，在碾臼中碾碎，再磨成很细的粉末。赭石是从产地弄来自制的，比市上买的要红一些。胭脂是明朝宫内擦脸用的，自己把它提炼成膏。花青因为市面上洋靛通行，既易褪色，又不能浓，多不合用，因此他就找来染坊内的花青碎子。他对颜料的要求是颜色细匀，神气足而鲜润，没有灰的浮躁的色泽才到家。

五笔七墨　技近乎道

笔墨纸砚在黄宾虹纯熟的操控下，为他在绘画笔墨上的探索实践拓展了广阔的空间，加之他对笔墨锲而不舍的探源溯流，前贤画论精华不断充实着他的实践心得，使他能穿透笔墨直达"内美"，领悟到笔墨独立的生命、品格和意志，于笔墨中升华出千古不变的笔墨精神。

黄宾虹在笔墨上所花的功夫超乎前人，笔墨论也是他画学理论的核心内容，他总结前人并结合自己的创作经验，提出"五笔七墨"之说，为中国画创作打开了新的笔墨境界。

中国画是中国人"游于艺"的修养之道，道法自然，法之要在用笔，笔法既娴，可言墨法。对于用笔之法，黄宾虹总结了"平、留、圆、重、变"五字诀，并称用笔的第一妙处在于笔到纸上，能押得住纸，即画山能重，画水能轻，画人能活。用笔的第二妙处是笔力透入纸背。运笔转动才能力透纸背，笔笔有变化才能苍润。

关于用墨，黄宾虹认为墨法之妙，全从笔出。"不善用笔者不能用墨，善用笔者，能以枯笔生墨，多而不沈，以气贯之。善用墨者，仍须以用笔为本。"用墨之法有七：浓墨法、淡墨法、破墨法、泼墨法、渍墨法、焦墨法、宿墨法。

用浓墨之法非精品墨不可，研墨后要浓而滋润，光清而不浮，精湛如小儿目瞳。唐宋画传数百年仍墨色如漆，神气活脱，用的多是浓墨法。

淡墨的墨法之妙，归于用笔。淡墨六七分加而成深，渲染干皴，画无笔迹，深浅得宜，以分峰峦林木之明暗远近，唐代王维和李成始创之。

破墨之法盛于宋元，有浓淡互破、枯润互破、水墨互破、墨色互破，通常是在墨色将干未干时进行，以利用墨与水的自然渗化。渗化处笔痕时隐时现，相互渗透，纯为自然流动而无雕琢之气，有一种丰富、华滋、自然的美感。石涛精于破墨，以浓墨破淡墨，淡墨破浓墨，浓淡之间，各自分明，互相融洽。

泼墨之法始于唐代王洽，盛于元代吴仲圭。此法先以墨泼幛上，因其形似，或为山石，或为林泉，自然天成，不见墨污之迹，脱去笔墨畦町，自成一种意度，多用于远山浅屿。

渍墨之法四王之画多有之，用之于大混点、圆笔点、侧笔点、胡椒点，以重墨饱笔浸水而出之，中有笔痕而外有墨晕。这种墨法于精笔法者用之，苍润可喜，否则侏儒臃肿，成为墨猪。

焦墨法是于浓墨、淡墨之间运以渴笔，古人称为"干裂秋风，润含春雨"，视若枯燥，意极华滋，明末程邃最为擅长。

宿墨法即砚上干墨着水，俟漂浮干片，以笔蘸之，善用者有青绿色之宝光。它在宣纸上的渗化比新墨渗化多了一种笔墨意味，具有空灵、简淡的美感，用得好有画龙点睛的效果。

7种墨法中，宿墨法最难，黄宾虹认为能用此法作者，多为逸品，并强调画用宿墨，"其胸次必先有寂静高洁之观，而后以幽淡天真出之。睹其画者，自觉躁释矜平。墨中虽有渣滓之留存，视之恍如青绿设色，但知其古厚，而忘为石质之粗粝"。纵观整个画史，宿墨用得好的有倪瓒、吴镇、渐江、邹之麟、恽向、王绂等人，其实黄宾虹更是位善用宿墨的大师。宿墨中有渣滓析出，质地粗糙，若用笔不慎极易弄坏画面，也易使笔墨枯梗污浊，故一般画家只敢用新墨作画。但宿墨墨色浑厚，笔痕墨迹中间秾丽而四周淡开，有独特韵味。黄宾虹以化腐朽为神奇的功力，每于画面浓墨处点以宿墨，使墨色更为凝重，黑中见亮，从而加强黑白对比，增强了画面的层次感和沧桑感，将宿墨的特性发挥到极致，营造出古拙自然的水墨效果。

据石谷风先生讲述，黄宾虹宿墨法的由来，是他住北平时存墨受潮，上了霉，都碎了没办法重制，只能泡着用。后来他便开始尝试用这些碎墨浸泡成墨膏作画，没想到却产生了出乎意料的效果，如他在画面浓墨之处点以宿墨，使墨色更黑，黑中见亮，神采焕发，产生了画龙点睛的效果。他画一棵树，浓墨画过之后用宿墨吸点水，画面中的山就被推到后面去了。

在用墨方面，宋代米芾用王洽泼墨法并参以淡墨、破墨、积墨、焦墨，黄宾虹称之"古今推第一"，又称元代梅道人吴镇发扬了前代诸墨法，为元四家之独步。其实这些前辈高人对墨法的运用虽极高妙但并不全面，到明末清初的石涛，也只掌握5种墨法，以学石涛起步的近现代画家张大千在破墨泼彩上有所创新，但所用墨法不过3种。而纵观古今，对7种墨法都能运用自如的只有黄宾虹，所以黄宾虹才堪称古今第一用墨大师。他曾说："七种墨法齐用于画,谓之法备。须用五种,至少要用三种。不满三种,不能成画。"

黄宾虹熟知各种墨法却又不拘于成法,而是根据客观物象和内心情感表达的需要,在一幅画中将多种墨法灵活交替运用,尤重破墨、焦墨、积墨,融入水法、渍墨等技法,达到了从心所欲、出神入化的境界,使其作品重重密密,层层深厚,杂而不乱,混沌中显分明,分明中见混沌,清而见厚,秀润华滋,自然天成,神采焕发。李可染说:"画山水要层次深厚,就要用积墨法,但此法最易出现板、乱、脏、死的毛病,黄宾虹最精此道,甚至加到十多遍,愈加愈觉得浑厚华滋而愈益显豁光亮。黄老常说画中有龙蛇,意思是不要把光亮相通处填死了,积墨法其中最重要的一点是要整体观念强,要胸有成竹,靠反复进行,笔笔交错,逐渐形成物体的体积、空间、明暗和气氛。"黄宾虹弟子王伯敏说,老师80岁以后的变,主要是在浓墨破淡墨上,当他以浓墨破淡墨后,又加宿墨,宿墨稍干后,又在宿墨上干擦,又加宿墨点,即所谓"层层积染"。这种积染,能保持墨中见笔,层次分明,这是极不容易办到的事。他那些描绘雨山和夜山的作品尤为精彩,或笔墨攒簇,层层深厚,或水墨淋漓,云烟幻灭,积墨、破墨、渍墨、宿墨,无所不用其极。他晚年还进行"水墨丹青合体"的试验,用点染法将朱砂、石青、石绿厚厚地点染到黑密的水墨之中,"丹青隐墨,墨隐丹青"。南归杭州后,黄宾虹看到良渚出土的夏玉而悟墨法,将金石的铿锵与夏玉的斑驳融在笔墨中,制造出画面的朦胧效果,使笔与墨一片化机。

对黄宾虹的用墨,曾担任新加坡中华美术研究会会长的刘抗有一段精彩的评论:"至于他的用墨,更是天下只此一家,别无分出。一般画家要是能够把浓淡控制得妥帖适当,已算难能可贵,别无所求了。但宾虹的墨,是当作万物之光彩来分析的,是当作大自然的性灵来研求的,是当作作家本身的人格来探讨的,这也便是我国绘画之所以昂然屹立于世的一

个重大缘由：具体说来，他的墨色是不以通常的浓淡为满足的。由于渲染时技巧的运用和水分参合的多寡，画面可见到泼墨、焦墨、积墨、宿墨种种不凡的旨趣。这些墨趣，有时很难加以明确的区别，只是若隐若现，似是而非之间，让你作能耐的探秘，待至豁然贯通为止，所谓只能意会，不能言传，就是这个意思。总之，宾虹的画，笔与墨，都已由有法跨进无法的境界，但无法中却含蕴着至法。艺术造诣，能达到这种阶段，已是巅峰状态了。欧洲现代风景画家郁特里罗，很有点宾虹派的气息，可谓吾道不孤矣！"[①]

黄宾虹用墨的很多办法都是在实践中摸索出来的，如有一幅《漓江坐雨图》，一老者坐在亭子里低首回望，亭子是用墨线条画的，待线条八成干时以渍墨法蘸水点，让墨顺水向外洇，碰到线条后不吸水反而排水，墨色进不到亭子里去，这样，亭子四周雾霭蒙蒙，亭子里反而亮了起来，黄宾虹名之为"排水法"，这种方法需掌握好线条的干湿度才能达到预期效果。那为何要让亭子亮起来？因为亭台楼宇等人造之物表面光滑易反光，不像自然的树石表面粗糙，反光不强，所以人造之物应相对亮一些，这正是他对自然山水观察入微的结果。

"五笔七墨"是黄宾虹集传统笔墨语言之大成，并结合自身创作实践总结提炼出来的绘画技法，但这又不是单纯技法的展示，更融进了他对自然、人生的深刻理解和表达。"五笔七墨"在黄宾虹从心所欲的笔墨演绎中出神入化，幻化为一幅幅意蕴无穷的作品，向人们展示了"技近乎道，艺通乎神"的魅力，也让我们看到艺术的尽头是哲学。

中国画是笔墨的艺术，黄宾虹的笔墨观兼容了古人的智慧和哲思，闪烁着哲理的光焰。他认为，在绘画中，笔力是气，墨彩是韵，笔以立其形

① 洪再新：《黄宾虹的世界意义·中国现代艺术史研究文集》下，中国美术学院出版社 2022 年版，第 402 页。

质，墨以分其阴阳，笔有力而后能用墨，墨可有韵，气韵变化，可见生动。要做到气韵生动，舍笔墨无由知之。在一幅画中，笔墨与章法是实处，气韵生动出于其间，是画的虚处。虚处体现画中内美，古人画诀有"实处易，虚处难"6字秘传，其中的玄机只可意会，难以言传。但我们要明确的是，如果不致力于笔墨章法之实处，则虚处之气韵生动就不易明。所以，虚处非先从实处极力不可，否则无由入画门。古人作画，往往用心于无笔墨处，知白守黑，得其玄妙。如丈山尺树，寸马豆人，远人无目，远树无枝，远山无石，远水无波，善用虚也。山腰云塞，石壁泉塞，楼台树塞，道路人塞，善用实也。无虚非实，无实非虚，虚者自虚，而实者非实。虚实兼美，美在其中，不重外观。董源、巨然能成为千古之师，即得虚实之妙。元季四家变实为虚，然虚中未尝无实，云林求实于虚中，皆得其妙，故能气韵生动。

绘画的虚实变化，与哲学相通，与宇宙万物的运行规律亦是相通的。"道法自然""运斤成风"等道家先哲的哲理，都能在绘画中得到证明。"天地之始，有名万物之母，山实则虚之以云烟，山虚则实之以楼阁，自无而有，自有而无。此虚实之间，有笔法，有墨法，有章法。"在人类文明之初，燧皇钻木取火，起于一点，点有虚实黑白二者，积点成线，为曲线美。点和线是绘画中的重要元素，代表画家的个性和风格，历代画家无不在打点和线条上下功夫。在画史上，米芾、米友仁父子以浓淡变化的水墨横点

黄宾虹《黄山诸峰图》，1938 年作（安徽博物院藏）

层层点染，积点成片，以点代皴，打造了独树一帜的"米点云山"。黄宾虹更精于打点作皴，他的点形态多样，苍润饱满，浑厚有力，有聚散虚实，节奏自然恰到好处，展现出山水不同的气质和风貌，极具自然的美感。

在大自然的虚实变化中，凡是天生的东西，没有绝对的方和圆，拆开来看，都是由许多不齐的弧三角合成，绝不会是整齐的。黄宾虹认为绘画"道法自然"，就要不齐，要不齐之齐，齐而不齐，才是美。不齐之齐，在于虚处，是齐在骨子里，是内在精神之美。

《易》曰：一阴一阳谓之道，继之者善也，成之者性也。绘画艺术同样要顺应天道，才能达到传扬"善"的目的。绘画中笔墨的繁与简、疏与密、刚与柔、阴与阳无不合乎自然的虚实之理。黄宾虹认为，用笔要虚中运实，柔内含刚。"笔有刚柔，墨有阴阳，三五错综，无繁不简。"三笔两笔是为简，千笔万笔也是简。画得多是丰富，画得少也可以丰富。繁简在意，不徒在貌。貌之简者，是为寓实于虚，虚中有实，繁简之理全在意足。减笔较之繁密为尤难，减笔山水是以少许胜多许，笔减而境不减，乃有千岩万壑之思。元代的倪瓒和黄公望皆善用减笔，他们的画简之又简，但皆从极繁得之。

至于一幅画中的疏密关系，恽香山言"疏中密，密中疏"，其从孙恽南田又进而称"密处密，疏处疏"。对于他们两人的作品，黄宾虹最爱的是其至密处，称"能作至密，而后疏处得内美"。在墨的浓淡阴阳处，黄宾虹强调要用笔法运之以和气、静气，使之流动之中有古拙。能得"和"字诀和"静"字诀，就足以陶冶性情。笔墨的这种虚实变化，在黄宾虹笔下幻化出一片氤氲大化之境，那些"墨团团里黑团团，黑墨团中天地宽"的画作，墨与笔会，虚实互动，层层积染，那黑中透亮的一炬之光，放射出直指人心的精神光芒。

百艺相通　其理一焉

绘画为百艺之母，是古今不朽之业，它合于天道，与其他各种艺术也皆有相通之处。黄宾虹说："中国艺术本是无不相通的，先有金石雕刻，后有绢纸笔墨。书与画也是一本同源，理法一贯。虽音乐博弈，也有与图画相通之处。"①画家常把绘画说成"卧游"，就来自一则与音乐有关的典故。南朝时的画家宗炳曾游五岳，年老后将游历过的山水画于四壁，俨如置身于山水之间，时或抚琴，竟能使壁上的山水也自铮然有声，所谓"抚琴动操，欲令众山皆响"，音乐和图画完全融合在一起了。博弈也与绘画有共通的地方，明末遗民画家张风所说"善弈者落落初布数子，而全局已定"，即画家之位置骨法。

黄宾虹是位围棋爱好者，他也常常以棋喻画，还撰写过《弈通》《弈通略说》，阐述围棋与绘画的关系。他说，棋逢对手，黑白之中，略分上下，全局生活，筹划均匀，中有气势，有联络，有却有补，有双关、硬断等法，全于画理处处相关。因此，阴阳刚柔，天地之道，精通弈理对于绘事必有扶助之力。

黄宾虹与围棋的缘分还是要追溯到他的故乡。歙县有两位著名的围棋国手过旭初、过惕生兄弟，在围棋界有"大过老""小过老"之称。他们是"棋圣"聂卫平的老师，他们同时也是黄宾虹一生的挚友，黄宾虹对他们还有提携之恩。

过旭初、过惕生出身于围棋世家，是明末清初独步棋坛的棋手过百龄的后代。过百龄生于无锡，他11岁时与一位棋艺高超的学台对弈，使对

① 上海书画出版社、浙江省博物馆编：《黄宾虹文集·书画编》下，上海书画出版社1999年版，第449页。

方连败三局，后来四方名手前来挑战，他一一应战，每战必胜，从此名扬天下。《无锡县志》记载："因是数十年，天下之弈者以无锡过百龄为宗。"过百龄一生驰骋棋坛，也留下了不少围棋著作，对我国围棋的发展作出了重要贡献，其棋书也受到日本棋界重视。

关于黄宾虹与过氏的交往，徽学学者鲍义来曾采访过旭初，并写有《黄宾虹与过旭初》一文，作了较为详细的介绍，再结合王中秀的考证，我们可以了解到这样一些信息：

过旭初父亲名过铭轩，20世纪初，在歙县县城大街上开了一间卖旧书和古玩的铺子，常有顾客来店与之对弈。年幼的过旭初常在一边看棋，因为悟性高，两三年里棋艺见长，竟打遍歙城无敌手。在过旭初的印象里，时常和父亲对弈的有位瘦高个子的中年人，每次都带一些自己画的画放到店里标卖，画卖不掉他也不在意，只是悠然自得地下棋。这个人就是黄宾虹。

过旭初和弟弟过惕生长大后以棋艺闯荡江湖。过旭初由省会安庆到十里洋场上海，又北上京都，被段祺瑞延为上宾，时与对弈。后段氏下野，过氏兄弟先后来到上海，生活一度陷入困顿，只好去找与父亲有过交情的黄宾虹。黄宾虹出于提携和爱护，在他主办的《艺观》杂志上刊登了过的弈话和棋局，以期在上海扩大过氏昆仲的影响，并将过氏引荐给他的《艺观》同人及老友（也是著名棋手）狄楚青。黄宾虹给狄楚青写了一封热情洋溢的引荐信，50余年后过旭初还能当着鲍义来的面忆写出来，可见其印象之深刻，也足见其对黄宾虹的感恩之情。

狄楚青因为与黄宾虹的交情，不仅热情接待了过氏兄弟，还将他们介绍给张静江、张澹如兄弟。张氏兄弟是浙江巨富，也好手谈（即围棋）。他们每天午后招待棋友纹枰对局，深夜始散，还免费提供上等烟茶和丰美晚餐，对棋中高手如过氏兄弟，还每月致送津贴费。这时期，过旭初还经常向黄宾虹请教诗文等学问，黄推荐了唐人诗集和袁子才的诗文，并为过旭初改诗，教他鉴定古字画知识，等等。

由于黄宾虹的推荐与狄楚青等人的赏识，过氏兄弟得以在上海四马路（今福州路）有正书局楼上开办弈社，从而在上海立足。1935年开发黄山，过氏兄弟与黄宾虹等人共同组织了黄山琴棋书画社。1935年，过旭初前往北平，次年黄宾虹来北平鉴定书画，与过旭初、黄羲相遇并共住一室，生活起居甚得两位晚辈照顾。过旭初于当年成立北平青年会围棋社，并创办《北平围棋社特刊》。为帮助过氏筹办棋社，黄宾虹捐赠了一些画作，让棋社以展览形式售卖作社费。《北平围棋社特刊》只出了一期，封面上印有黄宾虹书写的张风题画："善棋者，落落布子，声东击西，渐渐收拾，遂使段段皆赢，此弈家之善用松也。画亦妙于用松，疏疏布置，渐次逐层点染，遂能潇洒深秀，使人接之有轻快之喜。斯语可为六法，致力极深者进一步，古来艺事相通，可信。"该刊首页的扉画则是黄宾虹所绘《松阴对弈图》。卢沟桥事变后，过旭初南返，幸有黄宾虹所赠之画卖了作盘缠。中华人民共和国成立后，过旭初与弟弟过惕生又来到北京，参与筹建北京棋艺院，并担任新中国第一棋社的围棋指导员和国家围棋集训队教练，兄弟俩经常与陈毅、李济深等国家领导人弈棋，并收年少的聂卫平为徒，终于培养出一代棋圣。

过旭初与黄宾虹的交往一直没有中断，他们之间频有书信来往，《黄宾虹文集·书信编》中就收录了黄宾虹致过旭初的信函共17通，大多为中华人民共和国成立后的通信。黄宾虹从1948年南下杭州国立艺专（现中国美术学院）任教，直至1955年离世。从他的信中，我们可以感受到这对忘年交的深厚友情，他在信中将自己和家人在杭情况和今后的工作计划都详细告诉过旭初，并多次给过氏寄赠画作。过氏帮他购买优质宣纸，为其影印画册奔走，帮他与在京的旧友李济深、陈叔通等联络，还代朋友

或求或购其墨宝，他们之间关于书画与棋艺方面的探讨则更为精彩。

以倪黄由繁而简，由实而虚，虚处之难，而实处尚易，如棋子黑白二色，同于水墨画，为真天地阴阳本色，至于三色为文，五色为章，甚而七色，皆借日之光，非真本色。棋子虚处，多弧三角形，以成活眼，同于画法虚处，与书法之分行布白千变万化一样。

上古三代，汉魏六朝，书画有法而不言法，在学者之善悟。唐人失其法，以求平方正直，有算子书，称为奴书，画法只求采色精工，而失其参差不齐之内美。故王维、郑虔作水墨画，是民族真内美之画。北宋、元人于书法诗情，得虚神之真意，同于棋中国手，落落数子，即定全盘胜败。元人简笔画难于繁笔者，如黄大痴、倪云林，实从荆浩、关仝、范宽、郭熙、董源、巨然层峦叠嶂而出。学棋者先打棋谱，深明各大家争先优胜，劫套收关种切，而后转负为赢，变死为活，着子无多，迥非呆相。故论宋画者，千笔万笔，无笔不简。元画三笔两笔，无笔不繁。

有笔墨处是实，无笔墨处是虚，无虚非实，皆弧三角，通盘棋子空处即是活着。南宋画家马远、夏珪画钱塘山水，只是边角小景，无层峦叠嶂千变万化气象。又如通盘与一角。边角之画，譬如摄影拍照，类西洋画之平视，而无鸟瞰仰观之伟大，不得谓之全局大观，正如偏安，非大邦国。近人有剪裁照片，斗成阴阳虚实，凑合篇幅，亦可貌似宋元格局，究竟气韵不足，不若人工造就，巧夺天生。然法非分析不精，又非综合不明，神而明之，以通百艺。[①]

——黄宾虹致过旭初信札

过旭初是围棋国手，他向黄宾虹学习书画知识，黄就以棋理来解释

① 上海书画出版社、浙江省博物馆编：《黄宾虹文集·书信编》，上海书画出版社1999年版，第306页。

画理，讲得明白易懂，过氏自然一点即通。从这也可以看出，黄宾虹对弈理是作过一番深入研究的，并打通了它与画学的通道。他与弟子王伯敏讲画学时也喜以棋作比，称作画如下棋，需善于做活眼，活眼多，棋即取胜，所谓活眼，即画中之虚处。他的这个"活眼"说，可谓一语道破了绘画的虚实之诀，让人恍然大悟。

　　黄宾虹精六艺，琴棋书画、拳剑骑马样样拿得起。在北平时，他家中画室墙上还挂着一把无弦琴和一把竹剑，都是老师汪宗沂的遗物。汪宗沂擅医术，当年也曾建议黄宾虹学医，黄虽未选择从医，但一生与医家有缘，如他和新安王氏医家三代的情谊早就被传为美谈。

　　新安王氏医学为新安著名的中医世家，1886年，王家公子王养涵与黄宾虹同在徽州府城参加科考，两人相识后即成好友，王养涵后来也成了新安名医。王养涵之子王殿人也与黄宾虹来往密切，王殿人之子王任之成年后，更与黄氏结为忘年交，他们的交往一直延续到黄宾虹离世。王氏一门不仅医术高超，还都喜爱诗文书画，特别是王任之，早年在上海曾以"英子"之名发表了不少文学作品，对书画、文物鉴赏情有独钟，与黄宾虹可谓意气相投。30多年间，他们书信往来频繁，王任之曾得到祖父王养涵一件手迹，黄宾虹欣然为之题跋，记录下了与王养涵相识相知的情形。王殿人逝世后，黄宾虹为之题照，高度赞扬王氏医道活人的器范。黄宾虹还写了一条幅送给王任之，文中叙述了新安医学的渊源和发展线索，还述及张扩、程琏、程衍道、程有功等新安名医的高超医技，并对王任之传承家学寄予厚望。中华人民共

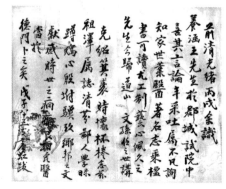

黄宾虹为王养涵手迹题跋（汪孝文选编《黄宾虹书法集》）

和国成立后,王任之担任安徽省卫生厅副厅长,并成为新安医学一代名家,有《王任之医典》行世。

黄宾虹对新安医史和新安名医如此了解,说明他是作过一番研究的,也难怪他老师汪宗沂当初会建议他学医。徽学研究学者陈琪说,黄宾虹关于张扩、程琏、程衍道等人的叙述,与当今医史工作者的研究成果是一致的,这些新安名医的事迹在黄宾虹负责的民国版《歙县志》"方技"条目中介绍得更为详细。

中医药是中华民族的瑰宝,中医的天人合一和整体观念,阴阳五行学说以及辩证思维,都充满了哲学的智慧。特别是中医养生讲究人与自然的和谐统一,把修身养性作为养生的基础,这些理念对黄宾虹做人从艺都有深刻影响,他还由此提出艺术是祛病增寿的特健药,是最高的养生法。

对于养生之义,他认为在民族与国家的生命面前,个人的生命短长无足轻重,应致力于以艺术救治国家的疾病,以增国族的生命和寿考。中华民族是世界国族的生命最长者,这种寿考是从效法自然中得来的,因此,艺术必然也要道法自然,朴茂坚实,才能表现出我们民族朴厚的德泽,决不可浅薄浮夸。同时他也坚信,艺术不但足以养中华民族,且能养成全人类的福祉寿考。他的这种艺术养生观,格局之大,早已超越了生命本身。

百艺相通,先习一艺,以通众工。黄宾虹的艺术修养是多方面的,绘画、做学问之余,他还喜爱戏剧,认为戏剧工作,言辞兼声色味最易动人,其劝善惩恶、敦本教化的作用不言而喻。他写有一篇《京剧偶谈》,是他1951年在北京出席全国政协会议期间观看京剧《打渔杀家》的体会,从剧中人物出场的动作、唱词,他说如欣赏一幅元代吴仲圭画出的渔家乐图,浮家泛宅,有声有色。演员念出的"稳舵"二字,在他看来是简要得神,动中有静,更饶生趣。但这个演出对传统剧本作了改编,原本的一些精彩唱段在演出中或被改动或被省略掉了,黄宾虹就此对如何继承文化遗产提出了自己的看法。他认为，对待遗产，去芜采菁，应力求严肃谨慎。并以宋元画与清初画作比，认为清初虞山、娄东派在继承宋元时，删略了宋元画的雄伟细微，虽近明朗，便觉平凡。"编辑剧本，保留原词，正如看画，水源山脉，巨细不遗，田舍江村，邮亭驿馆，道路交通，无虞歧误。"他此文是应《当代日报》之约所撰，文后他还附了剧本原词以备研究，看得出他对此非常较真，也可见他对优秀传统剧目十分熟悉。

黄宾虹众艺傍身，故能触类旁通，极尽广大精微，使得他在绘画领域游刃有余，挣脱一切束缚，进入超凡脱俗的自由之境。他曾以庄周梦蝶为喻：蝴蝶之为我，我与蝴蝶，若蚕之为蛾，卵化以后，三眠三起，吐丝成茧，缚束其身。如不能钻穿脱出，甘为鼎镬，便要死于茧中，如能钻穿脱出，化为飞蛾，便可栩栩欲飞，何等自在？ [1] 蚕的由蚁到蛹再到茧，最后破茧而出化为蝶，三眠三起，一如学画者的先师今人，继师古人，终师造化这三个阶段，最关键的一步是入乎理法之中而超乎迹象之外，终使造化为我所有，潇洒自在。黄宾虹做到了这一步，他的绘画集传统之大成，又从传统中破茧而出，以独特的画风开创了中国现代绘画的新局面，终成一代宗师，千古墨神。

黄宾虹生前说，我的画要在我死后 50 年才会热闹起来。但并不意味着他在世时少有知音，更不像有些人所传，他把画送人，人家都不愿要。

首先，他不是一个靠卖画为生的职业画家，说他是业余画家也未尝不可。他所专注的是做学问，最忙的也是学问，这个学问当然包括他倾尽一生心力的画学。在画学研究上，他是将理论探索与笔墨实践探索相结合，笔墨探索的成果是他的作品为真识者所赏，使他这个不靠卖画为生的人，不断有人找上门来买他的画。从他与学生朱砚英的通信中，我们可以了解到，他当年住在北平时，上门索书画题识者就竟日不绝，到杭州后，求画者

---

① 于在海编：《赖少其山水画集》，安徽美术出版社 2015 年版，第 214 页。

更应接不暇,远道而来的常住在旅馆,直等到他完工将画到手才肯作罢。

其次,黄宾虹是以做学问的态度来作画的,他对每幅作品都非常认真,"一画数十遍,一遍又须隔数十天或数月,令其墨色沉入纸素后再加笔,方为合法"。以他这样的进度根本就不敷应酬,因此他原则上不展览、不应索,仅择识者略亦应酬,对不识其画者不愿明珠暗投。

赖少其题宾虹画论(合肥赖少其艺术馆)

最后,他的笔墨探索无一日间断,积存的日课画稿很多,但他不求完竣,也不署年月名款,怕完竣后被家人拿去应付索画者,那就既对不住别人,也对不住自己。而对自己的得意之作,他常常寄赠知己好友收藏,傅雷、赖少其、汪孝文、刘作筹等都是他的铁杆粉丝,得到不少他相赠的精品之作,后来成为宣传黄宾虹艺术的有力推动者。

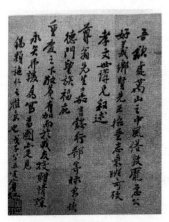

黄宾虹赠汪孝文画作题跋(汪孝文选编《黄宾虹书法集》)

为庆祝黄宾虹80大寿,1943年,傅雷与黄的弟子一起策划在上海举办了首个黄宾虹画展。他还专门撰写《观画答客问》,深度解读黄宾虹绘画的艺术特色,为世人读懂黄宾虹打开了一扇窗。

赖少其于中华人民共和国成立之初任华东美术家协会党组书记时,发现了老画家黄宾虹的艺术价值,并大力推广,1953年代表华东行政委员会给黄宾虹祝寿并授予其"中国人民优秀的画家"奖状,1954年主持为宾老举办画展并出版画册。赖少其到安徽工作后，积极促成了歙县潭渡黄宾虹故居的落成、黄宾虹研究会的成立和黄宾虹国际学术研讨会的召开。

汪孝文是黄宾虹的"小老乡"，他的祖父汪允中、父亲汪己文都是黄的好友，可谓三世通好。汪孝文经常为宾老跑腿办事，并在其感召下致力于乡邦文献的收集研究，早年即和父亲一起收集黄宾虹资料，协助其父亲编辑出版了第一部《黄宾虹年谱》及《宾虹书简》。他还编辑出版了《黄宾虹书法集》，也是《黄宾虹文集》的编委，在黄宾虹故居建设和黄宾虹研究会成立等工作中都竭尽心力。

刘作筹是黄宾虹喜爱的弟子，其号"君量"也是得宾师所赐。在老师的濡染和指导下，刘作筹渐窥笔墨之奥，始解鉴赏之乐，从此开启了长达半个世纪的收藏生涯。后来他长期居新加坡等地，但与恩师情谊深厚，书信往来密切。每每恩师赠他珍品画作，他感动之余会顾念老师生活之不易，往往以代人购画之由付以丰厚润资，还慷慨出资出版老师著作和画册。黄宾虹晚年梳理中国画学的扛鼎之作《画学篇》"未是草"本，定稿后便是寄交他在港付印的。1961年，他还出资印行了香港大公报副总编陈凡所辑的黄宾虹著作《画法要旨》，生前又请好友许礼平出版宾翁女婿赵志钧所编《黄宾虹诗集》，成为推动宾翁艺术的重要推手。刘作筹1949年由新加坡赴香港任职，当时看到大批珍贵国宝书画流散欧美的局面，他甚为着急，立志穷其所有，尽力搜求。40年间，他搜求了1000多件中国明清书画名迹，成为中国书画收藏界享有盛誉的香港"虚白斋"主人。为使这些毕生心血所聚之宝免于流散海外，他生前将所藏精品无偿捐献香港艺术馆，该馆特设"虚白斋藏中国书画馆"专厅更替展出，这些藏品中就有一批黄宾虹晚年书画作品。香港翰墨轩出版有限公司总编辑许礼平先生评价：这批作品之精绝可谓罕见，绝不亚于国有博物馆珍藏之上品，且有多件区别于宾翁寻常面貌，十分难得。

除了刘作筹，在新加坡与中国的广东、香港等国家和地区，还有黄居素、翁纫秋、张虹、陈景昭等都是黄宾虹艺术上的知音，他们在南洋华侨界为黄宾虹竭力延誉，对推动其作品在海内外的传播作出了不懈努力。移居新加坡的陈景昭收藏恩师黄宾虹作品百幅以上，将寓所命名为"百虹楼"。

黄宾虹逝世不久，新加坡的弟子友朋于 1955 年 6 月 3 日举办了黄宾虹遗作展并出版图录，"百虹楼"主人陈景昭撰写"黄宾虹先生传略"，详细报告其老师最后几年生活直至临终的情况。当天的《星洲日报》刊出专版，由陈景昭、刘作筹、刘抗等撰诗文追念，并刊发了 4 幅黄宾虹山水作品。一年后，狮城中华美术研究会及南洋美术专科学校在中华总商会联合举办黄宾虹遗作展览会，有 17 家私人收藏的 85 件作品参展并出版特刊。这些推广活动，使黄宾虹的声誉在南洋的华侨界与日俱增，他的大批晚年作品，赢得星洲"黄迷"们的由衷喜爱。1961 年，香港也举办黄宾虹书画展，并出版《黄宾虹先生画集》，这些活动与黄宾虹粉丝们的努力是分不开的。

在中国大陆，黄宾虹生前创作的 5000 余件作品藏于浙江省博物馆库房，20 世纪 80 年代其价值被重新发现，从此，他的画越来越受到追捧，对他的研究也呈现出更多的视角和领域，掀起了一股"黄宾虹热"。在这股热潮中，不少画家醉心于学他的画，分析研究他的绘画技法，不断模仿他的笔墨，但鲜有成功者。

其实，黄宾虹在世时就反对学画者专宗一门一派，他没有门户之见，不主张学生只当他的门徒，而主张学生转益多师，博采众长，鼓励他们师今人、师古人、师造化。他的这种主张，是对艺术创作规律的尊重，也可启发我们在今天的黄宾虹热中多一点冷思考，反思一下我们当下向黄宾虹学习，是不是用力的方向弄错了？

赖少其曾经说："学黄宾老画，鲜有成功者；学黄宾老法，必能成功。"不过，这个"法"不能单纯理解为绘画的具体技法，而是要深刻理解黄宾虹的绘画理念，真正读懂他这个人。黄宾虹的道德情操、人格修养、深厚学养是他在艺术上登峰造极的根基，学黄宾虹，最为重要的是修身养性，像他那样淡泊名利，去除浮躁，做到人品艺品俱佳。再者就是潜心向学，即使不能有他那样博古通今的学识，也当努力多读书，做点学问，尤其要汲取中国传统文化的精华，积累文化底蕴，让自己"腹有诗书气自华"。舍此二者，无以言画。

就学习绘画而言，黄宾虹已经探索了一条路径，即师今人，师古人，师造化。师今人是要转益多师，让自己学画入门快一些，少走些弯路，但师傅带进门，修行靠个人；师古人，是要多读、多临摹古代名家作品，还要多读古人论画之书，遍参各家之法，融会贯通，为己所用，这是一个漫长的过程，不能急于过早求脱，否则根基不牢，法度尽失，容易沦为野狐禅；师造化，是要静观造化之神奇，参悟自然之内美，将胸中万千丘壑化作最具个性的笔墨意象，从传统法度中破茧而出，形成自己独特的艺术表达。如果没有这些过程中的深厚积淀，单从具体技法解剖或形式模仿上用力，这样学习黄宾虹，完全是走进了误区。

黄宾虹独特的笔墨是在他深厚积累中形成的，不仅仅是技法的展示，也代表了他的个性风格和精神气质，他的笔墨形态或许可以被模仿，但他藏在笔墨中的个性特征和精神气质是谁也模仿不了的。再者，世界已经有了一个黄宾虹，并不需要再复制一个同样的黄宾虹，而是需要面貌不同于黄宾虹、又能达到他的高度甚至能超越他的艺术大师。

正如黄宾虹所言，面貌各有不同，精神万古不移。我们这个时代尤其需要有情怀、有担当的艺术家和有个性、有灵魂的艺术作品，如此，才能弘扬中国精神，展现大国气度。

主要参考文献

1. 上海书画出版社, 浙江省博物馆 . 黄宾虹文集 [M]. 上海 : 上海书画出版社, 1999.

2. 王中秀 . 黄宾虹年谱长编 [M]. 北京 : 荣宝斋出版社, 2021.

3.《徽州文化全书》编纂出版工作委员会 . 徽州文化全书 [M]. 合肥 : 安徽人民出版社, 2005.

4.《徽州文化史》编委会 . 徽州文化史 [M]. 合肥 : 安徽人民出版社, 2015.

5. 许承尧 . 歙事闲谭 [M]. 合肥 : 黄山书社, 2001.

6. 歙县地方志编纂委员会 . 歙县志 [M]. 合肥 : 黄山书社, 2010.

7. 张国刚, 乔治忠 . 中国学术史 [M]. 上海 : 东方出版中心, 2002.

8. 庞利民 . 晋商与徽商 [M]. 合肥 : 安徽人民出版社, 2017.

9. 杨润徽 . 退潮有痕 : 黄宾虹的笔性探微与鉴赏 [M]. 合肥 : 安徽美术出版社, 2021.

10.《安徽近百年诗词名家丛书》编委会 . 宾虹诗草 [M]. 程自信, 点校 . 刘梦芙, 审订 . 合肥 : 黄山书社, 2013.

11. 王伯敏 . 黄宾虹画语——日月山画谭 [M]. 上海 : 上海人民美术出版社, 1997.

12. 阳飏 . 百年巨匠黄宾虹 [M]. 北京 : 文物出版社, 2018.

13. 诸伟奇 . 黄生全集 [M]. 合肥 : 安徽大学出版社, 2009.

14.汪世清.汪世清艺苑查疑补证散考[M].石家庄:河北教育出版社,2009.

15.万正中.徽州人物志[M].合肥:黄山书社,2008.

16.陈明哲.汪采白研究[M].合肥:安徽美术出版社,2015.

17.吴军航.名人与西溪南[M].合肥:合肥工业大学出版社,2014.

18.杨勇,潘欣信.民族精神:黄宾虹与20世纪中国美术研讨会论文集[M].杭州:中国美术学院出版社,2023.

19.石谷风.鲍义来,王恽忠,整理.亲历画坛八十年:石谷风口述历史[M].南京:江苏文艺出版社,2014.

20.罗清奇.有朋自远方来:傅雷与黄宾虹的艺术情谊[M].陈广琛,译.上海:中西书局,2015.

21.洪再新.黄宾虹的世界意义:中国现代艺术史研究文集[M].杭州:中国美术学院出版社,2022.

22.王世华.徽学概论[M].合肥:安徽人民出版社,2020.

23.鲍义来.潭渡——丰溪甲秀 画家摇篮[M].合肥:合肥工业大学出版社,2013.

24.鲍义来.汪世清书简[M].合肥:安徽省徽学学会,2009.

25.陆易编著.无尽藏——黄宾虹的鉴藏.[M].杭州:西泠印社出版社,2017.

26.黄映泉.歙县潭渡黄氏族谱.2022.

27.张艳红.孝行里潭渡.2019.

28.鲍弘达.不务正业集.2010.

29.李新林.郑村志.2010.

30.西溪村文化志编写组.采白故里:西溪村文化志.2010.

31.黄山风景区管理委员会主办.黄山.第1—12期.

后　记

黄宾虹先生是我们家乡的文化名人，但多年来我只知他是大画家，对其具体事迹并不了解。促使我走进宾翁艺术人生的引路人是徽学研究专家鲍义来先生，他与我同乡且共事多年。我刚进报社时，他就从汪孝文先生处得知我也来自潭渡黄氏一族，于是鼓励我研究黄宾虹。每次拜访他，他的话题总离不开与宾翁有关的人和事，还常赠我书籍资料，期待我多写相关文章。但因我的岗位与徽文化没什么交集，也就未主动关注过。

几年前，年届八旬的父亲黄映泉先生着手主编《歙县潭渡黄氏族谱》，我在协助整理资料的过程中，才开始认真研读鲍先生的赠书和其他相关文献，越读越感受到宾虹故里潭渡一带文化底蕴之深厚，感受到宾翁与徽文化密不可分的关系。后来，我在安徽日报客户端发表了《徽州黄宾虹》系列文章。作家马丽春读到后，就建议我充实资料，成书出版。

两年前，我因病退居二线，有了充裕时间来挖掘宾虹故里历史人文价值。在报社领导支持和家人协助下，我拍摄制作了宾虹故里系列视频在安徽日报视频号陆续推送。随后又撰写调研报告，对宾虹故里及周边村落历史文化资源作了较为详细的梳理，也提出了一些发展文化旅游的建议，同时，通过内参呼吁加强对宾虹故居的保护。省市县主要领导及相关部门对此高度重视，多次赴实地调研指导，启动了黄宾虹故居本体修缮及故居片区保护利用工程，如今各项目均大功告成，宾虹故里面貌焕然一新。

近一年多来，歙县倾力打造宾虹故里文化品牌，通过一系列卓有成效的工作和活动提升品牌影响力，宾翁与故乡的文化渊源越来越受到学界关注。在此氛围下，我们开始了写作此书的计划。

在此还要感谢徽学专家张艳红女士的鼓励与鞭策，她多次催促我认真研究潭渡，只要有与潭渡相关的资料，她都毫无保留地发给我并告诫道：你再不开始研究，我真的要生气了！可以说，我是被鲍义来和张艳红两位老师硬推着走进了徽学的大门。他们对后学的提携和期许，与徽州前辈学人的文化情怀可谓一脉相承。如今我也引导女儿黄雨杉共同来关注徽文化，参与资料整理、视频拍摄和书稿创作等工作，希冀年轻一代能有更多人延续徽州文脉，传承前辈的文化精神。

此书创作过程中，父亲所编族谱资料使我们受益良多，他还带我们实地踏访潭渡历史遗迹，手绘了村落遗址分布示意图和现已不存的古建筑图，使我们对历史上的潭渡村有了较完整的空间概念，大大方便了对史料的解读。更令人感佩的是黄宾虹长孙女、现年97岁的黄高勤女士，2023年我到上海采访她，她与我促膝畅谈3天，讲述她祖父和家人的很多往事，并提供了一些珍贵资料。

此书初稿完成后，专家马晓芸给出了专业的审读意见，作家莫幼群先生主动帮助删改润色，出版社的各位老师精编细审和编排设计，对他们的付出我们深表感谢。同时，还要感谢郑文锋、杨润徽、陈琪、苟洞、黄亚光等先生提供的珍贵图片和资料。另外，本书有些图片选自他人著作，还有少量图片因来源记忆模糊而未注明出处，在此深表歉意并向图片权利人致以诚挚谢意！

由于我们才疏学浅，缺乏足够的学术背景，加之写作时间仓促，书中错讹之处难免，恳请方家指正。

黄晓红

2024 年 12 月 8 日